Wilhelm Schmitz

Mittheilungen aus Akten der Universität Köln

Wilhelm Schmitz

Mittheilungen aus Akten der Universität Köln

ISBN/EAN: 9783743613454

Hergestellt in Europa, USA, Kanada, Australien, Japan

Cover: Foto ©ninafisch / pixelio.de

Manufactured and distributed by brebook publishing software (www.brebook.com)

Wilhelm Schmitz

Mittheilungen aus Akten der Universität Köln

PROGRAMM
des
KAISER WILHELM-GYMNASIUMS
zu
KÖLN.

X. SCHULJAHR:
VON OSTERN 1877 BIS OSTERN 1878.

VERÖFFENTLICHT
von
DEM DIRECTOR DES GYMNASIUMS
Dr. WILHELM SCHMITZ,
Ritter des Rothen Adlerordens IV. Klasse.

INHALT.

A. Mittheilungen aus Akten der Universität Köln.
  I. Die Aufzeichnungen der ersten Matrikel [1388—1425] über die Eröffnung der Universität und über das erste Studienjahr [23. December 1388 bis 5. Febr. 1390]. } Von dem Director.
B. Schulnachrichten.

KÖLN, 1878.
Gedruckt bei J. P. Bachem, Verlagsbuchhändler und Buchdrucker.

Mittheilungen aus Akten der Universität Köln.

1. Die Aufzeichnungen der ersten Matrikel [1388—1425] über die Eröffnung der Universität und über das erste Studienjahr [22. Dec. 1388 bis 5. Febr. 1390].

Der Versuch, die Geschichte der ehemaligen Universität Köln und der mit ihr in Zusammenhang stehenden anderen höheren Lehranstalten in einer alle Stadien der Entwickelung berührenden Weise quellenmässig zu behandeln, ist zuerst von Franz Joseph von Bianco gemacht worden. Denn Hartzheim's 'Prodromus historiae universitatis Coloniensis, quo exhibetur synopsis Actorum et Scriptorum a facultate theologica pro ecclesia catholica et republica'[1]), zwar lehrreich und werthvoll durch zahlreiche, auf die Zeit vom 14. bis 18. Jahrhundert bezügliche literarische und archivalische Nachweisungen — kann, auch ganz abgesehen von dem auf nur vierzig Seiten beschränkten Umfange, schon wegen der in dem Titel selbst ausgesprochenen Beschränkungen, sodann aber auch wegen der eklektisch-annalistischen Behandlungsweise weder der Form noch dem Inhalte nach als eine frühere Darstellung der Kölnischen Universitätsgeschichte angesehen werden. Ohne also eines Vorgängers in Bearbeitung dieses Zweiges der Kölnischen Geschichte sich zu erfreuen, publicirte Bianco, nach Maassgabe der ihm damals zu Gebote stehenden Quellen, im Jahre 1833 den in zwei Theilen kurz gefassten 'Versuch einer Geschichte der ehemaligen Universität und der Gymnasien der Stadt Köln sowie der an diese Lehranstalten geknüpften Studien-Stiftungen, von ihrem Ursprunge bis auf die neuesten Zeiten', d. h. bis zum Jahre 1832. Das einmal gewonnene Interesse und der Umstand, 'dass die desfallsigen Quellen zum Theil sehr spärlich wären', auch die Einsicht, 'dass die Geschichte der hiesigen Unterrichtsanstalten eine grössere Ausführlichkeit hätte gewidmet werden können', veranlassten ihn zu dem unausgesetzten Bemühen, die erforderlichen Nachrichten und Documente sowohl in Köln selbst als auch auswärts zu sammeln, zu sichten und zu ordnen. Der reichliche Erfolg eines fast zwanzigjährigen Sammeleifers führte ihn dann zu dem grösseren Plane, 'die alte Universität Köln und die späteren Gelehrten-Schulen dieser Stadt nach archivarischen und anderen zuverlässigen Quellen' in zwei Theilen ausführlich darzustellen. Im Interesse der Stiftungsberechtigten wurde der zweite Theil dieses Werkes vor dem ersten im Jahre 1850 herausgegeben. Bevor aber der erste Theil des grösseren Bianco'schen Werkes erschien, publicirte Leonard Ennen, unabhängig von Bianco, im zweiten Jahrg. der 'Katholischen Zeitschrift' [Münster 1852] einen ausführlichen Artikel über 'Die Universitäten Köln und Bonn': eine Arbeit, die über Entstehung, Entwickelung und Ende der Kölner Universität und der seit 1777 neben dieser bestehenden kurfürstlichen Akademie zu Bonn auf Grund gedruckter und handschriftlicher Quellen eine willkommene Orientirung darbietet. Unter den ungedruckten Materialien wurden für ältere Zeiten u. A. zum ersten Male die werth-

---

[1]) Colon. 1759, 4°. [Exemplar in der Göttinger und in der Münchener Universitätsbibl.]

vollen Collectaneen des Universitätsprofessors Stephan Broelmann [† 1622] benutzt, den Hartzheim, im Hinblick auf Sammelfleiss und Kritik, mit glücklicher Bezeichnung 'den Kölnischen Varro' genannt hat [1]). Von dem ersten Theile des grösseren Bianco'schen Werkes wurde die erste Abtheilung, eine, trotz eines gewissen Mangels an Gleichmässigkeit und Uebersichtlichkeit, immerhin sehr verdienstliche Leistung, erst im Jahre 1855 im Druck vollendet; sie behandelt 'die alte Universität Köln'. Die geschichtliche Erzählung ist aber nicht, wie in dem im Jahre 1833 veröffentlichten kurz gefassten 'Versuche', bis zum Jahre 1832 durchgeführt, sondern bricht für die Universität [u. S. 610] bereits mit dem 6. October 1794 ab, an welchem Tage 'die französischen Heere unter dem Obergeneral Jourdan und dem Divisionsgeneral Championet Köln besetzten', während hingegen die freilich ebenfalls mancher Ergänzung fähige und bedürftige Geschichte der Gymnasien [in dem Abschnitte V, S. 252—363] noch bis zu deren Aufhebung durch das Decret vom 12. Vendémiaire VII [= 3. Oct. 1798] weitergeführt ist. Die Darstellung der Folgen der französischen Revolution in Beziehung auf die Universität selbst wurde, wie auch 'die Geschichte der spätern gelehrten Schulen dieser Stadt', d. h. der erst zufolge und nach der französischen Occupation entstandenen höheren Lehranstalten [2]), der zweiten Abtheilung des ersten Theiles vorbehalten. Diese zweite Abtheilung, welche der ersten, bald nachfolgen sollte, ist leider nicht erschienen.

Nach Bianco sind bisherein nur einzelne Persönlichkeiten oder Abschnitte aus der Geschichte der Universität Köln und der zu ihr in Beziehung stehenden Bursen, zum Theil sogar in einem anderen schriftstellerischen Zusammenhange, behandelt worden. Ich denke hierbei zunächst an die beiden Abschnitte über die Universität, welche von Ennen dem dritten und vierten Bande seiner Geschichte der Stadt Köln [S. 833 und 211 ff.] einverleibt worden sind und die Einsicht gewinnen lassen, dass es zur Bildung des akademischen Lehrkörpers nicht sowohl, wie gewöhnlich angenommen wird, der ausschliesslichen Heranziehung auswärtiger Lehrpersonen, als vielmehr der zweckmässigen Vereinigung und blossen Ergänzung der in Köln bereits in Amt und Würde befindlichen Gelehrten bedurfte, die schon vorher in Paris, Montpellier, Prag und Orleans graduirt worden waren; auch gehören hierher einzelne der Ennen'schen 'Zeitbilder aus der neueren Geschichte der Stadt Köln'; sodann denke ich an die lehrreichen und werthvollen Mittheilungen über Personen und Zustände der Universität Köln, welche Karl Krafft in verschiedenen Publicationen gegeben hat [3]). Wie Bianco möglichst vollständige und wortgetreue Mittheilungen von und aus Akten und Urkunden als das beste Mittel erkannte, anschaulich und treu darzustellen und die Gewinnung eines wahren Bildes von dem Leben der Universität in ihren verschiedenen Perioden zu ermöglichen, so ist auch Ennen's und Krafft's Darstellungen durch Heranziehung und Verarbeitung quellenmässigen Materiales der lebendige Eindruck frischer Unmittelbarkeit gesichert.

Da auf diese Weise durch Bianco, Ennen und Krafft einerseits der Beweis geliefert ist, wie viel mit Benutzung urkundlichen Materiales für die Geschichte der Universität Köln und der Kölnischen Bursen geleistet werden kann, andererseits aber auch die Thatsache unbestreitbar ist, dass noch zahlreiche Fragen, z. B. hinsichtlich der äusseren Einrichtung, der Frequenz, der innern Organisation, sowie bedeutender Persönlichkeiten, der Erledigung harren: so erscheint es gerechtfertigt, zunächst noch mehr Quellenmaterial in zuverlässiger Weise und in möglichst vollständigem Umfange zu publiciren. Diesem Zwecke correcter und ergänzender Publicationen hierher gehöriger Materialien wollen die gegenwärtigen

[1]) Vgl. Ennen, Zeitbilder, S. 262; Hartzheim, Bibl. Colon. S. 207. — [2]) Eine bequeme Uebersicht derselben hat mein College Digge im ersten Progr. des hiesigen Apostel-Gymnasiums [1861], S. 10 ff. gegeben. — [3]) 1) Mittheilungen aus der Matrikel der alten Kölner Universität zur Zeit des Humanismus [Zeitschrift für Preussische Gesch. und Landeskunde, 5. Jahrg. [1868], S. 467 ff.]; 2) Aufzeichnungen des schweizerischen Reformators Heinr. Bullinger über sein Studium zu Emmerich und Köln (1516—1522) und dessen Briefwechsel mit Freunden in Köln, Erzbischof Hermann von Wied u. s. w. [Elberfeld 1870]; 3) Beiträge zur Geschichte des Humanismus am Niederrhein und in Westfalen [Spezial-Abdruck aus der Zeitschrift des Bergischen Geschichts-Vereins VII, Elberf. 1870]; 4) Briefe und Documente aus der Zeit der Reformation im 16. Jahrh. nebst Mittheilungen über Kölnische Gelehrte und Studien [Festschrift zur 50jährigen Stiftungsfeier des Friedr.-Wilhelms-Gymn. zu Köln. Elberf. 1875].

Blätter, denen andere regelmässig nachfolgen sollen, in bescheidener Weise dienen. Zu denjenigen Materialien aber, die in erster Linie bekannt gemacht zu werden verdienen, gehört unbestrittener Maassen die erste Matrikel der Universität Köln mit ihren von 1389—1425 reichenden Aufzeichnungen. Die werthvolle Originalhandschrift, welche man bisheran als verloren ansah, gehört zur Bibliothek Bianco's und ist mir von dessen Erben gerne zur Verfügung gestellt worden. Der Einband zeigt von jüngerer Hand die Aufschrift 'Matricula Universitatis. Tom. L'; ebenso rührt die auf der Aussenseite des oberen Deckels stehende Bezeichnung 'Prima Matricula Universitatis 1389, Nr. 1' aus jüngerer Zeit, während auf der Binnenseite von einer Hand des 14. Jahrhunderts geschrieben steht: 'Prima Matricula Vniuersitatis'; über diese Worte setzte dann wieder eine spätere Hand: 'Prima Matricula. Vniversitas Coloniensis ao 1389 in Iannario'. Die Handschrift selbst umfasst 106 Folioblätter, von denen das 1., 12., 83. und 95. aus Pergament bestehen. Die Binnenseite des untern Deckels zeigt einzelne Rechnungsnotizen sowie Namen von Immatriculirten, dazwischen auch das prosodisch sehr übel gerathene Hexameterpaar:

Omnes, quos memorat presens matricula viros,
Mors cepit et terre dedit custodie matris.

Bei dieser Gelegenheit beschränke ich mich auf die vollständige Mittheilung der auf die Gründung der Universität und auf das erste Studienjahr bezüglichen Aufzeichnungen der ersten Matrikel. Von diesen habe ich auch das Schreiben Pabst Urban's VI. vom 21. Mai 1388, durch welches die Errichtung einer Universität in Köln nach dem Vorbilde der Pariser Hochschule angeordnet wird, darum nicht ausschliessen wollen, weil, ganz abgesehen von ältern Drucken, zwischen dem in der Matrikel vorliegenden Texte und den beiden letzten Publicationen, welche Bianco [L. Th. Anl. I., S. 1 ff.] und Ennen [Quellen zur Gesch. der Stadt Köln, Bd. V., S. 576, Nr. 410] nach dem jetzt im hiesigen Stadtarchive beruhenden Originale veranstaltet haben, mehrfache Verschiedenheiten obwalten. Bei der vollständigen Mittheilung der ihrem Wortlaute nach bisheran nicht bekannten Aufzeichnungen leitet mich der Grundsatz: 'in studiis nil parvum'. Oder bleibt es nicht immer ein unsicheres subjectives Ermessen, bestimmen zu wollen, was von den in Rede stehenden urkundlichen Angaben wichtig, was unwichtig, und was demgemäss der Mittheilung würdig oder unwürdig sei? Und der erwähnte Grundsatz hat seine Gültigkeit auch hinsichtlich der Namensverzeichnisse, deren Veröffentlichung heutzutage einer besondern Rechtfertigung nicht erst bedarf[1]). Insbesondere erachte ich es als sehr lehrreich, dass der von Bianco, I. S. 215, Anm. 2, und von Ennen, Geschichte der Stadt Köln, III, S. 872, im Allgemeinen bereits erwähnte erste 'Rotulus', welcher durch Universitätsverhandlungen vom 18. November 1389, 28. Januar und 5. Februar 1390 zu Staude kam und behufs Erlangung päbstlicher Privilegien für die neue Anstalt nach Rom überbracht wurde, vollständig mitgetheilt werde; denn gerade dieses Personalverzeichniss, welches im Manuscript der Matrikel nicht weniger als elf Folioseiten umfasst [nicht '17', wie es bei Bianco a. a. O. heisst], gewährt den sichersten Einblick in Umfang und Zusammensetzung der Universitätsfrequenz unter den vier ersten Rectoren und ist zugleich in Rücksicht literarhistorischer, sowie sprach- und familiengeschichtlicher Fragen von nicht geringer Bedeutung. Während ich selbst auf wenige biographische Nachweisungen in den bezüglichen Anmerkungen mich habe beschränken müssen, mögen Andere mehr herzubringen. So viel aber werden u. A. auch jene kurzen Andeutungen zeigen, dass der Lehrkörper der Universität aus der eigenen Frequenz derselben vielfache Ergänzung fand.

Die Orthographie der Matrikel habe ich mit den zwei Ausnahmen beibehalten, dass *u* und *v* mit unserer Schreibweise in Uebereinstimmung gebracht und dass die Abkürzungen überall, wo es nothwendig war oder schien, aufgelöst sind.

---

[1]) Vgl. die von Professor Caesar in fünf Marburger Universitätsprogrammen von 1872, 1874—1877 publicirten, auf die Jahre 1527—1570 bezüglichen 'Catalogi studiosorum scholae Marpurgensis'; ferner Krafft, Briefe und Documente, S. 184, Anm.

Fundatio Studii Coloniensis.

[*Fol. 1r.*] In nomine domini Amen. Ad perpetuam rei memoriam. Universis et singulis, praesentibus et futuris pateat evidenter, Quod Anno domini Millesimo trecentesimo octuagesimo octavo, Indictione duodecima secundum stilum et consuetudinem Civitatis et diocesis [1]) Coloniensis, Pontificatus Sanctissimi in Christo Patris et domini nostri, domini Urbani divina providentia pape Sexti Anno undecimo, Ipso die beati Gregorii Spoletani Martiris, vicesimo secundo mensis Decembris, hora tertiarum vel quasi, facto sermone Latino ad Clerum more solito ad hoc in domo capitulari [2]) ecclesie Coloniensis congregatum, Venerabiles et Circumspecti viri, domini Consules et maiores Civitatis Coloniensis et eius nomine fecerunt publicari literas apostolicas prefati domini nostri pape infrascripti tenoris per eundem dominum papam ad fundandum Studium generale in hac sancta Colonia concessas et directas, Intimando cum hoc, quod ipsi huiusmodi Studium iam acceptarunt et volunt manutenere, Ac magistris et scolaribus de libertatibus et immunitatibus congruis providere, Quodque ipsi iam providebant de solempnibus magistris et doctoribus ad inchoandum statim post instans festum Nativitatis Christi, et deinceps continuandum lecturas suas in sacra Theologia et ceteris facultatibus, prout videbitur oportunum [3]). Et quod premissa iam fecerant in Civitatibus et locis insignibus Provincie Coloniensis. et circumvicinis intimari et publicari. Tenor dictarum litterarum apostolicarum erat talis.

Urbanus episcopus, servus servorum Dei. Ad perpetuam rei noticiam [4]). In supreme dignitatis apostolice specula superni dispensatione consilii licet immeriti constituti, ad universas fidelium Regiones nostre vigilantie creditas earumque profectus et commoda, tamquam [5]) universalis gregis dominici pastor, commisse nobis speculationis aciem [6]), quantum nobis ex alto permittitur, extendentes, fidelibus ipsis ad querendum literarum studia et scientie margaritam, cuius, dum invenitur, gloriosa est possessio et fructus suavissimi, per quam pelluntur ignorantie nubila ac, erroris eliminata caligine, mortalium curiosa sollertia [7]) suos actus et opera disponit et ordinat in lumine veritatis, per quam eciam [8]) divini nominis fideique catholice cultus protenditur, iustitia colitur, tum publica quam privata res geritur utiliter omnisque spes [9]) humane condicionis [10]) augetur; ob hoc igitur magno [11]), nec mirum, desiderio ducimur [12]), ut literarum studia, in quibus preciosa ipsius [13]) scientie margarita reperitur, laudanda suscipiant incrementa, frequentius invalescant, presertim in locis illis, quae ad multiplicanda doctrine semina et germina salutaria producenda apta et ydonea dinoscuntur, Nos, premissa attendentes et etiam fidei puritatem [14]) et devotionem eximiam, quam dilecti filii — Consules — Scabini, Cives et Commune Civitatis Coloniensis, devoti nostri et ecclesie Romane filii, abolim ad ipsam ecclesiam et Nos habuisse dinoscuntur, illamque successione temporum de bono in melius studuerunt augmentare, dignum ducimus et equitati consonum extimamus [15]) ut Civitas ipsa, quam divina gratia multarum prerogativa bonitatum et fecunditate virtutum gratiose dotavit, scientiarum etiam ornetur muneribus et etiam amplietur, ita ut viros producat consilii maturitate conspicuos, virtutum redimitos ornatibus ac diversarum facultatum dogmatibus eruditos, sitque [16]) ibi scientiarum fons irriguus, de cuius plenitudine hauriant universi literarum cupientes imbui documentis. Premissis igitur diligenti examinatione pensatis, non solum ad

---

[1]) Die corrumpirte Form *diocesis* erscheint als die übliche durch das ganze Mittelalter hindurch statt der correcten *diocesis*; s. Ritschl's Opuscula, III, p. 103, Anm. —) d. i. die spätere *schola seu aula theologica*. —
[2]) Zur Seite des von *Ac magistris* bis *oportunum* reichenden Abschnittes findet sich auf dem Rande von einer Hand des 14. oder 15. Jahrh. die Bemerkung: *Quid factum sit per consulatum Domin[orum] perpendatur*.

O = Original im Stadtarchiv; M = Matrikel; Bi = Bianco's Text.

[4]) memoriam O. — [5]) tanquam O. — [6]) arcem Bi!! Ein Druck von 1707 hat gar *apicem*. — [7]) solertia O. — [8]) etiam O. — [9]) prosperitas O. — [10]) condicionis O. — [11]) magno O M. — [12]) ducitur M. — [13]) ipsius O; fehlt in M. — [14]) puritate O. — [15]) extimamus O M, i. e. 'estimamus'; aber z = s, s. meine Beitr. zur lat. Sprach- u. Literaturkunde, 37. 61. — [16]) sitque O M.

. . Anno . . . . Studii . . . . . . Primo . . 5

ipsius Civitatis sed etiam Regionum circumadiacentium incolarum commodum et profectum paternis affectibus anhelantes, dictorum etiam Consulum, Scabinorum, Civium et Communis gratiam nostram suppliciter implorantium in hac parte devotis supplica[*Fol. 1*.]tionibus favorabiliter annuentes, ad laudem divini nominis et fidei propagationem orthodoxe Apostolica auctoritate ¹) statuimus et etiam ²) ordinamus, ut in dicta Civitate Coloniensi sit de cetero Studium generale ad instar Studii Parisiensis, illudque perpetuis ³) futuris temporibus in ea vigeat, tam in Theologie et Iuris Canonici, quam alia qualibet licita facultate; Quodque legentes et studentes ibidem omnibus privilegiis, libertatibus et immunitatibus concessis Magistris in Theologia ac Doctoribus legentibus, et studentibus ⁴) commorantibus in dicto Parisiensi Studio generali gaudeant. Insuper Civitatem et Studium prefata ob profectus publicos, quos exinde provenire speramus, amplioribus honoribus prosequi intendentes, auctoritate ordinamus eadem, ut, si qui in eodem Studio Coloniensi fuerint ⁵), qui processu temporis bravium meruerint in illa facultate, in qua studuerunt ⁶) obtinere, sibique docendi licentiam, ut alios erudire valeant, ac magisterii seu doctoratus honorem petierint ⁷) elargiri per magistrum seu magistros, doctorem vel doctores illius facultatis, in qua examinatio fuerit facienda, Preposito ecclesie Coloniessis, qui pro tempore fuerit, vel eius sufficienti et ydoneo, quem ad hoc idem Prepositus duxerit deputandum, vicario, Prepositura vero ipsius ecclesie vacante, illi, qui ad hoc per dilectos filios, Capitulum ipsius ecclesie, deputatus extiterit, presentetur. Idemque Prepositus vel Vicarius aut Deputatus, ut prefertur, Magistris et Doctoribus in eadem facultate actu ⁸) inibi regentibus convocatis, illos sic presentatos in hiis, que circa promovendos ad magisterii seu doctoratus honorem requiruntur iuxta modum et consuetudinem, que ⁹) super talibus in generalibus Studiis observantur, observatis, examinare studeat diligenter, eisque, si ad hoc sufficientes et ydonei reperti fuerint, huiusmodi licentiam tribuat et Magisterii seu Doctoratus honorem conferat et etiam largiatur. Illi vero, qui in eodem Studio dicte Civitatis examinati et approbati fuerint ac docendi licentiam et honorem huiusmodi obtinuerint, ut est dictum, extunc abeque examine et approbatione alia legendi et docendi tam in Civitate predicta quam in singulis aliis generalibus Studiis, in quibus voluerint legere et docere, statutis et consuetudinibus quibuscunque contrariis apostolica vel alia quacunque firmitate alia roboratis nequaquam obstantibus, plenam et liberam habeant facultatem. Nulli ergo omnino hominum liceat hanc paginam nostri statuti et ordinationis infringere vel ei ausu temerario contraire ¹⁰). Si quis autem hoc attemptare presumpserit, indignationem omnipotentis Dei et beatorum Petri et Pauli Apostolorum eius se noverit incursurum. Datum Perusii duodecimo kl Iunii, Pontificatus nostri Anno undecimo.

In principio Studii.

Subsequenter vero die sexta mensis Ianuarii, hora primarum, sub anno domini millesimo trecentesimo octuagesimo nono, indictione et pontificatu quibus supra, Venerabilis et mire scientie dominus, Magister Gerardus Kijepot, Prepositus ecclesie beatorum Apostolorum Coloniensis, Professor sacre theologie, principiando in eadem, coram quamplurihus Magistris, Doctoribus, Licentiatis, Baccalariis et aliis viris litteratis ac universo Clero tam seculari quam Religioso, Necnon Consulibus, Scabinis et Maioribus Civitatis Coloniensis ad hoc in Scolis seu maiori domo Capitulari ecclesie Coloniensis convocatis et congregatis legit in Ysaiae capitulo LX°: 'Surge, illuminare, Iherusalem, quia venit lumen tuum, et gloria domini super te orta est.' Et allegavit, quod alias ibi dimisit lecturam suam in Wienna ¹¹),

1389, 6. Jan.

---
¹) auctoritate apostolica O. — ²) etiam O; fehlt in M. ⊢ ³) perpetuis O, perpetue M. — ⁴) et studentibus O; fehlt in M. — ⁵) fuerit O. — ⁶) studuerunt O, studuerint M. — ⁷) potierint O, poterint M. — ⁸) actu O M. — ⁹) que M, qui O. — ¹⁰) vel ei ausu temerario contraire O; fehlt in M.
¹¹) Aschbach schreibt in der Geschichte der Universität Wien, I, 43: 'Das auf Weihnachten 1384 eröffnete Collegium ducale erhielt zunächst seine feste Einrichtung und seine Statuten, die von den zwölf ersten Mitgliedern der Anstalt entworfen waren und am 26. April 1385 als Norm und Gesetz mit herzoglicher Bestätigung bekannt gemacht wurden. Als die ersten durch den Herzog [Albrecht III.] förmlich angestellten Professoren der Universität, welche sämmtlich in der artistischen Facultät Magister waren, obschon sie auch das Recht hatten, sich andern Facultäten als

tamquam quod pro nunc deberet annunciare huic sanctae Coloniae ortum novi luminis scientiarum ipsam primo et consequenter totam patriam et universum orbem illustrantis. Deinde statim post [Fol. 2r:] prandium in eisdem scolis disputavit istam quaestionem: 'Utrum in universitate scibilium omnibus veritatibus et virtutibus humane philosophie consonarent veritates et virtutes sacre theologie.' Ad quam respondit magister Hartlenus de Marka, et arguerunt contra eum quamplures magistri, doctores, licentiati et alii viri litterati tam seculares quam religiosi[1]). Et nichilominus tam in lectione quam disputatione praedictis fuit publice proclamatum, quod omnes magistri volentes incorporari huic studio generali comparerent tertia die sequente in domo capitulari ecclesie sancti Andree Coloniensis post prandium. Quibus die et hora advenientibus comparuerunt ibi Venerabiles viri domini et magistri in artibus infrascripti. Qui post diversos tractatus habitos super inchoatione et ordinatione dicti studij praefixerunt terminum ad eligendum Rectorem universitatis die sequenti post prandium in eodem loco et ad iurandum de iuribus, privilegiis et libertatibus studii Coloniensis observandis ac bono ipsius procurando etc., prout in studio Parysiensi et aliis ad eius instar institutis fieri est consuetum. Sequenti die post prandium in domo capitulari ecclesie sancti Andree iidem magistri fere omnes congregati elegerunt concorditer magistrum Hartlenum de Marka, magistrum in artibus, in Rectorem universitatis studii Coloniensis pro medio anno et receperunt ab eo iuramentum, quod fideliter ut di-

*1389
8. Jan.*

*1389
9. Jan.*

*1389
9. Jan.
Electio primi
rectoris
Hartleni de
Marka [2]).*

Lehrer zuzuwenden, wurden in das Collegium ducale aufgenommen: .... Gerhard von Kalkar, vom Niederrhein (diese drei — Heinr. von Langenstein, H. von Oyta, Gerh. von Kalkar — nicht nur artistische Mitglieder, sondern auch Professoren der Theologie)'. Derselbe bemerkt I, 184 zum Jahre 1390: 'Die theologische Facultät verlor in diesem Jahre durch den Tod des Doctor Gerhard von Kalkar vom Niederrhein, der früher in Paris als namhafter Lehrer in der Theologie ausgezeichnet und zugleich mit Heinr. Langenstein nach Wien gekommen war. Auch starben im Juli die artistischen Magister J. v. Bremen und Otto von Kalkar (Act. fac. art. F. 44)'. Diese auf das Todesjahr des Gerhard von Kalkar bezügliche Bemerkung muss als irrthümlich bezeichnet werden. Denn im Eingange der vom 24. März 1393 datirten Statuten der medicinischen Facultät [vgl. Bianco I. Anl. S. 24], wo die Namen virorum .... Universitatem Studii Coloniensis representantium et facientium angeführt werden, erscheint Gerhard von Kalkar noch unter den Anwesenden: in presencia .... Gerardi Kalkar Prepositi Sanctorum Apostolorum Coloniensis. Zur Bestätigung schreibt mir Prof. Horawitz aus Wien: 'In actis fac. art. fol. 44 steht nicht Gerardus, sondern Otto de Kalkar; etwas weiter unten findet sich ein Gerardus. Aschbach hat sich in der unleserlich geschriebenen Handschrift, wie sehr leicht möglich, offenbar in der Zeile verlesen.' Und Aschbach selbst äussert sich brieflich: 'Da er seit 1390 nicht mehr unter den Wiener Professoren vorkommt und nichts von seiner Rückkehr in die Heimath gemeldet ist, so lag die Vermuthung nahe, dass er mit Tod abgegangen.' Die Abfassung der erwähnten Facultäts-Statuten fällt übrigens in Gerhard's letzte Lebensjahre, da schon 1395 ein Anderer, Wilhelm Freseken, als Probst von St. Aposteln urkundlich bezeugt ist. In einer, etwa aus dem Jahre 1780 stammenden, von einem Mitgliede des Apostelnstiftes verfassten Liste der Pröbste und Dechanten desselben heisst es Fol. 3v. Nr. 16: 'Gerardus [Kijcpot] von Kalkar ward Probst 1381, ss. Th. professor, ein gelehrter Herr, vir mirae scientiae, und ware von den Ersten Anfängeren der Kollnischen Universitaet 1389, von dem die fasti.' Was den Namen 'Kijcpot' anlangt, so figurirt bereits in einer Urkunde vom 19. Mai 1269 bei Lacomblet, Urkundenb. II, S. 610, Z. 9 v. o. ein 'dictus Kikepot', unter Anlassung des Vornamens, als Partisan Erzbischofs Siegfried von Köln gegen den Grafen Adolf von Berg in der Worringer Schlacht; die Kölner Jahrbb. erwähnen zum 27. Aug. 1416: 'alrehande volk mit wunderlichen namen: Lodevrais, Kickpott, Rodehont . . . . ', s. Bd. II, p. 57, 12 der Kölner Chroniken in der trefflichen Ausg. von Herm. Cardanns. Die Namensform ist eine Abbreviatur für Kick-in-de-Pot: ich verweise auf 'Johan kijk in den pot', Kölner Chroniken a. a. O. Anm. 3, ferner auf die alte Ortsbezeichnung Kick-in-de-Pott in Cleve, den in dem alten Thiergarten (Sternbusch) gelegenen kleinen Hügel, vgl. v. Velsen, die Stadt Cleve, S. 166. Erwähnung verdient auch die Erklärung des Bremisch-Niedersächsischen Wörterbuches, II, p. 708: Kick in den Pot, 'ein Topfgucker, der sich um die Küche bekümmert mehr als sichs gebührt'. [Theilweise nach gef. Mittheilungen des Herrn Archivrathes Dr. Harkes in Düsseldorf.]

[1]) 'lecta est prima lectio in sacra pagina per quendam magistrum et doctorem Johannem de Wassia universitatis Pragensis' heisst es in der Würzb. Univ. Hds. 81, deren Bericht ebenso wie ein entsprechender Abschnitt der Koelhoff'schen Chronik einzelne Ergänzungen zu der Erzählung der Matrikel darbietet; vgl. Bd. II, p. 106 und III, p. 728 der Kölner Chroniken.

[2]) Inhaltsangabe von späterer Hand, wie auch die weiterhin folgenden.

. . Anno . .   . . Studii . .   . . Primo . .   7

ligenter exerceret officium suum ad honorem et profectum studii pro posse et nosse, et ipse e converso recepit a singulis secundum ordinem antiquitatis sue iuramentum supradictum et quod secreta universitatis non revelarent. Hec sunt nomina magistrorum, de quibus supra fit mentio, qui studium inchoaverunt et se illi primo incorporaverunt.

1. Gerardus¹) de Kalkar, prepositus sanctorum Apostolorum Colonien., sacre theologie professor.
2. Arnoldus²) de celario de Lochem, mgr in artibus et bachalarius formatus in theologia, canonicus Colon.
3. Theodericus Dystel de Unna, mgr in artibus et licentiatus in medicina Parysiensis, canonicus et scolasticus acti Andr.
4. Iordanus Wange de Clivis, mgr in artibus et bachalarius formatus in theologia Parysiensis canonicus acti Andr.
5. Iohannes de Ubach, mgr in artibus Parysien., canonicus beate Marie ad gradus.
6. Henricus de Wesalia, mgr in artibus Parysien. et bachalarius in medicina Montipess., canonicus beate Marie ad gradus.
7. Iohannes Boten de Tekenborg, mgr in artibus Parysien.
8. Henricus de Ilyen, mgr in artibus Montispess., canonicus sanctorum apostolorum.
9. Henricus de Westerholt, mgr in artibus Montispess., canonicus beato Mario in Capitolio.
10. Iohannes de Kolke, mgr in artibus Parysien., canonicus sanctorum Apostolorum.
11. Conradus de Breydathede, mgr in artibus Pragensis, canonicus sancti Gereonis.
12. Lambertus de Euskirchen, mgr in artibus et in medicina Pragen., canonicus beate Marie in Capitolio.
13. Iohannes Voghel, mgr in artibus Parysien., canonicus in Capitolio.
14. Iohannes Berswoert, mgr in artibus Parysien., canonicus sancti Cuniberti.
15. Arnoldus de Noringhen, mgr in artibus Parysien., canonicus sanctorum Apostolorum.
16. Theodericus Kerkering de Monasterio, mgr in artibus Pragen.

¹ und ²] Vor *Gerardus* glaubte Bianco den Buchstaben C, und vor *Arnoldus* ein T zu sehen: es sind nur Initialarabesken. — ²] 1391 Rector, 1392 lic. med., s. Bianco I, 818; Anl. S. 23. — ³] 1389 Rector, 1392, 1393 u. 1396 als lic. theol erwähnt; Rector 1401, 1402; s. Bi. I, 818. 821; Anl. S. 23. 35. 49. 58. — ⁴] 1390 Rector. — ⁵] 1391 Rector; s. Bi. I, 818; 1392, 1393, 1396 erwähnt bei Bi. I, Anl. S. 23. 24. 50. 58. 78. — ⁶] 1392 Decan der med. Facult.; 1396 Rector, s. Bi. I, 819; Anl. S. 23. 24. — ⁷] 1392, 1393, 1396 als *decretorum doctor* erwähnt; 1396, 1405, 1406 Rector, s. Bi. I, 819, 830; Anl. S. 23. 24. 49. 58. 73. — ⁸] 'de Tremonia', 1390 Rector, 1393 auch *in legibus Mgr*. — ⁹] Rector 1390, 1400, 1406, 1408; erscheint noch 1392 u. 1393 bloss als A. M.; 1398 als bac. form. in theol., 1400 als lic. theol., 1406 als prof. theol., s. Bi. I, 818; Anl. S. 23. 24 [wo *Friderici* Druckfehler ist]. 49. 58. 73. Hartsheim, prodr. S. 2 zum Jahre 1416: 'Theodoricus de Monasterio Vice-Cancellarius Universitatis Coloniensis, et Ioannes de Monte Ordinis Praedicatorum Sa. Theologiae Professores mittantur ab civitate Coloniensi et Universitate Coloniensi Ambassiatores ad Concilium Constantiense. *Testis Epistola eorundem de adventu in urbem Constantiam. Martene et Durand Tom. II. anecdotorum pag. 1609.* Fuerat Theodoricus de Monasterio Anno 1405 Decanus sacrae facultatis Theologicae Coloniensis. *Libro Facultatis Theologicae Colon.* Exim. Magister Godefridus de Dorsten fuit eidem Legato adjunctus hoc anno'; S. 3: 'Theodoricus de Monasterio delegatus inter Examinatores Ioannis Huss sedit in Conc. Constantiensi. *Tom. II Conciliorum edit. Colon. 1538. pag. DCIII.* Aderat e Colonia Agrippinensi Theodoricus de Monasterio Theologiae Doctor, qui et verba in Conventu habuit ad Patres et in eorum numerum est adlectus, qui in pestilentem Ioannis Huss doctrinam Concilii auctoritate inquirerent. *Horrion Panegyrici Paderborn. Academiae L. I*'; das. zum Jahre 1422: 'Theodoricus de Monasterio Sa. Theologiae Professor, ac Regens, Henricus de Gorricheim Theologiae Professor, Ioannes de Werborch Decretorum Doctor, Simon d'Oppenheim Theologiae Professor Ordinis Praedicatorum, Godefridus Slusal de Moguntia Ordinis Praedicatorum Theologiae Professor, Rotgerus de Tremonia Theologiae Professor, Christianus de Erpel Legum Doctor ad instantiam Theodorici Archiepiscopi Coloniensis, et Administratoris Paderbornensis examinarunt, et approbarunt Socialem vitam Virginum Deo devotarum, in una domo et communi habitatione utentium. *Schaten Annalibus Paderbornenibus L. XV. pag. 541. recitat ex diplomate Theodorici extante in Archivo Coenobii Rödecensis?'

8 . . Anno . . . . Studii . . . . Primo . .

17. Iohannes de Venlo, mgr in artibus Parysien., canonicus sanctorum Apostolorum.
18. Hermannus de Aldenrode, mgr in artibus Parysien., pastor sancte Columbe.
19. Bernardus Octyn de Pingwia, mgr in artibus Parysien., bachalarius in legibus Aurelianensis.
20. Hartlenus de Marka, mgr in artibus.
21. Magister Tidericus de Nyenborg, clericus Monasteriensis diocesis, scolaris in legibus.

[*Fol. 2v*] Successu temporis accesserunt et advenerunt vicissim plurimi magistri, doctores licentiati, bachalarii et scolares, aliqui ad legendum, alii ad audiendum in theologie, iuris canonici et civilis, medicine et artium facultatibus, et fecerunt se intitulari et nostro studio incorporari, quorum nomina in praesenti matricula inferius describuntur. Attamen advenientes in primo anno usque ad clausionem rotuli infrascripti non poterant inscribi eo ordine, quo venerunt, propter registrorum mannalium, in quibus prothocollati fuerant, distractionem et inordinationem. Ideo necesse fuit eos scribere, prout in ipso rotulo omnes et singulos contineute fuerant ordinati.

2da electio
Rectoris,
Iordani de
Clivis.
1389
17. Juli.

Anno domini M°CCC°LXXXIX, indictione XII, pontificatus domini Vrbani pape VIti anno duodecimo, die XVII mensis Iulii, hora vesperarum vel quasi, congregatione facultatis artium per rectorem ad hoc indicta more solito et per magistros celebrata legitime in domo capitulari ecclesie sancti Andree Coloniensis, electus fuit concorditer magister Iordanus de Civis, magister in artibus et bachalarius formatus in theologia Parysiensis, canonicus ecclesie sancti Andree predicte, in rectorem universitatis usque ad festum nativitatis Christi, et prestitit solitum iuramentum.

1389
18. Nor.

Die XVIII. mensis Novembris conclusum fuit ex concordi deliberatione quatuor facultatum, quod expediret fieri rotulum universitatis studii ad papam modernum pro privilegiis necessariis universitati et pro omnibus et singulis magistris et scolaribus in ea studentibus, et successu temporis electi fuerunt inrotulatores, et rotulus ordinatus est expeditus.

3tia electio
Rectoris,
Bernardi
Octyn de
Pingula.
1389
24. Dec.

Eodem anno, indictione. XIII. secundum stilum et consuetudinem civitatis et diocesis Coloniensis, pontificatus domini Bonifacii pape novi anno primo, die Veneris. XXIIII. mensis Decembris, hora tertiarum vel quasi congregatione facultatis artium per rectorem ad hoc indicta more solito et per magistros celebrata legitime in domo capitulari ecclesie sancti Andree Coloniensis, electus fuit concorditer magister Bernardus Octyn de Pingula, mgr in artibus et bachalarius in legibus, in rectorem universitatis et praestitit solitum iuramentum.

Modus et
forma Rectorem eligendi.
1390
7. Jan.

[*Fol. 3r*] Subortis interim disceptationibus inter quatuor facultates de et super modo et forma eligendi rectoria universitatis, scilicet qui et quales debeant eligi et ad quos et quales debeat electio pertinere, habitisque multis et diversis tractatibus allegationibusque et deliberationibus, tandem die septima mensis Ianuarii concordatum, conclusum et ordinatum fuit in refectorio fratrum minorum de unanimi consensu omnium et singularum facultatum ad hoc legitime congregatarum, quod deinceps quater in anno debeat eligi novus rector, et tempore electionis celebrande quatuor facultates vel saltem tres, absente quarta, ad hoc more solito congregate, nominabit quelibet seu deputabit unum de suis suppositam ad eligendum novum rectorem; quae quidem quatuor vel tria supposita post iuramentum praestitum intrabunt conclave et eligent unum suppositum cuiuscunque facultatis fuit quod tunc eis videbitur magis ydoneum ad rectoriam, eo salvo, quod nullus possit esse intraus vel etiam rector, nisi sit in sua vel alia facultate birretatus, prout hec et alia in statutis desuper factis plenius continentur. Anno domini M°.CCC°.XC°., indictione et pontificatu quibus supra, die *septima* ¹) mensis Ianuarii hora terciarum, universitate ad hoc legitime vocata et congregata more olito in refectorio fratrum minorum, magister Bernardus, rector predictus, supplicavit universitati, quod propter certas et legitimas causas, quas proposuit, haberent eum excusatum et supportatum de rectoria et eligerent alium rectorem; et post concordem deliberationem deputati fuerunt quatuor magistri de quatuor facultatibus, qui concorditer elegerunt magistrum Arnoldum de celario de Lochem, canonicum Colon., et receptum fuit ab eo debitum iuramentum. Deinde fuit conclusum, quod rotulus deberet scribi et sigillari.

4ta electio
Rectoris.
Rector ordine
quartus
Arnoldus
de celario.

¹) *Von späterer Hand zugesetzt.*

Die Veneris, XXVIII°. mensis Ianuarii, hora sexta universitate ad infrascripta legitime convocata et congregata more solito in refectorio fratrum minorum, quia M. Henricus de Odendorp, doctor in utroque iure, qui nuper una cum M. Iordano de Clivis de theologie et Hartleno de Marka de arcium facultatibus fuit electus et deputatus ad deferendum supradictum rotulum et, facta ipsa continentia, prosequendum, noluit sicut nec potuit, prout asserebat, se amplius intromittere de dicto negotio propter causas legitimas ipsum excusantes, concordi deliberatione quatuor facultatum prehabita, electi fuerunt magistri Iohannes Berswort de facultate iuris et Theodorus Dystel de facultate medicine ad deferendum una cum dictis magistris Iordano et Hartleno eundem rotulum ut prefertur. Deinde conclusum fuit, quod dicti quatuor nuncii debeant habere pro expensis suis omnem pecuniam a personis inrotulatis derivatam. Ad quod illi subiunxerunt, quod propter longitudinem temporis quo verisimiliter oporteret eos circa istud factum in remotis occupari et propter caristiam vigentem tam in urbe quam in via, nollent sicud nec verisimiliter possent cum dictis pecuniis contentari. Super quibus fuit conclusum, quod prefati magistri post reditum suum debebunt reddere rationem de omnibus expositis et receptis et, si quid eis superfluat, super illo universitas debeat cum eis agere generose; si vero aliquid defecerit, hoc, cognita eorum diligentia, plenarie refundere ipsosque generosius pertractare. Et hec fuerunt ipsis promissa et conventa.

1390 Jan. 28.

Die Veneris, quinta mensis Februarii, hora sexta, universitate ad hoc legitime convocata et congregata more solito in refectorio fratrum minorum, fuit deliberatum concorditer et conclusum, quod nuntii ad deferendum rotulum supradicti debeant arripere iter versus Romam infra VIII dies et suum prestare iuramentum. Et statim magistri Iordanus, Iohannes et Hartlenus predicti suo et magistri Theoderici absentis nominibus, tactis sacris scripturis, inraverunt infrascriptos articulos. Primo quod negotia rotuli sibi commissa fideliter et diligenter exercebunt et agent nichilque ultra sibi commissa attemptabunt in preiudicium rotuli seu cuiuscunque inrotulati pro posse et nosse sine fraude. Item 2°, quod ante expedicionem rotuli nec pro se nec pro quocunque alio pro gratiis expectatis laborabunt, poterunt tamen pro seipsis pro beneficiis vacantibus laborare, dummodo hoc in preiudicium expedicionis rotuli non redundet. Item 3°, quod remanebunt in curia ad minus per tres menses, nisi rotulus antea fuerit sufficienter expeditus. Item 4°, quod ab isto die infra octo dies recedent a civitate Coloniensi diligenter ulterius profecturi.

1390 5. Febr.

[*Fol. 3°.*] Infrascripti magistri et scolares fuerunt intitulati et incorporati studio et iuraverunt ut est moris in rectoriis quatuor rectorum suprascriptorum usque ad clausionem et sigillationem rotuli supradicti, non tamen eo ordine, quo venerunt ad studium, sunt hic scripti, quia hoc fieri non poterat propter inordinacionem et distractionem prothocollorum, sed secundum ordinem, quem in rotulo habuerunt.

1. Reginaldus de Buxeria, monachus conventus de Alna ord. Cistercien., mgr in theol., Leod. dioc.
2. Gerardus Kijcpot de Kalkar, mgr in theologia, prepositus ecclesie stor. Apostolorum Coloniensis.
3. Symon de Spyra, ord. beate Marie de Carmelo, mag. in theol.
4. Gyso de Colonia, ordinis frm heremitarum sancti Augustini, mgr in theol.

) 1393, 1394 und 1396 theol. Decan, s. Bi. 1, Anl. S. 23. 24. 33. 35. 48. 72. — *)* 'postea episcop. suffr. Col.': späterer Zusatz. Vgl. Gelenius, de adm. noscuit. Colon. p. 480: '*Simon de Spira* cum *Ioanne de Brammart* SS. Theologiae Magistro ex ordine Carmelitano inter tredecim primos universitatis Coloniensis Doctores et restauratores censetur, postea Episcopus Suffraganeus Coloniensis perhibetur fuisse. Obiit 1403, die 7. Ianuarii. Sepultus in choro Carmelitarum Coloniensium'. Vgl. Hartzheim, Bibl. Colon. p. 297: 'SIMON de SPIRA, cognominatus ANTWEILER . . . .' und p. 162 unter 'Ioannes Brammart'; vgl. Bi. 1, Anl. S. 24. 35. — *)* Gelen. l. l. p. 489: 'Anno 1393 P. *Guiso de Colonia*, ut Prior Conventum, ac Prouincial Prouinciam, ita Decanus facultatem Theologicam Quintus laudabiliter gessit. Huic in Prioratus successit officio P. M. *Paulus à Geldria* Septimus dictae Facultatis postea Decanus.' Er hatte mit dem Augustiner Nicolaus von Neuss das Gesuch der Gesandtschaft unterstützt, welche der Kölner Rath, um des Papstes Zustimmung und Segen zur Stiftung eines Studium generale in der alten Rheinmetropole zu erwirken, nach Rom geschickt hatte. Vgl. Ennen, Gesch. d. St. K., Bd. III, S. 836; Bi. I, S. 164, Anm. 3. Anl. S. 24. 35. 49. 58. 72.

.. Anno ..   .. Studii ..   .. Primo ..

5. Nicolaus de Nussia, mgr in theol., eiusdem ordinis.
6. Alexander de Kempen, ordinis praedicatorum, mgr in theol.
7. Iohannes Brambart, ordinis frm beate Marie de monte Carmeli, mgr in theol.
8. Henricus Grymbart de Rekelinchusen, doctor utriusque iuris, canonicus Bunnensis.
9. Henricus de Odendorp Coloniensis, utriusque iuris doctor et mgr in artibus, canonicus B. Apostolor.
10. Godefridus de Harve, doctor decretorum, praepositus Carpensis.
11. Petrus Genemmani, doctor decretorum, bachalarius in legibus, mgr in artibus.
12. Iohannes Gunteri de Tremonia, mgr in artibus et in medicina.
13. Nicolaus Scalter, in artibus et in med. mgr Parysien.
14. Hermannus Stakelwegge, licentiatus in legibus, bachalarius in decretis, prepositus sti Georgii Colon.
15. Henricus de Duren, licentiatus in legibus, bach. in decretis, Colon. dioc.
16. Henricus de Hoven, licentiatus in iure canonico, Colon. dioc.
17. Gerardus de Rodenghevel, Coloniensis, licentiatus in legibus.
18. Iacobus Martini de Middelburg, mgr in artibus et licentiatus in med., Traiecten. dioc.
19. Gerardus de Hoynghen, mgr in artibus, bachs. formatus in theol., pastor in Lyns.
20. Leoniur de Haren, mgr in artibus et bach. in theol., Cameracen. dioc.
21. Alexander dictus Koriagen, mgr in artibus et bach. in utroque iure, Leod. dioc.
22. Bertoldus Suderdijc, mgr in artibus, Osnaburgen. dioc.
23. Iacobus Zulle, mgr in artibus, Traiecten. dioc.
24. Richardus Anglicus, mgr in artibus, Duvelmen. dioc.
25. Henricus Mengwater de Nussia, mgr in artibus, Colonien. dioc.
26. Petrus Tipot, mgr in artibus, Leodien. dioc.
27. Iohannes ad aquam, bachalarius in decretis, Traiecten. dioc.
28. Petrus Lobyn de Lyns, mgr in artibus, Treveren. dioc.
29. Iohannes dictus Voys, bachalarius in decretis, canonicus et scolasticus ecclesie sti Mauritii extra muros, Monasteriensis.
30. Gotfridus de Dijnslaken, bach. in iure canonic, Colon. dioc.
31. Albertus de Bernckhusen, bach. in iure canonico, Colon. dioc.
32. Theodericus Nycolai de Amstilredam, mgr in artibus, Traiecten. dioc.
33. Iohannes Adolphi Schelart de Dusseldorp, mgr in artibus, Colon. dioc.
34. Iohannes Arnoldi de Novimagio, mgr in artibus, Colon. dioc.
35. Wilhelmus Agni de Duysberg, mgr in artibus, Colon. dioc.
36. Hermannus Roeve, mgr in artibus.   36 *
37. (Fol. 4^.) Iohannes Goyswini de Katwick, mgr in artibus et bach. in medicina, Traiecten. dioc.
38. Tilmannus de Elvynghen, mgr in artibus, alias de Treveris.
39. Hermannus de Bokenevort, mgr in artibus, Colon. dioc.
40. Henricus Bernekotte de Ysenburg, mgr in artibus.
41. Marquardus de Ramseborgh, mgr in artibus et bach. in medicina, Bremen. dioc.
42. Iohannes Bye de Breda, mgr in artibus, Leod. dioc.
43. Franco de Gasteldonck, mgr in artibus Parysien., de Buscoducis.
44. Iohannes Paderborn de Susato, mgr in artibus, Colon. dioc.
45. Arnoldus Tigel de Xanctis, mgr in artibus, Colon. dioc.
46. Godefridus Florini de Kalkar, mgr in artibus, Colon. dioc.
47. Iacobus Martini de Middelburg, mgr in artibus et licentiatus in medicina, Traiecten. dioc.
48. Gotfridus de Oesteren, mgr in artibus et bach. in theol., Cameracen. dioc.
49. Iohannes Scherpseyl de aquis, mgr in artibus et bach. in medicina, Leod. dioc.
50. Wilhelmus Peyl, bach. in decretis, Colon. dioc.
51. Iohannes de vico de Udem, mgr in artibus, Colon. dioc.

---

*) Gelen. l. l.; 'Anno 1387 *Nicolaus Nussiensis*, copia sibi facta in Capitulo generali Herbipoli celebrato, cui Prouincialis suae Prouinciae intererat, à Ptolomeo Veneto Generali, Romam profectus Almae Coloniensium Vniuersitati Priuilegiorum dotem ac robur à sancta Sede impetrauit.' 1393 als Prof. der Theol. erwähnt, s. Bl. I, Anl. S. 23. 24. — *) Vgl. Hartzheim, Bibl. Colon. p. 162 unter 'Ioannes Brammart'; 1392 u. 1395 als theol. Prof. erwähnt, s. Bl. I, Anl. S. 23. 24. 35. — *) Vgl. Hartsh. das., als Carmeliterprovincial 1393 erwähnt, s. Bl. I, Anl. S. 24. 35. — **) 1392 Rector; 1393 als *decretorum doctor* erwähnt, s. Bl. I, S. 818; Anl. S. 24. — **) 1391 Rector, s. Bl. I, S. 818. — **) 1392 Rector, Bl. a. a. O. — **) 1395 Rector, Bl. S. 819. — **) noch 1398 erwähnt, Bl. I. Anl. S. 49. 58. 73. — **) 1393 als bac. *in utroque iure* erwähnt, Bl. I, Anl. S. 24. — **) 1398 als Rector und *decretorum doctor* erwähnt, Bl I, Anl. S. 49. 58. 73. — **) Minorit, 1398 Prof. theol., Bl. I, Anl. S. 49. 58. 73. — *) Am unteren Rande der Hds. ist jedesmal die Zahl der auf einer Folioseite verzeichneten Namen angegeben. — **) 1398 als bac. *in decretis et in legibus* erwähnt, Bl. I, Anl. S. 49. 58. 73; in dems. J. und 1399 Rector, Bl. S. 819. — **) = n. 16.

... Anno .. .. Studii .. ... Primo .. 11

52. Iohannes de Barki de Aquis Grani, mgr in artibus, Leod. dioc.
53. Iordanus Suellart de Wesalia, mgr in artibus, Colon. dioc.
54. Reynerus de Namurco, mgr in artibus, de sto Trudone.
55. Iohannes Heye de Rurcmunda, mgr in artibus, Leod. dioc.
56. Iohannes de Meyen, mgr in artibus, bach. in decretis.
57. Henricus dictus Loman, bach. in decretis, Colon. dioc.
58. Gerardus de Meyghen, mgr in artibus et barh. in medicina, Leod. dioc.
59. Giselbertus de Campo, bach. in legibus et in artibus, Traiecten. dioc.
60. Iohannes Hollinck, mgr in artibus, Colon. dioc.
61. Albertus Bestken, mgr in artibus, Traiecten. dioc.
62. Arnoldus, filius Wilhelmi Witten, mgr in artibus, Traiecten. dioc.
63. Godefridus de Oeveriaken, mgr in artibus, Leod. dioc.
64. Iohannes Lodewici de Wijtre, alias de Iuliaco, mgr in artibus, Colon. dioc.
65. Rutgerus, dictus Vorn de Aldenhoven, mgr in artibus, Colon. dioc.
66. Wilhelmus de Weda, canonicus sti Gereonis Colonien.
67. Iohannes de Linepe, canonicus ecclesie Colonien.
68. Theodericus de Linepe, canonicus sti Gereonis Colon.
69. Rutgerus de Maysacker, canonicus Colonien.
70. Engelbertus de Nassowe, Magunt. dioc.
71. Rogerus de Broechorst, canonicus Colonien.
72. Henricus de Nassow, Magunt. dioc.
73. Robinus de Ysenburg, canonicus sti Gereonis Colon.
74. Adolphus de Linepe, canonicus sti Gereonis Colon.
75. Borchardus Stecke, canonicus sti Gereonis Colon.
76. Emericus de Iuliaco, bach. in artibus, Colon. dioc.
77. Petrus de Gruythusen, bach. in artibus, Traiecten. dioc.
78. Engelbertus de Warendorp, bach. in artibus, Monasteriensis dioc.
79. Petrus Roel, bachalarius in artibus Colonien.
80. Iacobus Berneri de Novimagio, bach. in artibus Colonien. 43 [vielmehr 44].
81. [Fol d°.] Arnoldus Berneri de Novimagio, bach. in artibus Colon.
82. Wilhelmus Weden, bacha. in artibus, Traiecten. dioc.
83. Henricus Nussia de Nersa, bacha. in artibus, Colon. dioc.
84. Iacobus de Haystricht, bacha. in artibus, Traiecten. dioc.
85. Iohannes de Syndorp, bacha. in artibus, Colon. dioc.
86. Henricus de Oldendorp, bacha., Maguntinen. dioc.
87. Henricus dictus Meister, canonicus in Aschaffenburg, bach. in artibus, Magunt.

88. Lubbertus de Hervelo, bach. in artibus, Monasteriensis dioc.
89. Iohannes Grymhart de Rekelinchus., bach. in artibus, Colon. dioc.
90. Cristianus de Erpel, Colon. dioc.
91. Gerardus Kleynedinck, canonicus ecclesie Colonien., decanus Paderbornensis.
92. Wilhelmus de Groesbeock, Leodien. dioc.
93. Henricus Schriver, canonicus ecclesie Leod.
94. Iacobus de Pünt, canonicus et scolasticus ecclesie beate Marie Aquen., Leod. dioc.
95. Arnoldus de Meroide, Colonien. dioc.
96. Ludolphus Hadepol de Warendorp, Monasteriensis dioc.
97. Hermannus de Baggio, Colon. dioc.
98. Theodericus Mangelman, bacha. in artibus, Colonien. dioc.
99. Lambertus Boyvo, bacha. in artibus, Colonien. dioc.
100. Everhardus Moyr, bacha. in artibus Colonien.
101. Iohannes Koystert.
102. Henricus de Summeren, canonicus sti Victoris Xancten., Colon. dioc.
103. Augustinus dictus Vos, Colon. dioc.
104. Conradus Hagendorp, Colon.
105. Henricus de Haghe, bach. in artibus Monasteriensis dioc.
106. Iohannes de Derne, bachalarius in artibus Colonien.
107. Wilhelmus de Leydis, bacha. in artibus, Traiecten. dioc.
108. Herberrus over der Vocht, bacha. in artibus, Traiecten. dioc.
109. Engelbertus Haghen, bacha. in artibus, Leodien. dioc.
110. Iohannes de Alemaria, bacha. in artibus, Traiecten. dioc.
111. Theodericus Hasenleger, bacha. in artibus, Colonien. dioc.
112. Nicasius de Vendogies, Cameracen. dioc.
113. Wernerus Vagst, Monasteriensis.
114. Gerardus de Rosheym, bacha. in artibus, Traiecten, dioc.
115. Arnoldus de Gruythusen, bach. in artibus, Traiecten. dioc.
116. Antbonius de Velme, bach. in artibus, Leod. dioc.
117. Albertus Buyr, bach. in artibus, Traiecten.
118. Theodericus de Breda.
119. Gerardus de Dreven, alias Kynheyn, canonicus ecclesie Dalmen., Mon. dioc.
120. Franco de Odendorp, Colon.
121. Theodericus de Ubach, canonicus storum Apostolorum Colon.

---

[1] Vor *Wilhelmus* ist *Comes de Weda* durchgestrichen. — **[7]** 1392 M. A., in dems. J. u. 1396 Rector; 1398 als *bac. in decretis et in legibus* erwähnt Bl. I, S. 818, Anl. S. 49. 58. 73. — **[8]** 1393 als M. A. erwähnt, Rector 1394, Bl. I, S. 819, Anl. S. 24. — **[9]** 1418 *legum doctor*, Rector. — **[10]** 1398 als *bac. in decretis et in legibus* erwähnt Bl. I Anl. S. 49. 58. 73 — **[11]** 1393 M. A., Bl. I, Anl. S. 25. — **[12]** 1393 in *utroque iure bac.*, Bl I, Anl. S. 24.

.. Anno .. .. Studii .. .. Primo ..

122. Iohannes de Eckrode, Leodien. dioc.
123. Wilhelmus Heupmann do Goch, Colonien. dioc.
124. Iohannes Vinke, bacha. in artibus.
125. Iohannes Northoff, bacha. in artibus, Colon. dioc. 45.
126. [*Fol. 5*.] Christianus Iohannis de Unkelbach, alias de Erpel, Colon. dioc.
127. Iohannes Linoldi, canonicus storum Petri et Andree, Paderburnen. dioc.
128. Lubbertus Nenssinch, canonicus prebendatus et decanus veteris ecclesie sti Pauli Monasteriensis.
129. Rodolphus Falconarii de Gravia, bacha. in artibus Parysien., Leodien. dioc.
130. Iohannes de Camenata, bacha. in artibus Colon.
131. Arnoldus Vinck, bacha. in artibus, Leodien. dioc.
132. Iacobus Timeman, bacha. in artibus, Traiecten. dioc.
133. Heynemannus Leye de Confluentia, Treveren. dioc.
134. Iohannes Keldunck, bacha. in artibus, Colon. dioc.
135. Hermannus de Curia, bacha. in artibus, Colon. dioc.
136. Iohannes Wilhelmi de Leydis.
137. Iohannes Wijthman Colon.
138. Bernardus Henrici de Davantria, Traiecten. dioc.
139. Gerlacus de Erpel, bacha. in artibus, Colonien. dioc.
140. Iohannes Winandi Leod. dioc.
141. Iohannes Doyslintre de Thenis, bach. in artibus, Leodien. dioc.
142. Henricus Rocendarii de Loen, bachalarius in artibus, Colonien. dioc.
143. Iohannes Copernagel, bach. in artibus, Colon. dioc.
144. Everhardus Duyrkop, bach. in artibus, Monasteriensis dioc.
145. Iohannes Crul de Bunna, bach. in artibus, Colon. dioc.
146. Iohannes Best, bach. in artibus, Leodien. dioc.
147. Theodericus de Walle, bach. in artibus, Colon.
148. Iohannes Keye, canonicus sti Martini Monasteriensis.
149. Rikolphus de Syburg, alias Cremwel, Colon. dioc.
150. Gerardus Voys Padeburnen. dioc.
151. Iohannes Herre de Geyske, Colon. dioc.
152. Petrus de Glen, bach. in artibus, Colon.
153. Iohannes de Hees, bacha. in artibus, Leodien. dioc.
154. Arnoldus Daytvit de Osenbroghe, bach. in artibus.
155. Iacobus Wolteri de Leodio, bach. in artibus, Leod. dioc.
156. Bernhardus de Bocholdia, Monasteriensis dioc.
157. Henricus Cruyt, presbyter Leod. dioc.
158. Wilhelmus Camen, Colon. dioc.
159. Remfridus de Geyske, canonicus Assinden., Colon. dioc.
160. Wijnricus Hixapoer de Osterwych, bacha. in artibus, Leod. dioc.
161. Paulus de Mersenich, bacha. in artibus, Colonien. dioc.
162. Wilhelmus de Tila, bach. in artibus, Traiecten. dioc.
163. Wilhelmus Udinck de Monasterio, bacha. in artibus.

164. Arnoldus Wustorp, Minden. dioc.
165. Everhardus de Lippia, alias Snelle, Colonien. dioc.
166. Petrus de Horreo, Colon. dioc.
167. Bertramus de Dursten, alias dictus Bley, bacha. in artibus, Colonien. dioc.
168. Hermannus de Fonte, Colon. dioc.
169. Iohannes Knyc de Kempen, bacha. in artibus, Colon. dioc.
170. Iohannes de Haga, bach. in artibus, Traiecten. dioc. 45.
171. [*Fol. 5*.] Gerardus de Deprenbrock, canonicus prebendatus in Wischel, Colon. dioc.
172. Symon Meynardi de Amstellerdam, Traiecten. dioc.
173. Nycolaus Rudolphi, Traiecten. dioc.
174. Iohannes Ruwe, bacha. in artibus Colonien.
175. Hermanus de Ruremunde, Leod. dioc.
176. Deytmarus de Ruden, bacha in artibus, Colonien. dioc.
177. Henricus de Melenheim, presbyter Colon. dioc.
178. Gotschalcus de Puteo, bacha. in artibus, Colonien. dioc.
179. Mathias de Boenenchusen, alias de Eversberg, Colonien. dioc.
180. Borchardo de Boyne, bacha. in artibus.
181. Wolbero do Kaldenhoyven de Geyseke, bach. in artibus, Colon. dioc.
182. Wylhelmus de Wijlre, baccalarius in artibus, Colon. dioc.
183. Iohannes de Goyszkirchen, bacha. in artibus, Colonien. dioc.
184. Hermannus de Smalenberg, canonicus ecclesie storum Apostolorum Colon.
185. Bodo Bodonis de Yseranloen, Colon. dioc.
186. Albertus Tidemanni de Gronynghen, Traiecten. dioc.
187. Petrus de Voechdinck de Rekelinchusen, Colon. dioc.
188. Hermannus de Vechtorp, bach. in artibus, Monasteriensis dioc.
189. Iohannes de Castro, bach. in artibus, Colonien. dioc.
190. Theodericus de Wije, Traiecten. dioc.
191. Alardus de Wije, Traiecten. dioc.
192. Iacobus Hermanni de Tuitio, Treveren. dioc.
193. Philippus de Roeyde, Colon.
194. Iohannes Cesar de Aikstorp, presbyter Colonien. dioc.
195. Iohannes dictus Dives, canonic. sti Caniberti Colonien.
196. Theodericus de Aurode de Clivia, presbyter Colonien. dioc.
197. Iohannes Maekart, Leodien dioc.
198. Goyswinus de Gruythus, Traiecten. dioc.
199. Arnoldus de Harwijn, Traiecten. dioc.
200. Iohannes Snanel [*Snarel?*], presbyter Colon. dioc.
201. Arnoldus Muynter, alias Strumproede, Traiecten. dioc.
202. Arnoldus de Elephante, bach. in artibus, presbyter Colon.

[140] 1422 decret. doctor, Rector, Bl. I, S. 622. — [141] 1393 u. 1396 als M. A. erwähnt, Bl. I, Aul. S. 24. 50. 56. 73. — [142] 1394 u. 1396 als mag. Art. et Med. und als med. Decan erwähnt; 1397, 1401 u. 1407 Rector, Bl. I, S. 619. 621; Anl. S. 48. 72. — [143] später beigefügt in der Hds.

203. Sybrandus Winter de Staurea, Traiecten. dioc.
204. Wilhelmus Echt de Wert, Leodien. dioc.
205. Egidius Shabot, canonicus Leodien.
206. Albertus Shabot, fratri germano [sic] dicti Egidii. Leod.
207. Riquinus Theoderici do Goch, Colon. dioc.
208. Tilmannus Vorne de Duren, Colon. dioc.
209. Henricus de Oyskirchen, Colon. dioc.
210. Iohannes Pendinck, Monasteriensis.
211. Cristianus natus Constantini de Lisenkirchen, Colon.
212. Iohannes Welle de Heymbach, Magunt.
213. Theodericus Huysgemach, Colon. dioc.
214. Anthonius dictus Lobin de Lijns, Treveren. dioc.
215. Albertus Giles, Coloniensis. 15.
216. [Fol. 6ʳ.] Iacobus Geyl, Leod. dioc.
217. Wolterus Wayl, Colonies. dioc.
218. Ulricus de Agro Colon.
219. Heydenricus de Overstoltz Colon.
220. Everhardus dictus Ghier Colon.
221. Hermannus Mauwenbem Colon.
222. Godefridus Grijn Colon.
223. Engelbertus Smellinck Monasterien.
224. Petrus Weese de Bopardia, Treveren. dioc.
225. Tilmannus Biscopes Colon.
226. Iohannes de Cervo Colon.
227. Henricus de Ampla Ianua Colon.
228. Gobelinus de Berka Colon.
229. Lillgerus Hardevuyat Colon.
230. Rikolphus de Cervo Colon.
231. Wernerus de Aqueductu Colon.
232. Robertus Nagel, Colon. dioc.
233. Iohannes de Reys, Colon. dioc.
234. Reynerus de Leodio, Leod. dioc.
235. Wilhelmus de Porta Draconis Colon.
236. Iohannes de Veteri Campo, bach. in artibus.
237. Henricus filius Theoderici Petri, Colon. dioc.
238. Iohannes Villenscheit de Erpel, Colon. dioc.
239. Wilhelmus Rost de Holtzwijlre, Colon. dioc.
240. Rabodoni de Kempen, Colon. dioc.
241. Petrus de Bocheldis.
242. Iohannes Nyenhus de Holte Colonien.
243. Conradus Tigel de Xanctis.
244. Iohannes Pels.
245. Gerardus de Odendorp Colon.
246. Heidenricus de Odendorp Colon.
247. Theodericus de Schiderich Colon.
248. Math. Walrave Colon.
249. Iohannes Walrave Colon.
250. Iohannes de Randorp Colon.
251. Iohannes quondam Walteri Zoenkens.
252. Iohannes filius Henrici Zoenkens.
253. Goswinus Vogel, Colon. dioc.

254. Iohannes Robusch de Hulst, Treveren. dioc.
255. Stephanus Ruferii.
256. Wilhelmus do Gladbach, Colon. dioc.
257. Tilmannus de Geuenich, Colon. dioc.
258. Iohannes de Honore Colon.
259. Gerardus Kolman de Boytzler, Colon. dioc.
260. Henricus Wedegast, Leodien. dioc.
261. Iohannes de Echt, Leod. dioc. 16.
262. Hermannus de Attendarne, Colon. dioc.
263. Iohannes Rost de Holtzwijlre, Colon.
264. Iacobus Ludingher, Treveren. dioc.
265. Iohannes do Tuicio, Colon. dioc.
266. Anthonius de Heinsberg, Leod. dioc.
267. Iohannes filius Henrici Loyff, Colon.
268. Hermannus Hulstode de Brilon, Colon. dioc.
269. Iohannes Mijs, Colon. dioc.
270. Theodericus Bart Michelis, Colon. dioc.
271. Gotfridus de Heege, Colon, dioc.
272. Rudolphus Muys Monasteriensis.
273. Gherardus Kleberch Coloniensis.
274. Hugo de Angelo Colon.
275. Petrus Moydwijck, Colon. dioc.
276. Egidius Sartor de Gerwen, Leod.
277. Wilhelmus Iohannis de Bersa, Leod. dioc.
278. Deymarus Broychman de Gheseke.
279. Iohannes de Randenroyd Colon.
280. Iohannes de Wachendorp, Colon. dioc.
281. Iohannes Yoyt de Arlifia, Colon. dioc.
282. Tillmannus de Geuenich, Colon. dioc.
283. Xpianus de sto Trudone de Aquis, Leod. dioc.
284. Everhardus Heyginch de Embrica.
285. Theodericus Keveler, Monasteriensis dioc.
286. Iohannes in de Veynde de Aquis, Leod. dioc.
287. Lambertus ter Hoyven, Traiecten. dioc.
288. Iohannes Payl de Lubick, Lubicen.
289. Gerardus Halle, Traiecten. dioc.
290. Wilhelmus Ricoldi de Novimagio.
291. Lufardus Everardi de Berngede, Colon. dioc.
292. Gerardus de Colonia, Mon. dioc.
293. Sybrandus Reysghe de Gronynghen.
294. Albertus Pijl Traiocten., Traiecten. dioc.
295. Iohannes Braym Traiecten.
296. Hermannus Dyckman, alias dictus Alde.
297. Hermannus Lomann, Mon. dioc.
298. Math. Crul de Bunna, Colon. dioc.
299. Iohannes Vliege de Duren, Colon. dioc.
300. Henricus van der Trappen de Nussia, pastor Nussien.
301. Petrus de Velde, Traiecten. dioc.
302. Hermannus Ywani de Goch.
303. Arnoldus Monick, Leod. dioc.
304. Nicolaus Amelii de Amsterdam, Traiecten. dioc.
305. Godefridus Lauwert, Colonien. dioc.

¹¹¹) 1404 u. 1405 als *leg. doct.* Rector. — ¹⁴⁰) 'ni' durchgestrichen und punktirt. — ¹¹¹) Am Rande n° = nota, von späterer Hand. — ¹¹²) = 257. — ¹¹¹) *Mon. dioc.* ist zweimal geschrieben.

| | .. Anno .. | .. Studii .. | .. Primo .. |

306. Iohannes Wosijt, Colonien. dioc.
307. Iohannes Crul de Bunna, ba. in artibus, Colon. dioc. 46.
308. [Fol. 6v] Iohannes de Pomerio, Leod. dioc.
309. Hermannus Winkelinck, Colon. dioc.
310. Hermannus Rex de Osenbrug.
311. Iohannes Peirs, Cameracen. dioc.
312. Arnoldus Ude, Colon. dioc.
313. Tilmannus de Swelme, Colon. dioc.
314. Henricus de Menrode.
315. Iohannes Selher, Colon. dioc.
316. Anthonius de Montefeya, Leod. dioc.
317. Tidemannus Brant.
318. Iohannes Echardi de Schuuechen.
319. Henricus, dictus Vrie, Traiecten. dioc.
320. Gobelinus de Bessel, Leod. dioc.
321. Theod. Ducs de Avezaet, Tralec. dioc.
322. Iohannes Steenbergh.
323. Iohannes Hutteler de Duren.
324. Iohannes Ilaels, Cameracen. dior.
325. Stephanus de Rotenberg.
326. Nicolaus Surincs.
327. Iohannes, filius Walteri, Cameracen. dioc.
328. Egidius Haken Colonien.
329. Ywanus Prie de Clivis, Colon. dioc.
330. Iohannes de Littore, Colon. dioc.
331. Stephanus Schulte, Traiecten. dioc.
332. Henricus Storm de Leodio.
333. Albertus Palstohl, Colonien. dioc.
334. Iohannes Seestap de Kalkar, Colon. dioc.
335. Iohannes Lomme de Venlo, Leodien dioc.
336. Everhardus Kyvit de Arnhem.
337. Franco Asmaris, Colon. dioc.
338. Gerardus, dictus Dudinck, de Mon.
339. Iohannes Erdewini, Lood. dioc.
340. Iohannes de Saffenbg, Colon. dioc.
341. Gerardus Busselmans, Colon. dioc.
342. Arnoldus Kays de Wassenberg, Leod. dioc.
343. Wilhelmus de Boeinghen, Traiecten. dioc.
344. Hermannus Bic Traiecten.
345. Wilhelmus Croech, Traiecten. dioc.
346. Lambertus Henrici de Tornaco, Leod.
347. Benedictus de Libenthew.
348. Henricus Colsack Colonien.
349. Iohannes Colsack Colonien.
350. Petrus Arnoldi Braxatoris, Cameracen. dioc.
351. Martinus Hebetelini de Brumot, Argent. dioc.
352. Nicolaus Wimpfebirgh, Colon. dioc.
353. Iohannes Kelse Colonien. 4G.
354. Petrus rasoris de Lomheym, Wormacen. dioc.
355. Petrus de Wederstorp, Colon. dioc.

356. Syfridus de foro, Colon. dioc.
357. Iacobus Vorne de Aldenhoven, Colon. dioc.
358. Giselbertus de Montibus, Leodien. dioc.
359. Wilhelmus Brunosis, Leod. dioc.
360. Andreas Ludolphi Symonis de Wiringa, Traiecten. dioc.
361. Everardus de Balve, Colon.
362. Theodericus de Beerk, Traiecten. dioc.
363. Arnoldus de Beeck, Leodien. dioc.
364. Henricus Sophie de Vico novo, Colon.
365. Iohannes Lyndeman de Ludenscheide, Colon. dioc.
366. Wilhelmus de Reedwich, Traiecten. dioc.
367. Tilmannus Werneri de Duren, Colon dioc.
368. Hedenricus Arnoldi do Erpel, Colon. dioc.
369. Iohannes Esmundi de Ratingben, Colon. dioc.
370. Wynricus de Oysheim, Colon. dioc.
371. Everhardus de Lijne, Traiecten. dioc.
372. Wilhelmus Wilhelmi de Vrelebg.
373. Rutgerus de Lijc, Leod. dioc.
374. Iohannes Wilhelmi de Ende, Traiecten. dioc.
375. Iohannes de Drungelen, Traiecten. dioc.
376. Iohannes Vogel Colon.
377. Iohannes de Gryet, de Novimagio.
378. Iohannes Rode, Colon. dioc., Ba. in artibus.
379. Gerardus Millinghen de Embrica.
380. Heynemannus Preynoghen de Rnden, Colon.
381. Albertus, filius Io. de Dieveren, Traiecten. dioc.
382. Nicolaus de Sanden.
383. Hermannus, filius quondam Gerlaci, Colon. dioc.
384. Iohannes de Camphosen, Tra. dioc.
385. Theodericus Melter, Leodien. dioc.
386. Cristianus de Stoyteten, de sto Trudone, Leod.
387. Iohannes Busen, Ba. in artibus, Leod. dioc.
388. Iacobus de Angulo, Leod. dioc.
389. Iohannes Henrici Springh, Colon. dioc.
390. Cristianus Stolz, Colon. dioc.
391. Iohannes Buck Mona.
392. Iohannes Creuwel de Leichlingen, Colon. dioc.
393. Iohannes de Demel, Colon. dioc.
394. Wilhelmus Duerkoyp, Mona. dioc.
395. Nicolaus Borken de Tongeris, Leod. dioc.
396. Walramus Passart Colon
397. Stephanus np den Kelre, Leod. dioc.
398. Henricus de Ravenswade, Tra. dioc.
399. [Fol. 7v.] : Lambertus de Rubeo monte, Colon. dioc.
400. Tidemannus Lamberti de Monekedam, Tra. dioc.
401. Theodericus Wilhelmi de Schervir, Tra. dioc.
402. Petrus de Hattorp, Colon. dioc.
403. Wilhelmus de Meroyde, Colon. dioc.
404. Iohannes Goswini de Aquis, Leod. dioc.
405. Arnoldus de Singher, Colon. dioc.
406. Iohannes de Sendeue Monasteriensis.

45.

**[1394 u. 1398 als A. M. art. Decan, Bl. 1, Anl. S. 48. 72.* — **] Vor Nr. 337 steht von späterer Hand: 'a° 1388'; hinter dem Namen: 'pater dni Asmari legum doctoris experti ebibg [?] et canonici Colon.'

407. Henricus de Lijc, Leod. dioc.
408. Giselbertus de Kaldenkirchen, Leod. dioc.
409. Petrus von der Schuren, Colon. dioc.
410. Berwardus Garbrandi de Alcmaria
411. Albertus filius dictus Sayr Magunt.
412. Paulus de Meyl, Leod. dioc.
413. Theodericus Fabri de Clivis, Colon. dioc.
414. Gobelinus de Vissenich, Colon. dioc.
415. Arnoldus Schriver, Traiecten. dioc.
416. Petrus Iungman de Remago, Colon. dioc.
417. Helbrandus in deym Steinhove, Colon. di.
418. Iohannes de Winttern, Leod. dioc.
419. Hermannus de Herdis de Tongris, Leod. dioc.
420. Henricus dictus Mijssener, Colon.
421. Iohannes Swake, Colon. dioc.
422. Theodericus Petri de Mona. Eyflie.
423. Bernardus Arnoldi de Leydis, Tra. dioc.
424. Theodericus Fenhoven de Reys, Colon. dioc.
425. Henricus de Carpena, alias Spring.
426. Bertoldus Wolteri de Gronyngben, Tra.
427. Iohannes Bolt, Leod. dioc.
428. Iohannes de Monte.
429. Gotfridus de Ulenbusch.
430. Henricus Kleynheir.
431. Gerardus de Camera Colon.
432. Gerardus Oyrbach, Colon. dioc.
433. Everardus Stummel, Colon. dioc.
434. Henricus de Nulle de Gravia, Leod. dioc.
435. Pelegrinus Bocke de Nova villa, Leod dioc.
436. Giselbertus, filius Meynardi, Traiec. dioc.
437. Iohannes Sneppenroyde Colonien.
438. Gotschalcus Conradi de Ratingben.
439. Albertus de Rode, Colon. dioc.
440. Gobelinus Mathie Gruysser, Colon. dioc
441. Ambrosius de Keverlo, Colon. dioc.
442. Hartlenus de Erpel, Colon. dioc.
443. Iohannes Creuwel, Colon. dioc.   45
444. Gerlacus de Lechelinghin, Colon.
445. Bernardus van der Dannen, Colon.
446. Philippus van der Dannen, Colon.
447. Petrus de Heynsberg, Leod. dioc.
448. Wilhelmus Stuytwijch, Colon. dioc.
449. Gerardus Stadde, Colon. dioc.
450. Henricus Cloet de Kempen, Colon. dioc.
451. Wilhelmus Lyefden, Traiecten. dioc.
452. Hermannus de Castro, Colon.
453. Petrus, filius Swederi de Vairhelm, Colon.
454. Iohannes Gerardi de Duren, Colon. dioc.
455. Iohannes de Marito.
456. Iohannes Werneri de Synchter, Colon. dioc.

457. Tilmannus Gerlaci de Vetwija, Colon. dioc.
458. Iohannes Heitgini de Godesberg, Colon.
459. Iohannes Gerardi de Bullisheim, Colon. dioc.
460. Gotfridus Schoeure de Goch, Colon. dioc.
461. Heynemannus Worm de Attendarn, Colon. dioc.
462. Engelbertus de Kerrebecke Mon.
463. Lovo de Kolke, Colon. dioc.
464. Bartholomeus Arnoldi de Bunna, Colon. dioc.
465. Wilhelmus Arnoldi Blesso de Goch, Colon. dioc.
466. Henricus de Berchem, Colon. dioc.
467. Henricus de Hyen, Colon.
468. Goswinus de Ilyen, Colon.
469. Iohannes van der Eyck.
470. Iohannes Wolfgin, Colon. dioc.
471. Ulricus de Schaffhusen, Colon. dioc.
472. Iohannes Budel de Berka, Colon. dioc.
473. Everhardus de Heymersbg, Colon. dioc.
474. Iohannes Holtz, Colon. dioc.
475. Iohannes van dem Ghorre, Traiec. dioc.
476. Symon de Keirberg, Colon. dioc.
477. Lambertus, quondam Iohannis de Aragat, Colon. dioc.
478. Hermannus de Curia.
479. Thomas Dagheroyt, Colon. dioc.   T.
480. Wilhelmus Dagheroyt, Colon. dioc.
481. Gerardus Asse Colon.
482. Iohannes de Reno Colon.
483. Iohannes Moirchin de Esch, Colon. dioc.
484. Iohannes Cesarii de Bechem, Colon. dioc.
485. Iohannes Rattewant Lublcen.
486. Petrus Herper de Hersel, Colon. dioc.
487. Henricus Voege, Colon. dioc.
488. Segerus de Welderen, Colon. dioc.
489. Gotfridus Stoter de Pleutenbrech, Colon. dioc. 46.
490. [Fol. 7*.] Fredericus Valkenborch, Leod. dioc.
491. Everardus Henrici Colon.
492. Iohannes de Dursten, Colon. dioc.
493. Arnoldus de Xanctis, Colon. dioc.
494. Hermannus Zolde, Colon. filius Ludolphi Apothecarii.
495. Walterus Loeters, Leod. dioc.
496. Iohannes de Lumbardia de Goch.
497. Iohannes filius Georgii, Leod. dioc.
498. Hermannus Schemer.
499. Wilhelmus Prime, ba. in artibus, Colon. dioc.
500. Iohannes Melkin de Goch, Colon.
501. Henricus Lutheman de Mundense, Colon. dioc.
502. Iohannes Suwelijn de Syburg, Colon. dioc.
503. Anthonius Kyen, Colon. dioc.
504. Iacobus Hochaven de Urdinghen.
505. Iohannes Bolant de Wessalia, Colon. dioc.
506. Reynerus Rolender, Colon. dioc.

¹⁴⁸) zweimal aufgeführt, vgl. Nr. 392. — ¹⁷⁰] = *Thomista*? vgl. 546. — ⁴⁰⁰) Aus derselben Familie stammt ohne Zweifel Iohannes Fabricius Bolandus, der 1546 von dem Stadtrath zu Wesel für ein Exemplar seines 'Motus Monasteriensis' 6 dailer zum Geschenke erhielt. S. meine Schrift über Franciscus Fabricius Marcoduranus, S. 34.

.. Anno ..   .. Sundii ..   .. Primo ..

507. Lambertus de Ramen, Leod. dioc.
508. Henricus natus Henrici Laatskreyn, Colon. dioc.
509. Winandus de Castro, Colon. dioc.
510. Iohannes de Wachtendünck, Trn. dioc.
511. Henricus de Aldenkirchen, Colon. dioc.
512. Theodericus Gruter de Navimagio [sic] Colon.
513. Iohannes dilus Sarratoris de Syburg.
514. Iohannes Boyen.
515. Tilmannus Afferden de Goch.
516. Giselbertus Mathei de Ghangelt.
517. Baldewinus de Dijcke, Colon. dioc.
518. Everardus Denck, Colon. dioc.
519. Petrus dictus Lupus, Treveren. dioc.
520. Reynardus de Ophen, Leod. dioc.
521. Iacobus Hertwici de Syburg, Colon.
522. Iohannes Ysenboldi de Xanctis.
523. Iohannes de Remey de Xanctis.
524. Goswinus Rudebeke.
525. Wilhelmus de Ackerslot, Trn. dioc.
526. Dedenus Boec, ba. in artibus Colon.
527. Theodericus Boeck, ba. in ar. Colon. dioc.
528. Iohannes Tidemanni
529. Conradus de Brachusen, Colon. dioc.
530. Symon de Bachem, Colon. dioc.
531. Petrus de Nussia, Colon. dioc.
532. Iohannes de Linde sti Martini.
533. Iohannes de Moerse Colon.
534. Iohannes up der Orde, Colon. dioc. 45.
535. Theodericus Kyffer de Kalkar, Colon. dioc.
536. Theodericus Hennepman de Goch, Colon. dioc.
537. Tidemannus de Gradn, Colon. dioc.
538. Hermannus Paderborne. ba. in artibus, Colon.dioc.
539. Iohannes de Andernaco Colon.
540. Iohannes Boechelt, Colon. dioc.
541. Xplauus Franconis de Unna, Colon. dioc.
542. Iohannes Boym. de Syburg, Colon. dioc.
543. Rutgerus Voym, ba. in artibus, Colon. dioc.
544. Lambertus Dungelen, Colon. dioc.
545. Bertholdus de Awisen, Colon. dioc.
546. Thomas Bruslant de Bilka.   • T.
547. Hermannus Schntteler de Ludenscoyde.
548. Henricus de Birchem.
549. Wilhelmus Lyedfger de Goch.
550. Iohannes Dievt de Goch, Colon. dioc.
551. Goyswinus Wigeri de Nevimagio Colon.
552. Iohannes Iohannis de Merhem, Colon. dioc.
553. Walramus de Meysenbach, Colon. dioc.
554. Iohannes de Kylsijch, Colon. dioc.
555. Gobelinus de Lippia, Colon. dioc.

556. Iohannes Elye de Lippia, Colon. dioc.
557. Iohannes Werkini de sto Vito, Leod. dioc.
558. Goyswinus de Heyre.
559. Henricus Henrici de Herbede, Colon. dioc.
560. Iohannes Cristiani Silverunyt de Anderaarn.
561. Adolphus Socij de Ratingen, Colon. dioc.
562. Gobelinus Socij de Ratingen, Colon. dioc.
563. Theodericus Purmer, Traiecten. dioc.
564. Iohannes Meyer de Reys, Colon. dioc.
565. Everardus Tornatoris de Monasterio.
566. Iohannes de Caliga Colonien.
567. Arnoldus de Caliga Colen.
568. Iohannes Wisenbg.
569. Iohannes de Ramesberghe Moes.
570. Bertoldus Wulfardi Colen. dioc.
571. Henricus de Piro Colon.   no.
572. Lambertus Gobelini up der Rach, Colon. dioc.
573. Symon Herzenouwe de Bepard.
574. Henricus quondam Lamberti de Wyskirchen Colen. dioc.
575. Iohannes, filius Xpiani de Bilka, Colon.
576. Iohannes van der Bijc Traiecten. dioc.
577. Gerardus Bertoldi de Meyen, Leod. dioc.
578. Iohannes Nünzichmark Colon.   44.
579. [Fol. 8v.] Henricus Statter alias Petrus, Traiecten. dioc.
580. Iohannes Hameker Colon.
581. Hartmannus de Twiste, Paderbrnen. dioc.
582. Iohannes de Rudderscheli Colon.
583. Iohannes Heraiz.
584. Iohannes parvi Iohannis.
585. Iohannes de Brocha, Colen. dioc.
586. Everardus de Foro de Geriaheim, Colon. dioc.
587. Henricus Swengel de Ratingen.
588. Theodericus van den Elsen, Colon. dioc.
589. Rutgerus de Heynsberg, Colon. dioc.
590. Henricus de Lechnieh, Colon. dioc.
591. Ladovicus de Puteo, Colon. dioc.
592. Rutgerus de Breytsthede, Colon. dioc.
593. Iohannes Iohannis Campanarij, Colon. dioc.
594. Iohannes Kelis de Kerpena, Colen. dioc.
595. Egidius de Merwick, Leod. dioc.
596. Ricolphus de Dijsheim Colon.
597. Iohannes van der Culen, Colon dioc.
598. Theod. van den Elsen.
599. Gotfridus Iohannis de Goch, Colon. dioc.
600. Iohannes Iohannis Rijcquini de Goch.
601. Iohannes de Lijas.
602. Iohannes de Orsoya, Colon. dioc.
603. Wernerus Zydanswanck Magunt. dioc.

---

⁴⁴⁶) vgl. Nr. 479, 665. — ⁵⁷⁷] *Hartzh. Prodrom.* p. 3 ad ann. 1416: 'Henricus de Piro Colen. Licentiatus in decretis electus Syndicus nationis Germanicae, promotor et Procurator Concilii Constantiensis saepissime memoratur in omnibus Actis Concilii, tum in antiquiore editione Coleniensi Conciliorum de Anno 1538, tum apud Surium, Binnium, Labbeum & Harduinum', — ⁵⁷⁸] = 588?

604. Gerardus Burmate, Colon. dioc.
605. Walramo de Lapide, Colon. dioc.
606. Lambertus Franconis de Braclo, Colon. dioc.
607. Iohannes de Morter, Colon. dioc.
608. Iohannes Elhorn, Traiecten. dioc.
609. Wilhelmus de Wijc, Traiect. dioc.
610. Albertus de Reynen.
611. Arnestns Theroys, Paderbrnen. dioc.
612. Bodonus de Ghaverbeke, Colon. dioc.
613. Conradus de Tremonia, Colon. dioc.
614. Reynerus de Nussia, Colon. dioc.
615. Iohannes de Ratinghen, Colon.
616. Henricus de Rosselden Colon.
617. Iacobus Haverbroee, Lincopen. dioc.
618. Lodowicus quondam Iohannis Bonne, Tre. dioc.
619. Iohannes de Cyrne, Colon. dioc.
620. Everhardus de Gurtzenich.
621. Iohannes Campanator.
622. Gerardus Cortmanni de Andernaco.
623. Henricus Wilhelmi Scroeder, Tra. dioc.   45
624. Recherus Yserenbayt Colon.
625. Iohannes, natus Henrici de Tulcio Colon.
626. Henricus, natus Henrici de Tulcio Colon.
627. Iohannes de Druxella de Tenie, Leod. dioc.
628. Gotfridus Lap de Staden, Leod. dioc.
629. Iohannes de Nussia de Nersa Colon.
630. Wenemarus de Nussia de Nersa Colon.
631. Hermannus Lisphardi.
632. Henricus Petri, Traiecten. dioc.
633. Relolphus Scatter, Traiecten. dioc.
634. Franciscus Quicke, Traiect. dioc.
635. Henricus de Broke, Colon. dioc.
636. Iohannes Scalk, Mona. dioc.
637. Henricus Theoderici de Vlais, Colon. dioc.
638. Iohannes de Koninxvelt, Colon. dioc.
639. Gerardus dictus Bouman, Tra. dioc.
640. Anthonius Lantzberg de Werdena, Colon. dioc.
641. Hermannus Bodoula ba. in artibus, Colon. dioc.
642. Gotfridus de Pelle, Colon. dioc.
643. Tilmannus Raperilver de Brilon, Colon. dioc.
644. Gotfridus de Geusnich, Colon. dioc.
645. Hupertus, filius Huperti de Voern, Colon. dioc.
646. Petrus Bokelam.
647. Petrus Houberg Colon.
648. Goswinus Mijs, Traiecten. dioc.
649. Iacobus Petri fistulatoris de Lijne, Tra. dioc.
650. Everardus dictus Vost, Colon. dioc.
651. Theodericus de Ferro, Colon. dioc.
652. Iacobus de Rosensteyn Traiecten.
653. Iohannes, filius Iohannis fabri alias Hassel do Nussia.
654. Gerardus Theoderici de Hachgenberch Colon., dioc.

655. Iohannes Cunonis.
656. Ioes dictus Bollendorp de Herchem, Colon. dioc.
657. Iohannes Fabri de Rekelinchus., Colon. dioc.
658. Wenemarus Cristiani de Lederlam, Tra. dioc.
659. Petrus Gotfridi dictus alias Loeschart Colon.
660. Iohannes Alberti de Tremonia bach. in artibus.
661. Iacobus, filius Henrici de Nussia Colon.
662. Henricus de Wort, Bremen. dioc.
663. Iohannes Kornlder, Magunt. dioc.
664. Iohannes de Werle, Colon. dioc.
665. Thomas Cluyt, Colon. dioc.   T.
666. Henricus Paep, Colon. dioc.
667. Iohannes Baldenbg Colon.
668. Hermannus Ochten de Novimagio, Colon. dioc. 45.
669. [Fol. 8v:] Iacobus, natus Iohannis in agro de Kempen, Colon. dioc.
670. Iohannes van der Drachenportsen Colon.
671. Henricus de Orsoya, Colon. dioc.
672. Symon Wolfardi de Maclistedea, Tra. dioc.
673. Iohannes Moerskens, Leod. dioc.
674. Gerardus vanme Greyne.
675. Gerlacus de Hauwe Colon.
676. Iohannes, filius Iudoci, Leod. dioc.
677. Petrus Vorst de Aldenhoven, Colon. dioc.
678. Gerardus Werneri de Aldenhoven.
679. Fredericus Tacken, Colon. dioc.
680. Iohannes, filius Rutgeri de Gerisheim, Colon. dioc.
681. Wilhelmus de Tongerlo, Leod. dioc.
682. Wilhelmus, filius Everbardi Nellen, Leod. dioc.
683. Iohannes dictus Virgo, Treveren. dioc.
684. Iohannes de Arnsberg Colon.
685. Iohannes de Bynole, Colon. dioc.
686. Hermannus Herbart, Magunt. dioc.
687. Iacobus de Amen Colon.
688. Iohannes Birmanni de sto Vito, Leod. dioc.
689. Arnoldus Arndinck de Lippia, Colon. dioc.
690. Gerardus Gerardi de Breyde, Leod. dioc.
691. Henricus Bemer, filius Ioh. Dorn Tra.
692. Gerardus Wijnberg Colon.
693. Wilhelmus Burck, Colon. dioc.
694. Laurentius Altfail, Leod. dioc.
695. Reynerus Tyke de Dossburch.
696. Gerardus de Emeroyde Colon.
697. Gerardus, filius Ysbrandi de Leydia, Tra. dioc.
698. Borchardus Haverbeke.
699. Petrus quondam Petri de Keyndbeim ba. in ar.
700. Henricus Gickeler de Lijna, Treveren. dioc.
701. Henricus Mesterschede de Iserenion, Colon. dioc.
702. Iohannes Braxatoris, Camoracen. dioc.
703. Henricus Loeff, Colon. dioc.
704. Wolterus de Rosenbeke, Leod. dioc.

***] post. Bed. et Notarius Universitatis' von späterer Hand zugesetzt. — **¹³] 'al. de tytzcrici' Zusatz von späterer Hand. — **¹⁴] Vgl. Nr. 470 u. 646.

18 .. Anno .. .. Studii .. .. Primo ..

705. Sybertus de Rysdorp, Colon. dioc.
706. Iohannes Robusch.
707. Iohannes, filius Henrici de Tuicio.
708. Henricus, filius Henrici de Tuicio.
709. Walramus de Lapide.
710. Iohannes, quondam dicti Petri de Esche, Leod. dioc.
711. Iohannes Ruderscheit Colon.
712. Hermannus dictus de Vrese de Lippia, Colon. dioc. 44.
713. Gerardus Peregrini, Magunt. dioc.
714. Iohannes de Anrode Colonien.
715. Adolphus Smitman, Colon. dioc.
716. Adamus ter Cronen, Colon. dioc.
717. Wilhelmus ter Cronen de Iuliaco, Colon. dioc.
718. Albertus Emundi de Brylon, Colon. dioc.
719. Henricus Pruden, Treveren. dioc.
720. Hermannus Caleman, Mynden. dioc.
721. Arnoldus Cleberg Treveren.

722. Egidius Gilardi, Leodien. dioc.
723. Gerardus de Luderbach Colon.
724. Iohannes de Luderbach Colon.
725. Bruno de Ossenhem Colon.
726. Henricus de navibus Colon.
727. Bartholomeus de Goch Colon.
728. Petrus de Echt, Leod. dioc.
729. Paulus, filius Nycolai, Trn. dioc.
730. Nycolaus de Vyrsen, Colon. dioc.
731. Albertus de Navenis, Traiecten. dioc.
732. Wilhelmus Conradi de Brylon Colon.
733. Eylhardus Callendorp de Lemdgorwen Padrb'nen.
734. Henricus de Eykelhove, Leod. dioc.
735. Iohannes de Hynneren, Leod. dioc.
736. Henricus dictus Lomans, Leod. dioc.
737. Arnoldus de Wybbelroyde Colon.   26.

¹⁰⁷] zweimal aufgeführt, vgl. 625. — ¹⁰⁸] desgleichen, s. 626. — ¹⁰⁹] desgl., s. 605. — ¹¹¹] desgl., s. 582.

Schulnachrichten.

I. Lehrverfassung im Unterrichtscursus 1877—78.

1. Prima.

[Ordinarius: Gymnasiallehrer Dr. Wrede.]

Religionslehre. a) kath. Die Lehre von der Erlösung und Heiligung. Ausgewählte Abschnitte aus der Sittenlehre. Kirchengeschichte II. u. III. Thl. 2 St. Dr. Liessem.
b. evang. [I—III A combinirt.] Lectüre: der erste Brief St. Pauli an die Korinther; ausgewählte Stücke aus den Synoptikern und aus Lucas' Apostelgesch. Geschichte der christlichen Kirche bis zum Zeitalter der Reformation einschl. Wiederholung der wichtigsten Kirchenlieder. 2 St. Moll.

Deutsch. Mittheilungen aus der Literaturgeschichte von Opitz bis Goethe nebst begleitender Prosa- und Dichterlectüre aus Deycks-Kiesel's Lesebuche. Die Elemente der Psychologie und Logik. Aufsätze. Vorträge. 3 St. Der Director.
Themata zu den Aufsätzen: 1. Das Leben ein Gastmahl. 2. Thun gibt Kräfte. 3. Ursachen und Wirkungen ungleichen Besitzes. 4. Gute Absichten und schlechte Erfolge. 5. Blüthen und Hoffnungen. (Klassenarbeit.) 6. Erhebende Eindrücke der Geschichte. 7. Bildung und Gelehrsamkeit. 8. Demüthigende Eindrücke der Geschichte. (Klassenarbeit) 9. 'Die edle Treiberin, Trösterin, Hoffnung'. (Goethe.) 10. Kleines wird gross, Grosses wird klein. (Kl.)

Lateinisch. Cic. de officiis; Sallust. Catilina. Auswahl aus Livius IV, V. Grammatische Eigenthümlichkeiten, Unregelmässigkeiten und Wortstellung der lat. Sprache, nach Berger's Grammatik §. 345—362. Mündliche Uebersetzungen aus Hemmerling's Uebungsbuch; alle 8 Tage ein Pensum. Sprechübungen an der Lectüre oder an vorher bearbeiteten historischen Aufgaben. Aufsätze. 6 St. Dr. Wrede.
Horat. Carm. III. u. IV., einige Episteln. Metrische Uebungen. 2 St. Dr. Wrede.
Themata zu den Aufsätzen: 1. I a. Respublica Romana quibus virtutibus floruerit, quibus conciderit vitiis, Sallustio duce exponatur. I b. Quattuor illas virtutes, quas in summo imperatore Cicero oportere dicit inesse, in Caesare fuisse ostenditur. 2. I a. Horatius pius erga deos, erga parentes, erga amicos. I b. Septem Romanorum reges alius alia via civitatem auxerunt. 3. I a. Horatium rusticae vitae amantissimum fuisse. I b. Quibus potissimum viris debeatur Atheniensium gloria, exemplis a Cornelio Nepote petitis exponatur. 4. Quibus maxime viris Roma suam debeat salutem. (Klassenarbeit.) 5. Catilinariae coniurationis quanta fuerit pestis ac pernicies Sallustio et Cicerone ducibus ostendatur. 6. Calamitas virtutis occasio. (Chria.) 7. Iustitiam a Romanis etiam adversus hostes esse servatam. (Klassenarbeit.) 8. M. Atilius Regulus, cur captivi redderentur, cur dissuaserit, Horatio et Cicerone ducibus exponatur. 9. Quibus consiliis Pericles commoverit Athenienses, ne cederent Lacedaemoniis. 10. Patria quanti sit habenda, Graecorum et Romanorum exemplis docemur.

Griechisch. Demosthen. olynthische Reden, Thucyd. I u. II; Herodot. I u. V. Aus Koch's Grammatik §. 130 u. 131 und gelegentliche grammatische Erörterungen. Mündliche Uebersetzungen aus Wendt und Schnelle's Aufgabensammlung, theils I. theils II. Cursus. Extemporalien. Alle 14 Tage ein Pensum. 4 St. Dr. Wrede.
Hom. Il. XIII—XXIV; Soph. Oedip. Col.; Metrische Uebungen. 2 St. Der Director.

Hebräisch. Wiederholung der Formenlehre, insbesondere Wiederholung und Abschluss der Lehre von den unregelmässigen Zeitwörtern, das Wichtigste aus der Syntax, nach Vosen's Leitfaden. Lectüre von Abschnitten aus den historischen Büchern der h. Schrift und von leichteren Psalmen. 2 St. Dr. Liessem.

Französisch. Fortsetzung der Lectüre aus Michaud's Histoire de la première croisade, von Cap. X an. Mündliche Uebersetzungen aus Plötz' Uebungen. Alle 14 Tage ein Pensum. 2 St. Kaiser.

Geschichte und Geographie. Geschichte der neueren Zeit, Wiederholungen aus der alten und mittleren Geschichte, nach Pütz' Lehrbuch. Geographische Uebersichten und Wiederholungen über Europa. 3 St. Schrammen.

Mathematik. Stereometrie, Wiederholungen aus der Planimetrie und Algebra, Gleichungen vom zweiten Grade mit einer und mit mehreren Unbekannten, Permutationen, Combinationen, Variationen, binomischer Lehrsatz und Wahrscheinlichkeitsrechnung, nach Boyman's und Schmidt's Lehrbüchern. Durchschnittlich wöchentlich zwei Aufgaben. 4 St. Kaiser.

Physik. Statik und Mechanik, nach Müller's Grundr. der Phys. und Meteorol. 2 St. Kaiser.

Prüfungs-Aufgaben der Abiturienten: A. Im Herbsttermine 1877: 1. Religionslehre: a) kathol.: Der Mensch das Ebenbild Gottes. b) evangelische: Der biblische Begriff des Prophetenthums, mit besonderer Beziehung auf das prophetische Amt Christi. 2. Deutscher Aufsatz: Denke klein und gross von dir selbst. 3. Lateinischer Aufsatz: Unius saepe viri viribus patriae salutem niti, exemplis ex antiquitate depromptis comprobetur. 4. 5. 6. Lateinisches, Griechisches, Französisches Scriptum, nach einem Dictate. 7. Hebräische Arbeit: Grammatische Analyse und Uebersetzung von I. Sam. 16, 1—4. 8. Mathematik: a) Einen Punkt zu bestimmen, in welchem ein festliegender Kreis unter einem gegebenen Winkel erscheint, während die von dem Punkte an einen zweiten festliegenden Kreis gelegte Tangente eine vorgeschriebene Länge hat. b) Den Mantel eines abgestumpften geraden Kegels zu berechnen, dessen Axenschnitt den Inhalt F hat, und dessen Seitenlinie doppelt so lang als die Höhe ist. c) I. $x - 2y = -2xy$; II. $x - 2y + y^2 + 4y^2 = 2$. d. Eine Secante und eine Tangente desselben Kreises schneiden sich unter dem Winkel α; der innere Abschnitt der Secante ist $= a$, der Aeussere $= b$. Wie gross ist die Sehne, welche den auf der Peripherie liegenden Endpunkt der Secante mit dem Berührungspunkte der Tangente verbindet? $\alpha = 68° 18' 50''$, $a = 5,6612^m$, $b = 2,8425^m$. — B. Im Ostertermin 1878: 1. Religionslehre (katholische): Die Lehre von der Dreipersönlichkeit Gottes. 2. Deutscher Aufsatz: Schwäche und Macht des Menschen gegenüber der Natur. 3. Lateinischer Aufsatz: Utilitatis speciem praes honestate contemnendam esse, Graeci et Romani illustribus exemplis confirmaverunt. 4. 5. 6. Lateinisches, Griechisches, Französisches Scriptum, nach einem Dictate. 7. Hebräische Arbeit: Grammatische Analyse und Uebersetzung von III. Mos. 18, 1—5. 8. Mathematik: a) Zwei Kreise, deren Radien ein gegebenes Verhältniss haben sollen, so zu construiren, dass sie sich gegenseitig und eine festliegende Gerade in zweien auf derselben gegebenen Punkten berühren. b) Die krumme Oberfläche eines Kugelsegmentes sei n mal so gross als der Mantel des demselben eingeschriebenen geraden Kegels. Wie verhält sich die Höhe des Segments zum Durchmesser der Kugel? c) In einer arithmetischen und einer geometrischen Reihe von je drei Gliedern ist das gemeinschaftliche erste Glied a bekannt; die zweiten Glieder der beiden Reihen stimmen ebenfalls überein; das dritte Glied der geometrischen Reihe ist m fache des dritten Gliedes der arithmetischen. Welches sind die Reihen? Zahlenbeispiel: $a = 4$, $m = \frac{25}{16}$. d. Eine Kraft R soll in zwei der Grösse nach gegebene Seitenkräfte P und Q zerlegt werden. Welche Winkel bilden P und Q mit R, wenn $R = 91,82^m$, $P = 64,182^m$ und $Q = 82,9033^m$ ist?

2. Secunda.

[Ordinarius: Gymnasiallehrer Schrammen.]

Religionslehre. a) katholische: Die Lehre von der Kirche; Kirchengeschichte 1. Thl. 2 St. Dr. Liessem.

b. evang. combinirt mit I und III A.

Deutsch. Anleitung zur Aufertigung von Aufsätzen, stilistische Regeln. Aus Deycks-Kiessel's Lesebuche; Herder'sche Gedichte und Bestandtheile der Schiller'schen Dramen., leichte lyrische Gedichte Schiller's, beschreibende und historische Aufsätze aus Deycks-Kiessel's Lesebuche. Die lyrischen Gattungen. Aufsätze. 2 St. Schrammen.

Themata zu den Aufsätzen: 1. Nutzen und Schaden des Feuers. 2. 'Der Frühling ist ein Jüngling, toll und wechselnd, Ein Spielmann, wie es wenige gibt, Ein Maler, sucbend seines Gleichen; Er ist ein ernster Prediger für alle Und des Jünglings wahres Conterfei'. 3. 'Studia adulescentiam alunt, senectutem oblectant, secundas res ornant, adversis perfuginm ac solacium praebent'. (Cic. pro Archia poeta, VII. 16.) 4. Rauch ist alles Ird'sche Wesen; Wie des Dampfes Säule webt, Schwinden alle Erdengrössen; Nur die Götter bleiben stät! (Schiller's 'Siegesfest'.) 5. Bestimmung der Glocke nach den Worten: vivos voco, mortuos plango, fulgura frango. (Klassenarbeit.) 6. Ueber Wesen und Zweck der Volksfeste. 7. Ueber die verschiedenen Culturstufen der Menschheit, nach dem Gedichte Schiller's 'Das Eleusische Fest'. 8. Hanno's Rede gegen Hannibal im Senate zu Karthago. (Nach Livius XXI. 10.) 9. Pyrrhus und Hannibal. (Ein Vergleich.) 10. Rede Hannibal's an seine Soldaten vor der Schlacht am Ticinus. (Klassenarbeit.) 11. Welche Pläne verwirklichte Hannibal mit dem Kriege gegen Sagunt? 12. Mit des Geschickes Mächten u. s. w. (Chrie). 13. Mit welchen Gründen ermahnt Scipio vor der Schlacht am Ticinus seine Soldaten zur Tapferkeit? 14. Xenophon's Tranm und Entschluss. (Klassenarbeit.)

Lateinisch. Cic. Rede für Archias und für Deiotarus; Liv. Buch 21 und 22. Eingehendere Wiederholung der Syntax des einfachen Satzes nach Berger's Grammatik §. 108—204. Uebersetzungen aus Hemmerling's Uebungsbuch; stilistische, phraseologische und synonymische Uebungen. Wöchentlich ein Pensum. 8 St. Schrammen.

Aus Virgil's Aeneis Buch III und XI. Memoriren. Motrische Uebungen. 2 St. Schrammen.

Griechisch. Xenoph. Anab. III u. IV. Abschnitte aus Xenophon's Memorabilien. Aus Koch's Grammatik §. 69—90 incl. Uebersetzungen aus Wendt und Schnelle's Aufgabensammlung. Alle 14 Tage ein Pensum. 4 St. Schrammen.

Aus der zweiten Hälfte der Odyssee ausgewählte Abschnitte. Memoriren. Motrische Uebungen. 2 St. Der Director.

Hebräisch. Für II A: Die regelmässige Formenlehre. Einübung der leichtern unregelmässigen Zeitwörter. Uebersetzung und Erklärung der entsprechenden Uebungsstücke, nach Vosen's Leitfaden. 2 St. Dr. Liessem.

Französisch. Auswahl aus der zweiten Hälfte der Plötz'schen Nouvelle grammaire française. Forts. der Lectüre aus Rollin's Histoire romaine, bearbeitet von Nick. Alle 14 Tage ein Pensum. 2 St. Kaiser.

Geschichte und Geographie. Römische Geschichte mit Einschluss des Wichtigsten aus der Kaiserzeit. Geographische Wiederholungen über Amerika und Australien. 3 St. Schrammen.

Mathematik. Aehnlichkeit der Figuren, Proportionalität ihrer Seiten und Flächen, Eigenschaften der Vielecke, insbesondere der regulären, Berechnung des Kreises, harmonische Theilung, nach Boyman's Lehrbuch, I §. 79—97. Gleichungen vom 1. Grade mit mehreren, und vom 2. Grade mit einer Unbekannten, arithmetische und geometrische Progressionen, Logarithmen, nach Schmidt's Elementen. Wöchentlich eine häusliche Aufgabe. 4 St. Kaiser.

Physik. Allgemeine Eigenschaften der Körper, Wärmelehre, nach Müller's Grundriss der Physik und Meteorologie. 1 St. Kaiser.

3. Obertertia.

[Ordinarius: Oberlehrer Dr. Wollmann.]

Religionslehre. a) katholische: Die Lehre von der Gnade, von den h. Sacramenten und von den Sacramentalien, Wiederholungen aus der Lehre von den Geboten, nach dem Diöcesan-Katechismus. Das katholische Kirchenjahr. Erklärung und Memoriren kirchlicher Hymnen. 2 St. Dr. Liessem.

b) evang. combinirt mit I und II.

Deutsch. Metrik mit Lectüre und Memoriren geeigneter Gedichte aus Pütz' Lesebuche. Lectüre: Beschreibende Prosa (Naturschilderungen, geogr. Bilder), geschichtliche Aufsätze. — Alle drei Wochen ein Aufsatz. 2 St. Dr. Wollmann.

Themata zu den Aufsätzen. 1. Die Boten des Frühlings. 2. Rede des Eburonenfürsten Ambiorix. (Cap. 27 aus dem 5. Buche der gall. Kriege Caesar's.) Umwandlung der ungeraden Ausdrucksweise in die gerade. 3. Ueber den Nutzen der Wälder. 4. Cassivellaunus, Heerführer der Britannier, und sein Widerstand gegen die Römer. 5. Die Niobesage und ihre sittliche Bedeutung. (Klassenarbeit.) 6. Sperling und Schwalbe. Ein Vergleich. 7. Wie suchte Cyrus der Jüngere seine Ansprüche auf den persischen Thron zu begründen? 8. Belagerung und Einnahme von Avaricum. Kurze Erzählung nach Caesar's 7. Buche der gall. Kriege. (Cap. 15—29.) 9. Die Vorboten des Winters. 10. Leben und Treiben auf dem Centralbahnhofe in Köln. 11. Rede des Arverners Critognatus. (Cap. 77 aus dem 7. Buche der gall. Kriege Caesar's.) Umwandlung der geraden Ausdrucksweise in die ungerade. 12. Charaktereigenschaften Eberhard des Greiners, in dem bezüglichen Gedichtskreise Uhland's. 13. Wodurch erwarben sich Philemon und Baucis die Huld der Götter? (Klassenarbeit.) 14. Inwiefern und aus welchen Gründen weicht Schiller's Ballade 'Ring des Polykrates' von der Erzählung Herodot's ab?

Lateinisch. Caesar's bell. Gall. V, VI und VII. Cicero's Cato maior. Wiederholung der Syntax des Verbums und Erweiterung der Syntax des Nomens, nach Berger's Grammatik. Uebersetzungen aus Schultz' Uebungsbuch. Phraseologische und synonymische Uebungen im Anschluss an die Lectüre. Wöchentlich ein Pensum. 8 St. Dr. Wollmann.

Aus Ovid's Verwandlungen Cadmus, Niobe, Ceres und Proserpina, Midas, Streit um die Waffen, Philemon und Baucis, die Griechen in Aulis. Memoriren. Metrische Uebungen. 2 St. Dr. Wollmann.

Griechisch. Eingehende Wiederholungen aus dem Pensum der IV und III B, Abschluss der unregelmässigen Conjugation. Uebersetzungen aus Dominicus' Elementarbuch, auch der Stellen aus Xenophontischen Schriften. Xenoph. Anab. I. II. Das Wichtigste aus Syntaxis nominis et verbi im Anschluss an die Lectüre. Einiges aus der homerischen Formenlehre. Alle 14 Tage ein Pensum. 6 St. Dr. Wollmann.

Französisch. Wiederholung der unregelm. Zeitwörter. Aus Plötz' methodischer Grammatik Lection 35 bis 60. Memoriren von Vocabeln. Mündliche Uebersetzungen aus dem Deutschen in's Französische. Alle 14 Tage ein Pensum. 2 St. Kaiser.

Geschichte und Geographie. Geschichte der Deutschen von 1492 bis 1871; die brandenburgisch-preussische Geschichte. Geographie: Die ausserdeutschen Länder Europa's, physisch und politisch. (Lehrbücher von Pütz.) 3 St. Winschub.

Mathematik. Gleichheit geradliniger Figuren, Proportionen, nach Boyman's Lehrbuch I. Gleichungen des ersten Grades mit einer Unbekannten, Potenz- und Wurzellehre. Ausziehen der Quadrat- und Kubikwurzel, nach Schmidt's Elementen der Algebra. Durchschnittlich wöchentlich eine häusliche Aufgabe. 3 St. Dr. Velten.

Naturkunde. Mineralogie, Geognosie, Thermometer und Barometer. 2 St. Dr. Velten.

4. Untertertia.

[Ordinarius: Oberlehrer Dr. Strerath.]

Religionslehre. a) katholische: Wiederholung der Artikel I—IV des apostolischen Glaubensbekenntnisses, Fortsetzung und Abschluss der Erklärung desselben, nach dem Diöcesan-Katechismus. Uebersicht über die Kirchengeschichte. Erklärung und Memoriren kirchlicher Hymnen. 2 St. Dr. Liessem.
b) evangelische: Die Geschichte des N. T. Die wichtigsten Particeen aus der bibl. Geographie. 8 Kirchenlieder. Das 2. und 3. Hauptstück aus dem Katechismus Dr. M. Luther's. 2 St. Moll.

Deutsch. Die Lehre von den Zeiten und Modis [im Vergleiche mit der lateinischen Tempus- und Moduslehre], von Tropen und Figuren. Lectüre aus Pütz' Lesebuch: Erzählende, didaktische und beschreibende Prosa; Fabeln, Märchen, poet. Erzählungen, Balladen und Romanzen. Alle drei Wochen ein Aufsatz: a. Zusammenfassungen aus Caesar, b. Beschreibungen und Erzählungen, c. Erklärung leichter Sprichwörter (Dispositionsübungen), d. Einzelne Briefe (Einladungen, Benachrichtigungen). 2 St. Dr. Strerath.

Lateinisch. Caesar's bell. Gall. I—IV incl. Uebersetzungen aus Schultz' Uebungsbuch. Phraseologisches und Synonymisches im Anschluss an die Lectüre. Lat. Inhaltsangaben ausgewählter Capitel aus Caesar. Wiederholung der Syntax des Nomens; Fortsetzung und Abschluss der Syntax des Verbums. Wöchentlich ein Pensum. 8 St. Dr. Strerath.

— 5 —

Aus Ovid's Verwandlungen: Schöpfung, vier Zeitalter, Lycaon, Fluth, Phaëthon. Metrische Uebungen. 2 St. Dr. Strerath.
Griechisch. Aus Koch's Schulgrammatik, nach Wiederholung der regelmässigen Declinationen und Conjugationen, §. 52—68 incl. Aus Wesener's Elementarbuch II. Theil. S. 1 bis S. 68. Memoriren von Vocabeln. Alle 14 Tage ein Pensum. 6 St. Dr. Strerath.
Französisch. Aus Plötz' methodischer Grammatik Lection 1—28. Memoriren von Vocabeln. Mündl. Uebersetzungen aus dem Deutschen in's Französische. Alle 14 Tage ein Pensum. 2 St. Kaiser.
Geschichte und Geographie. Geschichte der Deutschen im Mittelalter, nach Pütz' Lehrbuch. Geographie: Deutschland, insbesondere Preussen, physisch und politisch. 3 St. Dr Strerath.
Mathematik. Die vier Rechnungsarten mit entgegengesetzten Zahlen und Buchstaben, Rechnung mit Summen, Differenzen, Producten und Quotienten, nach Schmidt's Elementen der Algebra, §. 1—90. Die vier merkwürdigen Punkte des Dreiecks, die Lehre von den Vierecken und vom Kreise, nach Boyman's Lehrbuch der Geometrie, §. 38—58. Aufgaben. 3 St. Kaiser.
Naturkunde. Gesammtübersicht über Botanik und Zoologie, nach Schilling's Grundriss. 2 St. Dr. Velten.

5. Quarta.
[Ordinarius: Gymnasiallehrer Winschuh.]

Religionslehre. a) katholische: Vom Glauben im Allgemeinen. Erklärung der Artikel I—IV des apostolischen Glaubensbekenntnisses. Wiederholungen aus der Lehre vom Gebete und von den Geboten, nach dem Diöcesan-Katechismus. Repetitionen aus der biblischen Geographie und aus der Geschichte des A. T., nach Schuster's bibl. Geschichte. Erklärung und Memoriren leichterer Hymnen. 2 St. Dr. Liessem.
b) evang. combinirt mit VI, V und III B.
Deutsch. Unterricht und Uebungen über Satzbildung, Satzverbindung und Wortstellung, nach Linnig's Lesebuch, III. Abth., 16. Abschnitt. Gedichte und Aufsätze aus Linnig's Lesebuch, III. Abth. Alle drei Wochen eine schriftliche Arbeit: a) aus Nepos Zusammenfassung grösserer Abschnitte; b) Schilderungen. 2 St. Winschuh.
Lateinisch. Aus Nepos 10 Lebensbeschreibungen. Nach kurzer Wiederholung der Formenlehre die Casuslehre, Lehre von der Congruenz, der Construction der Fragesätze, Tempora, Acc. cum inf. und abl. abs., nach Berger's Grammatik. Uebersetzungen aus Schultz' Uebungsbuch. Memorirübungen. Wöchentlich ein Pensum. 10. St. Winschuh.
Griechisch. Die regelmässige Formenlehre nach Koch's Grammatik. Mündliche und schriftliche Uebersetzungen aus Wesener's Elementarbuch, I. Thl. Memorirübungen. Alle 14 Tage ein Pensum. 6 St. Winschuh.
Französisch. Wiederholung des grammatischen Pensums der Quinta. Abschnitt IV und V des Elementarbuches von Plötz. Memoriren von Vocabeln und einigen zusammenhangenden Stücken. Alle 14 Tage ein Pensum. 2 St. Dr. Liessem.
Geschichte und Geographie. Geschichte Griechenlands bis auf Alexander; Geschichte Roms bis in die Kaiserzeit. Die aussereuropäischen Erdtheile. (Lehrbücher von Pütz.) 3 St. Dr. Wrede.
Mathematik und Rechnen. Wiederholung der Decimalbrüche, Rabatt-, Gesellschafts- und Mischungsrechnung, nach Schellen's Rechenbuch, §. 21—24, II. Abth. Lehre von den Linien, Winkeln, Parallelen und Dreiecken, nach Boyman's Lehrbuch der Mathematik §. 1—37. 3 St. Dr. Velten.

6. Quinta.
[Ordinarius: Gymnasiallehrer Dederich.]

Religionslehre. a) katholische: Die Lehre von den Geboten, von der Tugend und von der Sünde, nach dem Diöcesan-Katechismus. Die Geschichte des N. T. nach Schuster's bibl. Geschichte. Bibl. Geographie. 3 St. Dr. Liessem.
b) evang. comb. mit VI, IV und III B.

Deutsch und Lateinisch. Wiederholung der regelmässigen Declinationen, Fortsetzung und Abschluss der regelmässigen Conjugationen, die unregelmässige Conjugation, im Lateinischen nach Siberti-Meiring's Grammatik mit Uebungen nach Spiess' Uebungsbuch; im Deutschen verbunden mit Lesen, Memoriren und Erzählen aus Linnig's Lesebuch, II. Abtheilung, und kleinen schriftlichen Uebungen: Anekdoten, Beschreibungen und Erzählungen. Im Lateinischen alle 8 Tage ein Pensum. 12 St. Dederich.

Französisch. Abschnitt I, II, III des Elementarbuches von Plötz. Memoriren von Vocabeln. Alle 14 Tage ein Pensum. 3 St. Dr. Wollmann.

Geographie. Wiederholung des Pensums der Sexta. Geographie Europa's mit besonderer Berücksichtigung Deutschlands, nach Pütz' Leitfaden. 2 St. Dr. Wrede.

Rechnen. Wiederholung der Rechnung mit gewöhnlichen Brüchen, Decimalbrüchen; einfache und zusammengesetzte Regel de Tri, allgemeine Rechnung mit Procenten, Gewinn- und Verlustrechnung mit Procenten, Zinsrechnung, nach Schellen's Rechenbuch, §. 23—31, I Abth. und §. 1—21, II. Abth. 3 St. Dr. Velten.

Naturkunde. Im Sommer Botanik, im Winter Naturgeschichte der Vögel, Amphibien und Fische, nach Schilling's Grundriss. 2 St. Dr. Velten.

7. Sexta.

[Ordinarius: Gymnasiallehrer Dr. Velten.]

Religionslehre. a) katholische: Einübung der gebräuchlichsten Gebete. Die Lehre vom h. Bussacramente und vom Gebete. Das Wichtigste über das h. Altarssacrament und das h. Messopfer. Die Geschichte des A. T. nach Schuster's bibl. Geschichte. Biblische Geographie. 3 St. Dr. Liessem.
b) evangelische, combinirt mit V—III B.

Deutsch und Lateinisch. Nomen, Pronomen und regelmässiges Zeitwort, im Lateinischen nach Siberti-Meiring's Grammatik mit Uebungen nach Spiess' Uebungsbuch; im Deutschen verbunden mit Lesen, Memoriren und Erzählen aus Linnig's Lesebuch, I. Abtheilung, und kleinen schriftlichen Uebungen: Erweiterung und Umbildung von Märchen, Äsop. Fabeln; klassische und germanische Sagen, orthographische Dictate. Im Lateinischen alle 8 Tage ein Pensum. 12 St. Dederich.

Geographie. Oceanographie, Uebersicht über die fünf Erdtheile, nach Pütz' Leitfaden. 2 St. Dr. Wrede.

Rechnen. Die vier Rechnungsarten mit unbenannten und mit benannten, mit ganzen und mit gebrochenen Zahlen und mit Decimalbrüchen, Uebungen im Kopfrechnen, nach Schellen's Rechenbuch, § 1 bis §. 23, I. Abth. 4 St. Dr. Velten.

Naturkunde. Einleitendes; Einzelnes aus der Organographie der Pflanzen und Uebungen in deren Beschreibung, Einiges vom menschlichen Körper, Naturgeschichte der Säugethiere, nach Schilling's Grundriss. 2 St. Dr. Velten.

8. Technischer Unterricht.

a) **Schreiben.** 1. Quinta. 3 St. 2. Sexta. 3 St. Dienz.
b) **Zeichnen.** 1. Prima, Secunda und Tertia combinirt. 2 St. 2. Quarta. 2 St. 3. Quinta 2 St. 4. Sexta. 2 St. Dienz.
c) **Turnen.** Im Sommer zwei Mal wöchentlich 1½ St.; im Winter 1 St. wöchentlich. Dederich.
d) **Gesang.** 1. Chorgesang. 2 St. 2. Quinta. 2 St. 3. Sexta. 2 St. Eisenhuth.

9. Uebersichtstabelle
über die Beschäftigung der Lehrer und die Vertheilung des Unterrichts.

Lehrer.	I.	II.	III A.	III B.	IV.	V.	VI.	Zahl der Stunden.
1. Dr. Schmitz, Director.	3 Deutsch 2 Griech.	2 Hom.						7.
2. Dr. Strerath, Oberlehrer, Ordinarius in III B.				10 Latein 6 Griech. 2 Deutsch 3 Gesch.				21.
3. Kaiser, Oberlehrer.	4 Math. 2 Physik 2 Franz.	4 Math. 1 Physik 2 Franz.	2 Franz.	3 Math. 2 Franz.				22.
4. Dr. Wollmann, Oberlehrer, Ordinarius in III A.			10 Latein 6 Griech. 2 Deutsch			3 Franz.		21.
5. Dr. Liessem, kath. Religionslehrer.	2 Religion 2 Hebr.	2 Religion 2 Hebr.	2 Religion	2 Religion	2 Religion 2 Franz.	3 Religion	3 Religion	22.
6. Schrammen, ordentl. Lehrer, Ordinarius in II.		3 Gesch.	10 Latein 4 Griech. 2 Deutsch 3 Gesch.					22.
7. Dr. Velten, ordentl. Lehrer, Ordinarius in VI.			3 Math. 2 Naturk.	2 Naturk.	3 Rechn. u. Math.	3 Rechn. 2 Naturk.	4 Rechn. 2 Naturk.	21.
8. Winschuh, ordentl. Lehrer, Ordinarius in IV.			3 Gesch.		10 Latein 6 Griech. 2 Deutsch			21.
9. Dederich, ordentl. Lehrer, Ordinarius in V.						10 Latein 2 Deutsch	10 Latein 2 Deutsch	24.
10. Dr. Wrede, ordentl. Lehrer, Ordinarius in I.	8 Latein 4 Griech.				3 Gesch.	2 Geogr.	2 Geogr.	19.
11. Moll, Divis.-Pfarrer, evang. Religionslehrer.	2 Religion			2 Religion				4.
12. Dienz, Zeichen- und Schreiblehrer.	2 Zeichnen			2 Zeichn.	3 Schreib. 2 Zeichn.	3 Schreib. 2 Zeichn.		14.
13. Eisenbuth, Gesanglehrer.	2 Chorgesang			2 Gesang	2 Gesang			6.
14. Einig, Probecandidat.								
15. Bettingen, Probecandidat.								
16. Dr. Brüll, Probecandidat.								

10. Verfügungen des Königl. Prov.-Schul-Collegiums.

1. Verf. vom 6. Juni 1877: Mittheilung eines Ministerialerlasses vom 29. Mai, betreffend Anordnungen für Zeugnisse zum einjährig-freiwilligen Militärdienste, wonach zu fordern ist, dass die Zuerkennung des militärischen Befähigungs-Zeugnisses mit derselben Strenge und nach denselben Grundsätzen erfolge, nach welchen über die Versetzung der Schüler in die höhere Klasse bezw. Abtheilung einer Klasse entschieden wird. Der Beschluss über Zuerkennung des militärischen Qualificationszeugnisses darf nicht früher gefasst werden, als in dem Monate, in welchem der einjährige Besuch der zweiten, bzw. der ersten Klasse der betreffenden Schule abgeschlossen wird. (Diese letztere Bestimmung ist durch ministerielle Circular-Verfügung vom 31. Jan. 1878 ausdrücklich dahin erklärt worden, dass nicht der Kalendermonat, sondern die Zeitdauer eines Monats bezeichnet ist. Bei Ertheilung des militärischen Qualificationszeugnisses darf an der Zeitdauer des von dem betreffenden Schüler zu erfordernden Schulbesuches nicht mehr, als höchstens der Zeitraum eines Monates (30 Tage) fehlen.)

2. Verf. vom 9. Jan. 1878: Mittheilung eines Ministerialrescriptes vom 31. Dec. 1877, betr. den Eintritt in die militärärztlichen Anstalten zu Berlin: 'In dem ersten Hefte des nächsten Jahrganges des Centralblattes für die gesammte Unterrichts-Verwaltung in Preussen werde ich die „Bestimmungen über die Aufnahme in die militärärztlichen Bildungs-Anstalten zu Berlin" abdrucken lassen, welche der General-Stabsarzt der Armee und Director der militär-ärztlichen Bildungs-Anstalten unter dem 7. Juli v. J. erlassen hat. Den Directoren der Gymnasien soll hierdurch die Möglichkeit gegeben werden, auf etwaige, von ihren Schülern oder deren Eltern an sie in diesem Bezuge gerichtete Anfragen genaue Auskunft zu ertheilen. Es wird zweckmässig sein, wenn die Directoren in solchen Fällen nicht unterlassen, auch auf die durch §. 10 und 11 bezeichneten finanziellen Verpflichtungen aufmerksam zu machen, welche die Eltern mit dem Gesuche um Aufnahme ihrer Söhne in diese Anstalten übernehmen und insbesondere darauf hinzuweisen, dass die angegebenen Beträge ausdrücklich als Minimalsätze bezeichnet sind.'

3. Verf. vom 28. Januar 1878: Mittheilung ministerieller Circularverfügungen, betr. die abgekürzten Bezeichnungen der Maasse und Gewichte. Die Zusammenstellung der abgekürzten Maass- und Gewichtsbezeichnungen ist folgende:

A. Längenmaasse:	B. Flächenmaasse:	C. Körpermaasse:	D. Gewichte:
Kilometer . . . . km	Quadratkilometer . qkm	Kubikmeter . . . cbm	Tonne . . . . . . t
Meter . . . . . m	Hektar . . . . ha	Hektoliter . . . hl	Kilogramm . . . kg
Centimeter . . . cm	Ar . . . . a	Liter l	Gramm . . . . . g
Millimeter . . . mm	Quadratcentimeter qcm	Kubikcentimeter . ccm	Milligramm . . . mg
	Quadratmillimeter . qmm	Kubikmillimeter . . cmm	

1. Den Buchstaben werden Schlusspunkte nicht beigefügt.
2. Die Buchstaben werden an das Ende der vollständigen Zahlenausdrücke – nicht über das Decimalkomma derselben – gesetzt, also 5,37 m, – nicht 5 = 37 und nicht 5m. 37 cm –.
3. Zur Trennung der Einerstellen von Decimalstellen dient das Komma, nicht der Punkt. – Sonst ist das Komma bei Maass- und Gewichtszahlen nicht anzuwenden, insbesondere nicht zur Abtheilung mehrstelliger Zahlenausdrücke. Solche Abtheilung ist durch Anwendung der Zahlen in Gruppen zu je 3 Ziffern, vom Komma aus gerechnet mit angemessenem Zwischenraum zwischen den Gruppen zu bewirken.

11. Chronik des Schuljahres 1877 78.

1. Nachdem am Samstag den 14. April 1877 die Aufnahmeprüfungen abgehalten worden waren, begann Montag den 16. April der Unterricht.
2. Am 6. Mai 1876 feierten neunzehn Schüler der Anstalt, von dem Herrn Religionslehrer Dr. Liessem längere Zeit vorbereitet, das Fest ihrer ersten h. Communion.

3. Se. **Majestät der Kaiser und König** haben aus Anlass Allerhöchstihrer Anwesenheit in der Rheinprovinz mittelst Allerhöchster Cabinets-Ordre vom 9. resp. 10. September 1877 dem unterzeichneten Director den rothen Adler-Orden IV. Klasse Allergnädigst zu verleihen geruht.
4. Das Wintersemester begann am 1. October 1877.
5. Am Donnerstag den 21. März 1878 beging das Gymnasium in der Aula der Anstalt eine Vorfeier des Allerhöchsten Geburtsfestes Sr. Majestät des Kaisers und Königs, bei welcher Gelegenheit der Oberlehrer Herr Dr. Wollmann die Festrede hielt 'über den Freiherrn von Stein, das Vorbild des deutschen Patrioten'. Am 22. März wurde Gottesdienst mit Te Deum gehalten.
6. Im Lehrercollegium erfolgten während des Schuljahres 1877—78 nachstehende Veränderungen:
   a) Am 16. April 1877 traten die Schulamtscandidaten Herr Joh. Einig aus Obermendig und Herr Dr. Hermann Wesendonck aus Rees ein,*jener zum Beginne, dieser zur Fortsetzung seines [in Strassburg i. E. begonnenen] Probejahres. Durch Verfügung vom 8. Dec. 1877 wurde Herr Dr. Wesendonck zu commissarischer Beschäftigung dem Gymnasium zu Neuss überwiesen.
   b) Durch Verfügungen des Prov.-Schulcollegiums vom 24. bzw. 28. Dec. 1877 wurden die Schulamtscandidaten Herr Franz Bettingen aus Koblenz und Herr Dr. Felix Brüll aus Boslar der Anstalt zur Abhaltung des Probejahres überwiesen; dieselben traten am 7. Jan. 1878 ein.

III. Statistik.

1. Frequenz im Schuljahre 1877—78.

1) Anzahl der Schüler im Sommersemester 1877 in:
I II IIIA IIIB IV V VI
27 36 19 33 31 47 53 = zusammen 246 [darunter 56 neu Aufgenommene; 200 Katholiken, 40 Evangelische, 6 Israeliten; 186 Kölner, 60 Auswärtige].

2) Abgang im Laufe des Sommersemesters 1877 aus:
I II IIIA IIIB IV V VI
4 — — 2 2 3 4 = zusammen 15.

Also waren am Schlusse des Sommersemesters 1877 vorhanden in:
I II IIIA IIIB IV V VI
23 36 19 31 29 44 49 = zusammen 231 Schüler.

3) Anzahl der Schüler im Wintersemester 1877—78 in:
I II IIIA IIIB IV V VI
24 37 19 33 30 45 50 = zusammen 238 [darunter 7 neu Aufgenommene; 195 Katholiken, 37 Evangelische, 6 Israeliten; 181 Kölner, 57 Auswärtige].

4) Abgang im Laufe des Wintersemesters 1877—78 aus:
I. II IIIA IIIB IV V VI
1 2 — — 1 2 1 = zusammen 7.

Also waren gegen Ende des Wintersemesters 1877—78 noch vorhanden in:
I II IIIA IIIB IV V VI
23 35 19 33 29 43 49 = zusammen 231 [darunter 190 Katholiken, 35 Evangelische, 6 Israeliten; 175 Kölner, 56 Auswärtige].

5) Im Ganzen war also das Gymnasium im Schuljahre 1877—78 besucht von 253 Schülern [205 Katholiken, 41 Evangelischen, 7 Israeliten; 191 Kölnern, 62 Auswärtigen]. In Gemässheit des Ministerialrescriptes vom 29. Febr. 1872 waren von dem an der Anstalt ertheilten Religionsunterrichte anfangs 4, zuletzt 3 katholische und 3 evangelische Schüler dispensirt.

2. Abiturientenprüfungen.

Unter dem Vorsitze des Königlichen Provinzial-Schulrathes Herrn von Raczek wurden drei Abiturienten-Prüfungen abgehalten.

I. In dem am 15. August 1877 stattgehabten Maturitätsexamen erhielten das Zeugniss der Reife die drei Oberprimaner:
1. Georg Loosen, aus Schleifkotten-Mühle, 21 Jahre alt, katholischer Confession, 2½ Jahr in Prima; er widmet sich dem Kaiserlichen Heeresdienste.
2. Emil Sternberg, aus Velbert, 18 Jahre alt, evangelischer Confession, 2 Jahre in Prima; er studirt in München Rechtswissenschaft.
3. Wilhelm Wisbaum, aus Köln, 21 Jahre alt, katholischer Confession, 2 Jahre in Prima; er studirt in Bonn Philologie.

Den Abiturienten Sternberg und Wisbaum wurde die mündliche Prüfung erlassen.

II. Im Ostertermine erhielten am 14. März 1878 folgende Oberprimaner das Reifezeugniss:
1. August Chambalu, aus Köln, 18 Jahre alt, katholischer Confession, 2 Jahre in Prima; er will Philologie studiren.
2. Gerhard Derigs, aus Brühl, 22 Jahre alt, katholischer Confession, 2 Jahre in Prima; er will Medizin studiren.
3. Gottfried Firnig, aus Köln, 20 Jahre alt, katholischer Confession, 2½ Jahr in Prima; er will Medizin studiren.
4. Johann Hönscheid, aus Niederottersbach, 21 Jahre alt, katholischer Confession, 2½ Jahr in Prima; er will Theologie und Philologie studiren.
5. Matthias Juris, aus Giessen, 22 Jahre alt, katholischer Confession, 2½ Jahr in Prima; er will Rechtswissenschaft studiren.
6. Johann Kreutzer, aus Oberkassel, 19 Jahre alt, katholischer Confession, 2 Jahre in Prima; er will Philologie studiren.
7. Max Meyer, aus Linz a. Rh., 17 Jahre alt, israelitischer Confession, 2 Jahre in Prima; er will Rechtswissenschaft studiren.
8. Melchior Minten, aus Sürth, 19 Jahre alt, katholischer Confession, 2 Jahre in Prima; er will Rechtswissenschaft studiren.
9. Jacob Odenthal, aus Bergisch Gladbach, 20 Jahre alt, katholischer Confession, 2 Jahre in Prima; er will Medizin studiren.

Den Abiturienten Chambalu und Meyer wurde die mündliche Prüfung erlassen.

III. In demselben Prüfungstermine erhielten am 15. März 1878 folgende Extraneer das Zeugniss der Reife:
1. Felix Gotthelf, aus M.-Gladbach, 20 Jahre alt, israelitischer Confession; er will Rechtswissenschaft studiren.
2. Emil Krumbiegel, aus Opladen, 20 Jahre alt, evangelischer Confession; er will Rechtswissenschaft studiren.
3. Peter Richarz, aus Eller, 19 Jahre alt, katholischer Confession; er will Mathematik und Naturwissenschaften studiren.
4. Walther Schauenburg, aus Düsseldorf, 19 Jahre alt, evangelischer Confession; er will Rechtswissenschaft studiren.
5. Hermann Wallerstein, aus Crefeld, 18 Jahre alt, israelitischer Confession; er will Philologie studiren.

8. Lehrmittel.

Die wissenschaftlichen Sammlungen der Anstalt wurden nach Maassgabe der etatsmässigen Mittel vermehrt.

An Geschenken, für die hiermit Namens der Anstalt der gebührende Dank ausgesprochen wird, erhielt

a) die Lehrerbibliothek.

Von Sr. Excellenz dem Herrn Cultusminister Dr. Falk:
Jahrbücher des Vereins von Alterthumsfreunden. Bonn, Marcus. Heft 57—61.

Von dem Königl. Provinzial-Schul-Collegium:
Neue Beiträge zur alten Geschichte und Geographie der Rheinlande von Prof. Dr. J. Schneider. Düsseldorf 1876.

Von dem Herrn Gymnasial-Oberlehrer a. D. Dr. Weinkauff:
Carmina clericorum. Studentenlieder des Mittelalters. Heilbronn 1876. Pallas, Reise durch verschiedene Provinzen des russischen Reiches in einem ausführlichen Auszuge. 3 Theile, 1776—1778, und 1 Band Kupfertafeln. Frankfurt und Leipzig. Einige Programme.

Von Herrn Gymnasiallehrer Dederich:
Bibliothek der ältesten deutschen Literatur-Denkmäler. III. u. IV. Bd. Paderborn, Schöningh. 1867 u. 1868. Schweizer-Sidler, Cornelii Taciti Germania. Halle, Waisenhaus. 1871. Gust. Wolff, Sophokles I.—III. Theil. 1858—1865. Leipzig, Teubner.

Von der Strauss'schen Verlagshandlung in Bonn:
Lateinische Formenlehre und Lat. Elementarbuch, I. Abth., von Dr. Bertling. Bonn 1877. 78.

Von der Weber'schen Verlagshandlung zu Bonn:
Dronke, Leitfaden für den Unterricht in der Geographie, Cursus I—III. Bonn, 1877. Dronke, Geographische Zeichnungen. Lief. I—III. Bonn, 1877.

Von dem Bergischen Geschichtsverein:
Dessen Zeitschrift, Band XI und XII.

b) die Schülerbibliothek.

Von dem verstorbenen Herrn Prof. Pütz:
Dessen Grundriss der Geographie und Geschichte für die mittleren Klassen höherer Lehranstalten. Zweite Abtheilung: das Mittelalter. Leipzig, Bädeker, 1874. (2 Exemplare.) Desgleichen für die oberen Klassen. 3 Bde. Leipzig und Coblenz, 1875—77. Pütz, Grundriss der deutschen Geschichte für die mittleren Klassen. Leipzig, 1876. Pütz, Leitfaden bei dem Unterrichte in der vergleichenden Erdbeschreibung, für die untern und mittleren Klassen. Freiburg, Herder, 1877. (9 Exemplare.) Pütz, Historisch-geographischer Schulatlas. Erste Abtheilung: die alte Welt. Regensburg, Manz, 1877. (2 Exemplare.)

Von Herrn Gymnasial-Oberlehrer Dr. Boyman zu Coblenz:
Dessen Lehrbuch der Mathematik. I. Theil. Köln und Neuss, Schwann, 1876.

Von der Schwann'schen Verlagshandlung:
Desselben Werkes II. und III. Theil. 1875.

Von der Coppenrath'schen Verlagshandlung zu Münster:
Schellen, Aufgaben für das theoretische und praktische Rechnen. I. Theil. 1876. (4 Exemplare.)

Von der DuMont-Schauberg'schen Verlagshandlung hier:
Hemmerling, Uebungsbuch zum Uebersetzen aus dem Deutschen in's Lateinische für obere Gymnasialklassen. I. und II. Theil. 1873 und 1874. (je 8 Exemplare.)

Von der Grote'schen Verlagshandlung zu Berlin:
Wendt und Schnelle, Aufgabensammlung zum Uebersetzen in's Griechische. II. Abth. für Secunda und Prima. 1870. (2 Exemplare.)

Von der Vieweg'schen Verlagshandlung zu Braunschweig:
Müller, Grundriss der Physik und Meteorologie. 1875. (3 Exemplare.)

Von der Herbig'schen Verlagshandlung zu Berlin:
Ploetz, Nouvelle grammaire française. 1875. (3 Exemplare.) Ploetz, Cours gradué et méthodique de thèmes français. 1875. (3 Exemplare.)
Von der Teubner'schen Verlagshandlung zu Leipzig:
Koch, Griechische Schulgrammatik. 4. Aufl. 1876. (3 Exemplare.)
Von der Bädeker'schen Verlagshandlung in Koblenz:
Deycks, deutsches Lesebuch für die oberen Klassen höherer Schulen. 5. Aufl. bearb. von Kiesel 1876. (3 Exemplare.)
Von der Hirt'schen Verlagshandlung in Breslau:
Schilling's Grundriss der Naturgeschichte. 3 Theile. 1875 und 1876. (von jedem Theil 2 Exemplare.)

IV. Schluss des Schuljahres.

Montag den 15. April.

Vormittags von 10—11 Uhr: Oeffentliche Prüfung der Sexta: Deutsch, Herr Dederich; Geographie Herr Einig.
„ „ 11—12 „ Quinta: Deutsch, Herr Dr. Brüll; Lateinisch, Herr Dederich.
Nachmittags von 3—4 Uhr: Quarta: Griechisch, Herr Winschuh; Geschichte, Herr Bettingen.
„ „ 4—5 „ Untertertia: Latein, Herr Dr. Strerath; Mathematik, Herr Kaiser.

Dinstag den 16. April.

Vormittags 8 Uhr Schlussgottesdienst.
„ von 9—10 Uhr: Obertertia: Griechisch, Herr Dr. Wollmann; Naturkunde, Herr Dr. Velten.
„ „ 10—11 „ Secunda: Katholische Religionslehre, Herr Dr. Liessem; Latein, Herr Schrammen.
„ „ 11—12 „ Prima: Griechisch, Herr Dr. Wrede; Deutsch, der Director.

Nachmittags von 3 Uhr ab:
Gesang: Fahre wohl, du gold'ne Sonne, von Beethoven.
Declamation des Sextaners Ferd. Müller: Die Einkehr, von Uhland.
„ „ Quintaners Eduard Schultes: Der Postillon, von Lenau.
„ „ Quartaners Peter Hamacher: Wickher, von Wolfg. Müller.
„ „ Untertertianers Joh. Rauschen: Der Rhein, von Emman. Geibel.
„ „ Obertertianers Eduard Pertz: Des Sängers Wiederkehr, von Uhland.
Gesang: Des Turners Freude, von P. Stein.
Declamation des Untersecundaners Otto Loosen: Das Siegesfest, von Schiller.
„ „ Obersecundaners Christ. Kremer: Der gerettete Jüngling, von Herder.
„ „ Jul. Helmontag: Die Gallier in Rom, von Rollin.
„ „ Unterprimaners Bernh. Flohr: Die beiden Musen, von Klopstock.
„ „ „ Hugo Schmitz: Hor. Odd. IV, 7.
„ der Oberprimaner Max Meyer und Jacob Odenthal: Psalm 103.
„ „ „ Gerh. Derigs, Gottfr. Firnig, Matthias Juris, Max Meyer, Melchior Minten und Jak. Odenthal: Erste Strophe und Gegenstrophe der Parodos aus Sophokles' Oedipus auf Kolonos.
Lateinische Rede des Oberprimaners Aug. Chambalu.
Deutsche Rede des Oberprimaners Joh. Kreutzer.
Gesang: Der Jäger Abschied, von Fel. Mendelssohn-Bartholdy.
Entlassung der Abiturienten durch den Director.
Gesang: Hymne, von Silcher.
Darauf in den einzelnen Klassen Vertheilung der Zeugnisse.

V. Anfang des neuen Schuljahres.

Das neue Schuljahr, von Ostern 1878 bis Ostern 1879, beginnt am Montag den 6. Mai, Vormittags 8 Uhr. Die Aufnahmeprüfungen finden statt Freitag den 3. und Samstag den 4. Mai, jedes Mal Vormittags von 9 und Nachmittags von 3 Uhr ab.

Anmeldungen

nehme ich während der Osterferien im Gymnasialgebäude, Heinrichstrasse Nr. 2—4, entgegen. Bei der Anmeldung ist ausser dem Abgangszeugnisse der zuletzt besuchten Schule das Attest über geschehene Impfung, bei Schülern, die in dem laufenden Kalenderjahre das zwölfte Lebensjahr vollenden werden oder schon überschritten haben, das Zeugniss über eine in den letzten fünf Jahren mit Erfolg geschehene Wiederimpfung vorzulegen.

Köln, im März 1878.

Dr. **Wilh. Schmitz**,
Gymnasial-Director.

PROGRAMM
des
KAISER WILHELM-GYMNASIUMS
zu
KÖLN.

XI. SCHULJAHR:
VON OSTERN 1878 BIS OSTERN 1879.

VERÖFFENTLICHT
von
DEM DIRECTOR DES GYMNASIUMS
Dr. WILHELM SCHMITZ,
Ritter des Rothen Adlerordens IV. Klasse.

INHALT.

A. Mittheilungen aus Akten der Universität Köln. Erste Fortsetzung.
II. Die Aufzeichnungen der ersten Matrikel [1388—1425] über das zweite, dritte und vierte Studienjahr [12. Febr. 1390 bis 24. Dec. 1392]. } Von dem Director.
B. Schulnachrichten.

KÖLN, 1879.
Gedruckt bei J. P. Bachem, Verlagsbuchhändler und Buchdrucker.

79. Progr. Nr. 365.

HARVARD COLLEGE LIBRARY
GIFT OF THE
GRADUATE SCHOOL OF EDUCATION
Feb. 11, 1932

Mittheilungen aus Akten der Universität Köln.

Die erste Matrikel.

[Erste Fortsetzung.*)]

.. Anno ..   .. Studii ..   .. Secundo ..

[Fol. 9ʳ:] Die Sabbathi, XII mensis Februarii, Anno, Indictione et Pontificatu quibus supra, quatuor nuncii de quatuor facultatibus assumpti, videlicet domini et magistri Iordanus de Clivis de theologie, Iohannes Berswoert de iuris, Theodericus Dystel de medicine et Hartlenus de Marka de arcium facultatibus et communiter seu equaliter communi pecunia de personis inrotulatis derivata assallariati cum Rotulo clauso et sigillato et litteris recommendaticiis Reverendissimorum patrum Coloniensis¹) et Treverensis archiepiscoporum necnon Illustrissimorum principum Gelrensis, Iuliacensis et Montensis ducum arripuerunt iter versus Romam, ubi multa bona et utilia privilegia pro universitate et uberrimas gracias pro inrotulatis impetraverunt, prestante domino Iesu Christo.

1390
12. Febr.

Nota, quod universitas impetravit privilegia et gratias etc.

Postmodum in Rectoria prefati magistri Arnoldi intitulati fuerunt infrascripti et iuraverunt
1. Gerardus de Peterschem
2. Henricus de Merheym, canonicus sti Gereonis
3. Theodericus Royde
4. Theodericus de Boexstil

Die Iovis, XIIII mensis Aprilis, prefatus quondam mgr Arnoldus obdormivit in Domino. Et postmodum die . . . . . . eiusdem mensis electus fuit in rectorem universitatis mgr Henricus Grymhart de Rekelinchusen, pastor ibidem, doctor utriusque iuris. In cuius Rectoria intytulati fuerunt et iuraverunt infrascripti
1. Primo Conradus Conradi, canonicus Andwarpiensis
2. Martinus de Erclens
3. Franco Marchalli de Lewijs
4. Iohannes de Goch
5. Dyonisius de quercu
6. Arnoldus de Domont
7. Iohannes Bekel de Nyvella

1390
14. April.

5ta electio Rectoris, Henricus Grymhart rector quintus.

[Fol. 9ᵛ:] Die Martis, quinta mensis Iulii, anno, indictione et pontificatu quibus supra, electus fuit concorditer mgr Iohannes Boten de Tekenenborg, mgr in artibus, in rectorem universitatis et prestitit solitum iuramentum, in cuius rectoria intitulati fuerunt infrascripti et iuraverunt

1390
5. Iuli.

6ta electio Rectoris. Iohannes Boten rector sextus.

1. Godfridus de Lizenkirchen, canonicus Bonnensis
2. Volkerus Yserem, decanus Davantriensis, mgr in artibus
3. Arnoldus Dives de Wonderchen, Traiectensis dioc.
4. Iohannes de Lodemaken, Leod. dioc.
5. Gerardus Hermanni de Liwardia, Traiecten. dioc.
6. Arnoldus Reygher de Wassenberg
7. Iohannes Pistor de Russchenberg
8. Wenemarus in dem Bomgart, Traiecten. dioc.
9. Henricus Algerdis de Wesalia inferiori, Colon. dioc.
10. Reynerus Wynmann de Wassenberg
11. Werenboldus Iohannis de Gorckem
12. Engelbertus Rotglant de Xanctis
13. Bertoldus de Adelafzen, dioc. Magunt.
14. Iohannes Billingehusen, Magunt. dioc.
15. Iohannes de Visbeke, canonicus Nyvelensis
16. Iohannes Ade Leod.
17. Wilhelmus Zomer de sto Trudone
18. Iohannes Bruselli Leodien.
19. Iohannes Fraximij Leodien.
20. Iohannes Storm de Mestheden
21. Arnoldus Iohannis Bollen, militis de Rykele
22. Hermannus Sueryng, presbyter Mosa.
23. Theodericus Beytel, canonicus Leodien.
24. Egidius de Ryvo, Leod. dioc.
25. Iohannes Flammyng, Leod. dioc.
26. Iohannes de Herwyn, canonicus ste Marie Hoyen.
27. Symon Arnoldi Cupere de sto Trudone
28. Egidius Gerardi Egidii de Attenhoven
29. Robinus Iohannis de Reke de Zeperen
30. Rolmannus Prumetheus de Bopardia
31. Iohannes Zekelken de Xanctis

---

*) Der Anfang des Matrikeltextes ist im Programm des Kaiser Wilhelm-Gymnasiums vom Jahre 1878 enthalten.
¹) Friedr. III., Graf v. Saarwerden, Erzb. v. 1370—1414.

1

20 .. Anno ..   .. Studii ..   .. Secundo ..

32. Arnoldus de Buscoducis
33. Theodericus de Gronynghen
34. Henricus, pastor ecclesie in Lenepe
35. Otto de Hessen, canonicus Xancten.
36. Wilhelmus de Bybę
37. Iohannes de Xanctis, bach. in legibus
38. Gerardus de Marka, Leod. dioc.
39. Iohannes Sebastiani de Aruchot
40. [Fol. 10v :] Bruno Brunonis de Upladen
41. Iohannes de Kuc, Leodieo. dioc.
42. Ludolphus de Loen, Mona. dioc.
43. Arnoldus Ywaal de Buscoducis

44. Henricus Davidis de Zyttart
45. Anselmus de frigido borea
46. Adolphus Nyenhusen, Colon. dioc.
47. Tilmannus Lamberti Ruwen de Bunna
48. Theodericus de Drunen, Leod. dioc.
49. Iohannes de Wyhonge, Leod. dioc.
50. Iohannes Scharpe, Mona. dioc.
51. Henricus de Essendia, Colon. dioc.
52. Everbardus de Essendia, Colon. dioc.
53. Iohannes Holling de Tremonia, Colon. dioc.
54. Rutgerus Overhach de Tremonia

Electio bedelli.

In huius magistri Iohannis rectoria electus et receptus fuit Wilhelmus de Wye, clericus Traiecten. dioc. in bedellum universitatis [1]).

1390
7. Oct.

Die Veneris, septima mensis Octobris, anno et pontificatu quibus supra, indictione XIIII, electus fuit in rectorem mgr Iohannes Berswoert de Tremonia et prestitit solitum iuramentum.

7ma electio Rectoris.
Iohannes Berswort rector septimus.

Afferuntur Roma triens litterae.

Et protunc ibidem constitutis magistris Iordano de Cliyis, Iohanne Berswort et Theoderico Dystel, qui fuerunt nuncii universitatis in Rotulo suo ad dominum nostrum papam, ut superius est conscriptum, idem M. Jordanus narravit et recitavit totum factum et processum ipsorum in huiusmodi legacione et negocio prout eciam dicti Iohannes et Theodericus antea retulerunt, saltem quoad ea que ante recessum ipsorum de Roma fuerant expedita, videlicet quam diligenter et fideliter iuxta modum et formam ipsis ab universitate iuncta officium sibi commissum perfecerunt. Et exhibuit tres litteras apostolicas sive privilegia per papam modernum suppositis universitatis concessas, unam videlicet gratiosam de percipiendis fructibus beneficiorum suorum in absencia, et aliam executoriam seu conservatoriam super huiusmodi graciam et terciam conservatoriam contra iniuriatores etc. Et dixit qualiter ipsi post plenariam expedicionem rotuli fuerunt tanto tempore occupati circa expedicionem huiusmodi litterarum quae, propterea quod cuntinent gratias largiores quam alicui studio temporibus preteritis sint concesse, multas habuerunt instancias in cancellaria, super quibus oportuit habere recursum ad dominum papam, qui tamen eis longo tempore non patuit propter ipsius decubitum nimis longum. Exposuit eciam qualiter ipsi nuncii multa privilegia utilia pro universitate impetraverunt, quae inveniontur in registro supplicationum, si aliquando universitas voluerit habere litteras super illis. Et quod propter premissa oportuit ipsos nuncios facere magnas expensas ultra pecunias ab universitate receptas, prout docere vellent quantocius per legitimas raciones. Dixit eciam idem M. Iordanus, qualiter ipse et quondam M. Hartlenus receperunt mutuo a Michaele Gwinisij de Luca, mercatore in Roma, centum quinquaginta [2]) flor. Renen. circa expedicionem dictarum litterarum expositos, prout distincte computavit. Et supplicavit, quatenus universitas vellet curare, ut dicti floreni una cum XXII [3]) flor. Renen. debitis pro cambio indilate solvantur Iacobo Franciskini, socio dicti Michaelis, commoranti Colonie, quia ipsi nuncii essent pro dicto debito efficaciter obligati. Et post concordem deliberacionem quatuor facultatum universitas acta et facta dictorum nunciorum grata et rata habuit ac approbavit et laudavit, subiungendo quod pro solutione dictorum debitorum vellet efficaciter laborare.

.. Anno ..   .. Studii ..   .. Tercio ..

1390
24. Dec.

[Fol. 10v:] Die Sabbathi, XXIIII mensis Decembris, anno et indictione quibus supra, pontificatus domini Bonifatii pape novi anno secundo, hora terciarum in refectorio maiori cordigerorum fuit electus concorditer in rectorem universitatis mgr Theodericus Kerkering de Monasterio, in cuius rectoria fuerunt acta quae sequuntur.

8va electio Rectoris.
Theodericus Kerkering rector octavus.

[1]) Auf dem Rande von späterer Hand: Nota primum bedellum universitatis.
[2]) Hierzu spätere Randbemerkung: Istos solverunt domini de consilio.
[3]) Hierzu spätere Randbemerkung von ders. Hand, welche die vorige Bemerkung schrieb: De istis [florenis ?] soluti VI floreni de pecuniis universitatis.

Primo intitulati fuerunt infrascripti
1. Petrus de novo castro, Colon. dioc.
2. Iohannes de novo castro, Colon. dioc.
3. Tilmannus Ekart de Attendaren, Colon. dioc.
4. Theodericus Vlake de Hammone, Colon. dioc.
5. Theodericus Hesderinchusen de Rekelinchusen, Colon. dioc.
6. Albertus Wijnken de Hachenbg, Colon. dioc.
7. Wenemarus Hemsbeke, Colon. dioc.
8. Iohannes Mortalman de Werd, Leodien. dioc.
9. Lambertus Valbyr de Goch, Colon. dioc.
10. Iohannes Nevelunch de Ruden, Colon. dioc.
11. Iohannes Plume de Brugis, Tornacen. dioc.
12. Wilhelmus Wilhelmi de Amsterdam, bach. in artibus Pragensis, Trajecten. dioc.
13. Bernardus de Langle, Mona. dioc.
14. Rudolphus, decanus beate Marie Tungren.
15. Albertus Ghesike de Unna, Colon. dioc.
16. Hermannus Vlee, mgr in artibus Colon.
17. Geriacus, filius militis marscalci de Brunsbg, Treveren. dioc.
18. Wilhelmus, frater eiusdem, Treveren. dioc.

Anno domini MCCCXCI°, indictione et pontificatu quibus supra, die XXI* mensis Ianuarii, hora vesperarum coram universitate ad infrascripta et alia diversa legitime convocata et congregata more solito in refectorio fratrum minorum M. Iordanus de Clivis et M. Iohannes ¹) Berswoert nomine suo et M. Theoderici Dystel absentis supplicarunt, quatenus universitas, attentis ipsorum gravibus laboribus, periculis et expensis factis et perpessis circa negocia Rotuli tam utiliter et fructuose expediti, vellet audire compotum et rationem receptis et expositis per eos in huiusmodi negocio et refundere ipsis ea, quae ultra recepta exposuerunt, prout ipsis ante exitum ipsorum erat promissum et conventum. Et post concordem deliberacionem quatuor facultatum conclusum fuit et dictis magistris responsum, quod peticio et requesta ipsorum esset rationabilis et rigorosa et ab omnibus concedebatur et in continenti singule facultates adiunxerunt rectori ad audiendam huiusmodi racionem certos sollempnes deputatos, hoc adiecto, quod omnes, qui vellent, possent huiusmodi computationi die sequente post prandium in domo capitulari ecclesie sti Andree interesse. Quibus una cum rectore congregatis ibidem die et hora prefixis prefati mgri, videlicet M. Iohannes suo et dicti M. Theoderici nomine, eo quod ipsi suas expensas insimul et communiter habuerunt et fecerunt, primo et deinde M. Iordanus nomine suo fecerunt veras, iustas et legitimas computaciones et raciones sic, quod, omnibus computandis computatis et defalcandis defalcatis ac eclam expositis ad percepta et perceptis ad exposita distincte et particulariter complanatis, universitas remansit debens prefatis M. Theoderico et Iohanni in nonaginta flor. ducat. boni auri et iusti ponderis et M. Iordano in centum XXV flor. Presentibus mgris Reginaldo de Alna, Allexandro de Kempen, Iohanne Vogel, Iohanne de Tekeneberg et Henrico de Westerholt ad hoc specialiter deputatis et quampluribus aliis dictum compotum approbantibus, nemine reclamante.

1391 21. Ian.

[Fol. 11v:] Anno XCI°, indictione et pontificatu quibus supra, die Sabbathi, XXV° mensis Marcii, hora terciarum, in refectorio maiori cordigerorum electus fuit concorditer in rectorem universitatis mgr Henricus de Westerholte, canonicus in Capitolio, mgr in artibus.

1391 25. Martii 9na electio Rectoris. Henricus de Westerholt rector nonus.

Eodem anno, die XIII° mensis Iunii, hora vesperarum, in refectorio superiori Augustinen., universitate et conventu eiusdem domus ad hoc legitime congregatis, mgr Gyso de Colonia provincialis animo incorporandi provinciam studio Coloniensi legit litteram infrascripti tenoris de verbo ad verbum sigillo provincie sigillatam.

Nos fratres Gyso de Colonia et Nycolaus de Nussia sacre pagine humiles professores ordinis fratrum heremitarum Sti Augustini auctoritate et speciali commissione patris nostri generalis ac tocius diffinitorii generalis capituli Herbipolis in festo penthecostes celebrati sub anno domini M°.CCC°.LXXXXprimo incorporamus nostrum conventum Colon. tamquam caput tocius provincie nostre Colonien. huic alme universitati Colonien. et quia omnes alii conventus provincie nostre sunt membra capitis prenominati, ideo ipsum incorporamus cum omnibus suis membris ad studium pertinentibus presentibus et futuris, semper salvis mandatis ordinis atque occupationibus singulis, quibus patres et fratres. ordinis nostri essent nunc in presenti vel eciam in futuro astricti vel per suos superiores merito astringendi. In quorum testimonium sigillum provincialatus officii eiusdem provincie Colon. presentibus duximus imprimendum. Datum Anno quo supra, die XIII° mensis Iunii.

1391 13. Iun. Herbipolis Conventus Augustinianorum cum omnibus membris presentibus et futuris studio generali incorporatus et incorporatus.

¹) Iohis *M.*

Item in rectoria eiusdem intitulati fuerunt infrascripti
1. Theodericus Rokcloes, Monasteriensis diocesis
2. Cristianus de Corun de Bybg, Colon. dioc.
3. Iohannes, filius Laurencij mercatoris, Colon. dioc.
4. Conradus fermentator de Werdena, Colon. dioc.
5. Gerardus Meynaldi de Davantria
6. Theodericus de Bentem, Traiecten. dioc.
7. Brunoldus Pyel, Traiecten. dioc.
8. Iohannes Voit de Delfts, Traiecten. dioc.
9. Petrus, filius Ottonis de Ghervliet, Traiecten. dioc.
10. Reynerus Lochorst de Traiecto
11. Iohannes Stephani de Nyet de Davantria
12. Hermannus, rector parochialis ecclesie in Plettenberg
13. Thomas Cabonis de Traiecto
14. Hermannus Guntheri de Bochem
15. Wilhelmus de Bochem
16. Ambrosius de Abaate de Mediolano
17. [Fol. 11v:] Henricus Stekelinch, pastor in Ambor, canonicus stor. Apostolor., Leod. dioc.
18. Gerardus Kalant de Groninghen, Traiecten. dioc.
19. Tidemannus de Camp, Traiecten. dioc.
20. Henricus de Rekelinchusen, canonicus Ruremunden., Leod.
21. Amplonius de Berka, mgr in artibus Pragen., doctor in medicinis Erffordie.
22. Hermannus de Wesselich Decanus Wesselien.

1391
28. Iun.
10ma Electio Rectoris.
Gerardus de Hoynghen rector decimus.

Die Mercurii, XXVIII^a mensis Iunij, anno, indictione et pontificatu quibus supra, in refectorio maiori cordigerorum fuit electus concorditer in rectorem universitatis mgr Gerardus de Hoynghen, pastor in Lynn, bachalarius formatus in theologia, in cuius rectoria intitulati fuerunt infrascripti et iuraverunt
1. Hermannus Culenberg, Traiecten. dioc.
2. Theodericus de Nodenoy
3. Mgr Henricus Sanderi de Bopardia
4. Iohannes Holenwegge de Essendia
5. Mgr Paulus de Gelria
6. Albertus Franke de Ursoy
7. Mgr Thomas Zegenandi de Clivis
8. Mgr Iohannes de Mekenblg, Leod. dioc.
9. Anselmus de Ilyo, Leodien. dioc.
10. Iacobus Wentze de Lynse
11. Wynricus de Kirberg
12. Albertus de Blankenstein, pastor in Swilme
13. Petrus Wale de Steinb'g.
14. Arnoldus Colke, Traiecten. dioc.
15. Iohannes de Richoff, pastor in Vreden
16. Mgr Iohannes Voebel, Cameracen. dioc.
17. Henr. de Vogilhusen, Colon. dioc.
18. Meynardus de Bremen
19. Iacobus Sprůnk, Traiecten. dioc.
20. Gerlacus Blide, Traiecten. dioc.
21. Mgr Henricus Wise, Traiecten. dioc.
22. Nycolaus Karoy, Leodien. dioc.
23. Iohannes Hermanni Deroch de Bopardia
24. Petrus Winkini de Hagenblg
25. Theod. de Rocy de Buscoducis
26. Gobelinus de Broghs
27. Albertus Richmannsdorff ⎱ Halberstaden.
28. Bernardus Richmannsdorff ⎰ dioc.
29. Dns Iohannes de Reysen, ordinis Premonstraten.
30. Theodericus Sachtelewen
31. Henricus Stonenbach, Maguntinen. dioc.
32. Nicolaus Mergewaltz de Marburgh
33. Iohannes Constantini de Hoynghen

1391 2. Oct.
11ma electio Rectoris. Henricus Wise rector undecimus.

[Fol. 12r:] Die Lune, nona mensis Octobris, sub eisdem anno et pontificatu quibus supra, indictione XV^a secundum stilum et consuetudinem Colon., hora terciarum, in refectorio fratrum minorum fuit electus concorditer in rectorem universitatis mgr Henricus Wise.

1391 8. Dec.
Conventus Carmelitarum cum omnibus suis membris incorporatus.

Ipso die conceptionis beate Marie virginis, octava Decembris, hora vesperarum, in refectorio fratrum ordinis beate Marie de Monte Carmeli domus Coloniensis convocatis ad hoc more solito rectore et universitate studii Coloniensis necnon fratribus Iohanne de Rayde de Mediolano ministro generali, Iohanne Bramhart provinciali et Symone de Spira magistris in theologia, ac priore et toto conventu eiusdem domus prefati ordinis dictus minister de consensu sui capituli generalis incorporavit studio Coloniensi dictum conventum cum suis personis presentibus et futuris.

Item idem rector recepit a magistris infrascriptis olim rectoribus universitatis pecunias, in quibus ratione rectorie sue remanserant obligati. Videlicet a magro Henrico de Rekelinchusen unum scudatum Hollan. faciens XXIII albos denarios. Item a magro Theoderico Kerkerinch de Monasterio duas marcas pagamenti. Item a magro Henrico Westerbolt XIIII marcas pagamenti. Summa XIX marc. X. sol. Item intitulati fuerunt et iuraverunt debitum iuramentum infrascripti.
1. Primo Franco de Cosselar, pabr Cameracen. dioc.
2. Gerardus Hermanni de Groenynghen, Traiecten. dioc.
3. Gerardus de Upvoerst, Traiecten. dioc.
4. Ludovicus de Beirnaer, Leodien. dioc.
5. Gerardus de Dacon, Traiecten. dioc.
6. Iohannes Tuschen Leodien.
7. Hermannus de Hammone, Colonien. dioc.
8. Iohannes de Grysberen, Tornacen. dioc.

.. Anno ..   .. Studii ..   .. Tercio ..   23

9. Tilmannus Odendall Colonien.
10. Iohannes de Hakeren, Monasterien. dioc.
11. Andreas Veer, Traiecten. dioc.
12. Reynerus Gerardi de Veteribusco, Leodien. dioc.
13. Rutgherus de Wigheest, Traiecten. dioc.
14. Xpianus Ilaghedoren de Nussia, Colonien. dioc.
15. Henricus Hoghen, Leodien. dioc.
16. Iohannes Dobbelyn, Missenen. dioc.

17. Petrus de Büna, Argentin. dioc.
18. [Fol. 12 v:] Iohannes de Boechorst, Traiecten. dioc.
19. Wynandus de Roir, Colonien. dioc.
20. Wilhelmus ten Stalle de Daventria, Traiecten. dioc., magr in artibus
21. Iohannes de Unna, Colonien. dioc.
22. Iohannes Unckel, Colonien. dioc.
23. Gerardus Umberaden, Curonien. dioc.

.. Anno ..   .. Studii ..   .. Quarto ..

[Fol. 13 r:] Anno domini millesimo trecentesimo nonagesimo primo, die Veneris, XXII* mensis Decembris, indictione quinta decima secundum stilum et consuetudinem civitatis et diocesis Colon., pontificatus domini Bonifacii pape noni anno tercio, hora vesperarum, in refectorio maiori fratrum minorum fuit electus concorditer in rectorem universitatis studii Colon. mgr Theodericus Dystel de Unna, canonicus et Scolasticus ecclesie sti Andree Colon. et canonicus beate Marie Aquensis, mgr in artibus et licentiatus in medicina Parysius XXVII annis et amplius. In cuius rectoria sunt acta que sequuntur.

1391
22. Dec.
12ma electio
Rectoris.Theodericus Dystel rector duodecimus.

Die lune, VIIIa Ianuarii sub anno domini M°CCC°XCII°, hora terciarum, universitate ad hoc legitime convocata et congregata more solito in maiori refectorio frm minorum conclusum fuit, prout eciam dicebatur prius in diversis congregationibus fuisse conclusum per modum expedientis ex concordi deliberatione quatuor facultatum, quod deberet ordinari et fieri matricula seu registrum universitatis pro conscribendis ordinacionibus et factis universitatis, quae ad diuturnam memoriam expedierit observari. Item quod ex statutis et consuetudinibus universitatum studij Parysien. et aliorum studiorum generalium ad iustar illius fundatorum deberent elici et eciam alias excogitari seu adinveniri ordinaciones et statuta, quae viderentur competere et expedire ad laudem et gloriam Dei ac honorem, utilitatem et profectum ac pacem, tranquillitatem et concordiam dicti studij in se, suis facultatibus et membris temporibus profuturis . . Item quod iuramentum intitulandorum deberet examinari, an forsan aliquid sit corrigendum, diminuendum vel addendum . . Item quod pro premissis adimplendis, exequendis et ad debitum finem perducendis deberent sufficientes et ydonee persone deputari. Et incontinenti singule facultates adiunxerunt rectori super premissis certos sollempnes deputatos.

1392
8. Ian.
Statuta esse facienda edicitur.

Die Iovis, VIIIa Februarii, hora vesperarum, vocatis ad hoc more solito decanis et mgris regentibus quatuor facultatum et deputatis supradictis, mgr Henricus Wise immediate precedens de omnibus et singulis pecuniis per eum nomine universitatis in sua rectoria receptis tam de intitulatis quam de tribus rectoribus precessoribus suis ac de omnibus et singulis per ipsum e converso expositis in factis universitatis fecit legitimam computacionem, sic quod percepta ad exposita et e converso distincte complanatis, idem mgr Henricus remansit obligatus universitati in V. marcis et X. solidis pagamenti, presentibus ven. viris Reynaldo de Alna theologie, Allexandro de sto Vito et Gerardo de Dreyne iuris, Marquardo Rasseborg medicine, Bertoldo Suderdich et Henrico de Nussia arcium facultatum decanis et deputatis in domo rectoria, quas quidem pecunias Idem mgr Henricus Wyse rectori presenti tradidit et pagavit.

1392
8. Febr.
Rector Wyse rationes et reliqua praestat.

Die Mercurii, VI. Marcii, hora terciarum, universitate ad hoc more solito legitime convocata et congregata in refectorio minori frm minorum rector et deputati fecerunt relacionem, quomodo super factis seu punctis et articulis in proxima congregatione generali die VIIIa Ianuarii sibi commissis multis diversis vicibus convenerunt ac sepius et diucius nunc insimul nunc [Fol. 13v:] aliqui seorsum ad partem alternatis vicibus tractaverunt et contulerunt et post multas argumentaciones et maturas deliberaciones concordaverunt: Primo de modo faciendi matriculam seu registrum, videlicet quod fiat unum volumen de pergameno, in quo privilegia et statuta communia universitatis conscribantur, et aliud volumen de papiro, in quo singuli rectores intitulatos in suis rectoriis et iuratos per ordinem conscribant et eciam ordinata seu concordata seu gesta per universitatem, que debuerint diuturne memorie commendari. In-titulati vero primo anno studii conscribantur prout in Rotulo universitatis iuxta modum suprascriptum

1392
6. Mart.
Concluditur duos esse conficiendos codices, alterum membranaceum, in quem privilegia et statuta communia; alte-

24 ..Anno.. ..Studii.. ..Quarto..

rum papyra- in precedente sexterno fuerunt collocati, eo quod ordo eorum, quo intitulati fuerunt, non poterat inve-
ceum, in quem niri . . Item concordaverunt in formam iuramenti intitulandorum et in cunctas ordinaciones per universi-
nomina recto- tatem statuendas et per eius supposita observandas conscriptas in quibusdam follis papiri. Et incon-
rum, initiula- tinenti rector universitatis easdem ordinaciones omnibus audientibus et auscultantibus alta et intelli-
torum atque gibili voce exposuit et perlegit. Tandem super premissis deliberaverunt quatuor facultates concorditer,
gesta sua et quod placebant eis facta et ordinata per rectorem et ceteros deputatos, et expediret ac vellent, quod
universitatis fierent matriculae iuxta modum suprascriptum, sed de statutis et forma iuramenti volebant maturius
rectores referrent. deliberare et dederunt rectori licenciam vocandi singulos per iuramenta sua, quociens eidem rectori
Nota potesta- super huiusmodi statutis videtur expedire. Deinde rector tradidit iuristis et aliis petentibus copias
tem rectori ordinacionum predictarum.
traditam.
    Die Martis, XII Marcii, hora terciarum, universitate per iuramentum convocata et congregata in
1392 parvo refectorio frm minorum ad concludendum et statuendum ordinaciones per deputatos conscriptas
12. Mart. et per quatuor facultates examinatas, quorum tenor inferius describetur etc. Et tandem conclusum fuit
ex concordi deliberacione quatuor facultatum, quod eedem ordinaciones sunt bone, licite et honeste
ac utiles et convenientes pro bono regimine universitatis et suorum suppositorum, regraciando nichilominus
rectori et deputatis de sua debita diligencia in premissis, salvo tamen illo articulo dicente, ¹) si contingat in proprio facto alicuius facultatis tres alias facultates concorditer deliberare contra quartam,
quod ex tunc illa vice non concludatur, sed conclusio ad minus per triduum ad aliam congregacionem
differatur, quia maior pars deliberavit non expedire . . Item conclusum fuit ex concordi deliberacione
trium facultatum, quod expediens esset, quod dicte ordinaciones statuerentur, excepta illa una iam
narrata; quarta vero facultas utriusque iuris dixit, quod bene placeret eis, quod dicte ordinaciones
statuerentur; si tamen una ordinacio, quam ex quadam cedula legebant, eciam statueretur, cuius tenor
inferius inseretur, et si alie tres facultates nollent consentire ad statuendam illam, tunc nec ipsi vellent
consentire ad statuendam aliquam aliarum; aliis autem tribus facultatibus videbatur, quod tam ista
deliberacio quam illa ordinacio lecta essent inconvenientes et contraria racioni, volebant tamen ob reve-
renciam alterius facultatis super illa adhuc deliberare.
1392   Die Sabbathi, XVI* Marcii, hora terciarum, universitate per iuramentum convocata et congregata
16. Mart. in parvo refectorio frm minorum ad statuendum ordinaciones in congregacione proxime preterita con-
cordatas et approbatas etc., deliberatum et conclusum fuit ut supra in eadem congregacione precedente,
eo salvo, quod tres facultates illum articulum per iuristas conceptum iudicabant omnino irracionabilem,
dicentes, quod eo verisimiliter, si statueretur, multe discordie et multa inconveniencia orirentur.²) [*Fol. 14 ʳ :*]
    Hec sunt regule seu ordinaciones et constituciones, de quibus supra fit mencio, quae infra, die VI Decembris,
1392 sunt edite seu statute, salvo, quod quinquagenaria est mutata prout in libris universitatis desuper confectis plenius
6. Dec. continetur. ³)

---

¹) Vgl. *Art. L.*
²) Nota, loquitur de statutis universitatis, *was von noch späterer Hand, mit Durchstreichung der beiden
letzten Worte, in Statuto legitimo geändert ist.*
³) *Die nachfolgende Mittheilung der ihrem Inhalte nach zwar bekannten Universitäts-Statuten rechtfertigt sich
nicht bloss unter dem Gesichtspunkte einer vollständigen Wiedergabe des Matrikeltextes, sondern auch durch den
jedenfalls bemerkenswerthen Umstand, dass ein diplomatisch genauer Druck dieser Statuten bisher an nicht vorhanden
ist; denn derjenige Text, welcher vorliegt in den* 'Iura et privilegia praecipua universitatis generalis studii Coloniensis', 'Coloniae Agrippinae, anno 1707, die 24. Martii typis impressa Petri Theodori Hilden' *ist vielfach ungenau.
Das Originalinstrument der Statuten ist zwar verschwunden; aber wie mangelhaft die Hilden'sche Publication sowohl
in Hinsicht der ursprünglichen Orthographie als auch der Wortfassung sei, erkennt man, sobald man dieselbe mit
demjenigen Texte vergleicht, der in der Matrikel selbst und in einer dem 14 Jahrhundert angehörigen, auf dem
hiesigen Rathhause befindlichen Pergamenthds. der Statuten vorliegt. Ich verrichte zwar auf den Nachweis und die
Angabe der einzelnen Ungenauigkeiten, bemerke aber, dass man sich durch Hilden's Worte* 'Haec cum Originali suo
sub Sigillo Majore Universitatis appenso verbotenus concordare Testor', *wenn er sie auch in seiner Eigenschaft als*
'Notarius Publicus Apostolico-Caesareus, Almaeque Universitatis generalis Studii Coloniens. Pedellus Senior et

.. Anno .. .. Studii .. .. Quarto .. 25

... I ... ¹) Ut alma mater nostra, universitas studii Coloniensis, suos veros filios ab adulterinis valeat discernere, statuimus et ordinamus, quod quilibet Magister, Doctor, Bachalarius vel Scolaris ad predictum studium veniens ipsiusque membrum fieri et eius libertatibus perfrui cupiens presentet se infra primam quindenam Rectori universitatis et prestet iuramentum solitum et registro studii inscribatur, quodque nec aliquis ante huiusmodi intitulacionem reputetur membrum universitatis, nec gaudeat privilegiis, libertatibus vel commodis universitatis, nec scolaris acquirat sibi tempus in aliqua facultate, nec aliquis de gremio universitatis non intitulatum, quem sciverit causa studii venisse Coloniam, teneat in hospicio ultra quindenam, nisi se faciat intitulari, nec aliquis publice legat coram tali non intitulato, cum sibi praesentia illius insinuata fuerit per bedellum, exceptis tamen fratribus quatuor ordinum mendicancium, quos non oportet intitulari, nisi cum fuerint ordinati ad legendum, aut pro suis privatis usibus voluerint gaudere privilegiis universitatis. Nota, quod ista ordinacio est moderata pro filiis principum infra, die secunda Aprilis eiusdem anni.

.. II .. Item statuimus et ordinamus, quod nullus debet recipere aliquod mandatum iurisdictionis a conservatoribus privilegiorum universitatis vel eorum vicesgerentibus vel aliquo eorundem, nisi super eo habeat testimonium Rectoris pro tempore existentis, quod ipse sit talis, quod merito huiusmodi privilegiis uti debeat et gaudere.

.. III .. Item sta. et or., quod nullum suppositum universitatis trahat aliud suppositum eiusdem et in eadem residens aut eciam civem Coloniensem ad forum alicuius conservatoris universitatis vel eius vicesgerentis extra muros civitatis Coloniensis, quod vel quem poterit ²) in civitate secure convenire, quamdiu sibi infra civitatem patuerit via iuris.

Scriba iuratus m. pp.' *bekräftigt, nicht teuschen lassen darf. Bianco freilich hat sich teuschen lassen, indem er I, Anl. III S. 6 ff., den Hilden'schen Text einfach reproducirte.*

¹) *Die* 'Statuta antiqua universitatis generalis Studii Coloniensis de anno 1392. sexta Decembris publicata, quorum Originale in cista Universitatis sub maiore eiusdem sigillo custoditur' *hatten folgende Einleitung, die ich, weil sie in der Matrikel weggelassen und weil mir weder ein älterer noch überhaupt ein anderer Text zugänglich ist, nach dem Hilden'schen Drucke hierher setze*: IN NOMINE DOMINI Amen. Ad perpetuam rei memoriam Rector et Universitas Magistrorum et Scholarium Studii Coloniensis .. Universis et singulis, ad quorum noticiam praesentia pervenerint, Pacem, gaudium et salutem. Cum Philosophi traditio in Politicis ³) evidenter edoceat, observantiasque veteres et experimenta quotidiana evidentius attestentur, quod impossibile sit Communitatem diutius permanere, ipsamque seu ipsius Partes et Membra profecto virtuose feliciter vivere, et ad alios laudabiliter se habere, nisi fuerit Legibus bene composita, et à Corrumpentibus elongata. Ne igitur in Novella nostra plantatione indecorum aliquid pullulet, aut vitiosum quicquam perniciosam in segetem excrescat, aut infectivum quidpiam in Seminarium corruptionis producatur, sed potius ipsa odoris suavissimi flores partariat, honoriosque et honestatis fructus germinet, omnium quoque Virtutum uberrima semina multiplicet indesinenter propaganda, Nos admonitiones, Ordinationes, Regulas et Constitutiones infrascriptas per solemnes et industriosos Dominos et Magistros Comissarios nostros ad hoc specialiter deputatos inveniri et conscribi mandavimus, et postmodum easdem in pluribus Congregationibus generalibus Universitatis nostrae ad hoc indictis omnibus et singulis, qui debuerant et poterant commode interesse, super no et more solito per Pedellum nostrum convocatis etiam sub debito juramenti, et congregati auscultavimus et examinavimus diligenter, eaque multis diversis tractatibus et deliberationibus maturo praehabitis invenimus bonas, licitas et honestas ac utiles et convenientes ad laudem et gloriam Dei, ac honorem, utilitatem et profectum, pacem, tranquillitatem et concordiam ac bonum regimen dicti Studii nostri in se, suis Facultatibus, atque Membris, ideoque ipsas pro talibus et ut tales acceptavimus et approbavimus et conclusimus gratulanter et tandem de unanimi consensu omnium Nostrum easdem Ordinationes, Regulas, et Constitutiones et Statuta infrascriptas, et infrascripta adhibitis ad hoc solemnitatibus debitis et consuetis ediximus et statuimus, et edicimus ac volumus et decernimus vim et vigorem Statutorum obtinere, omnesque et singulos Intitulatos et Intitulandos dicti Studii nostri ad eorum observantiam pro nt et ipsorum quemlibet concernant inviolabiliter observari, sperantes indubie, quod per has Regulas et Statuta inter Universitatis nostrae Membra et Supposita continuo Cultus Divinus augebitur, usus modestiae servabitur, rebelles et discoli comprimentur, morum regularitas inducetur, rigor disciplinae vigebit, amor obedientiae crescet, vinculum dilectionis firmabitur, mutua fient obsequia, omniúmque communicatio dilatabitur, atque legendi libertas florebit, et studendi fervor invalescet, ac tandem omnes devoti ac tranquilla pace gaudentes valebunt profecto virtuose feliciter vivere, et ad alios laudabiliter se habere, per quae reddetur Universitas nostra, concedente Domino, cum incremento prosperitatis et felicitatis usque in finem Seculi duratura.

1. Inprimis igitur ut alma Mater nostra ......
²) *Von späterer Hand, ebenso im Folgenden, beigesetzt.*
³) *quod vel quem poterit] quoadusque poterit Hild.*
⁴) *Vgl. Aristot. Pol. I, 1 ff.*

26 . . Anno . . . . . Studii . . . . . Quarto . .

lege. . . IV . . Item sta. et or., quod nullus admittatur ad legendum publice in scolis alicuius facultatis, nisi sit prius per rectorem intitulatus, et si aliquis contrarium facere presumpserit, nullus intitulatus illum audire presumat, postquam fuerit per bedellum intimatum.

lege. . . V . . Item sta. et or., quod nullus rector testificetur aliquem esse scolarem, nisi habito prius testimonio sui magistri saltem per cedulam eius sigillo sigillatam, quodque rector recipiat et retineat, durante officio suo a singulis magistris et doctoribus regentibus ipsique sibi tradant sua sigilla in cartis impressa, ut eo melius a fraudibus abusorum sibi valeat precavere.

lege. . . VI . . Item sta. et or., quod nullus magister seu doctor testificetur, aliquem esse suum scolarem, nisi constet sibi, quod sine fraude et fictione audierit et audiat continue lectiones suas, prout veri studentes consueverunt. [Fol. 14ᵛ :]

lege. . . VII . . Insuper, cum mater provida erga filios suos educandos principaliter animadvertere debeat ea, quae ad morum honestatem, conversationis laudabilitatem et divini cultus honorem noscuntur pertinere, sta. et or., quod quilibet magister vel scolaris incedat in vestimentis clericalibus non inscisis seu per particulas dispendentibus, non indecenter accurtatis nec bipertitis aut stripatis,[1] scacatis[2] vel stragulatis[3], nec in caligis diversorum colorum nec cum torquetibus vel fibulis aut aliis laicalibus ornamentis, quodque desuper non clingantur, neque trusoria vel alia arma publice deferant aut post se deferri faciant.

lege. . . VIII . . Item sta. et or., quod omnes magistri et scolares in missis et etiam in exequiis defunctorum per universitatem ordinandis, scholares eciam in sermonibus latinis ad universitatem fiendis, cum sibi constiterit, debeant interesse, nisi in actibus ecclesiasticis vel scolasticis vel alias legitime fuerint impediti.

lege. . . IX . . Item sta. et or., quod magistri et scolares discoli[4], indecentes habitus deferentes, bellicosi, ebriosi, noctivagi, lenocinantes, fures, tabernarum et aliorum locorum vetitorum frequentatores, taxillorum lusores, statutorum et mandatorum rectoris et universitatis contemptores seu transgressores, privilegiorum abusores, insolentes et precipue civium offensores et alia consimilia vicia exercentes, unde plurimi scandalizantur, si non destiterint post monitionem competentem, per suspensionem a lectionibus vel retardacionem a gradu aut suspensionem ab usu libertatum et privilegiorum et commodorum universitatis per certam tempus iuxta qualitatem facti ad arbitrium rectoris et quatuor decanorum puniantur, et tandem incorrigibiles ab honoribus, privilegiis et consortio membrorum[5] universitatis penitus excludantur.

lege. . . X . . Item sta. et or., quod si mgr vel scolaris civem aut incolam civitatis Coloniensis vulneraverit aut aliter enormiter leserit casualiter vel calore inconsulto, emendet, si culpabilis fuerit repertus, ad arbitrium rectoris et decanorum, quos consules civitatis ex ipsis decanis pro tempore existentibus duxerint eligendos.

lege. . . XI . . Item sta. et or., quod quicumque mgr vel scolaris per insidias seu diffinito consilio per se vel alium, quod absit, et presertim civem Coloniensem vel mēbrum universitatis vulneraverit aut alias enormiter leserit, hostia [sic] domorum effregerit aut habitationibus huiusmodi insultus fecerit aut mulieres violenter rapuerit aut homines nocturno tempore invaserit insolenter, ipso facto sit privatus libertatibus et privilegiis universitatis, nec per ea defendatur, donec post emendam condignam deo, leso et universitati impensam gratiam universitatis mereatur obtinere.

lege. . . XII . . Item sta. et or., quod nullus presumat supervenientes de novo, quos aliqui beianos vocant, indebitis exactionibus gravare aut alias iniuriis aut contumeliis molestare.

lege. . . XIII . . Item sta. et or., quodsi contigerit aliquem mgrm vel scolarem propter delictum suum a communione vel honoribus universitatis, usu commodorum, libertatum aut privilegiorum ipsius universitatis suspendi ad tempus vel simpliciter resecari, quod nullus de universitate presumat illi, durante huiusmodi pena, cohabitare aut honorem pristinum impendere aut alias quovismodo presertim in actibus scolasticis communicare seu participare, nisi in casibus a iure permissis, et quod contrarium facientes post monicionem competentem similibus penis puniantur. [Fol. 15ʳ :]

lege. . . XIIII . . Item sta. et or., quod nullus mgr, doctor vel scolaris detrahat alicui facultati aut uni facultas alteri vel aliis publice vel private, sed alt mutuus amor et favor inter quatuor facultates sine quacunque parcialitate preiudiciali, quodque nullus mgrorum vel doctorum detrahat alteri publice coram scolaribus vel aliis personis, sed adinvicem amicabiliter et caritative sine preiudicii conversentur. Si autem contra premissa aliquis vel aliqui

---

[1] d. h. 'gestreift', vgl. stripasicus, streifsch, Diefenb. Glossar. Lat.-Germ.

[2] scacatis] d. h. 'bunt carriert', vgl. Du Cange: scacatus, quadris diversi coloris distinctus; cf. scacarium, tabula, in qua scacis luditur, alternis quadris albi ac nigri coloris distincta vel ludus ipse scacorum [Schach].

[3] i. e. diverso colore variatis. Papias: stragulum, vestis discolor plumario opere facta.

[4] discoli] vgl. meine Beiträge zur lat. Sprach- und Literaturkunde, S. 297 ff.

[5] menbrorum] über diese Schreibweise s. meine Beitr. S. 65 ff. und S. 86.

. . Anno . .   . . Studii . .   . . Quarto . .   27

discordiarum, divisionum, conspiracionum aut parcialitatum seminatores, auctores vel fautores reperti fuerint notabiliter culpabiles, quicunque statim post monicionem decani sue facultatis vel rectoris universitatis non destiterit et ad arbitrium rectoris et quatuor decanorum vel maioris partis ipsorum iuxta modum culpe non satisfecerit, subiaceat pene trium marcharum argenti puri, Et nichilominus, si enormitas facti requirat, a communione, honoribus, libertatibus et privilegiis universitatis usque ad sue gracie recuperacionem resecetur.

. . XV . . Item sta. et or., quod predicta statuta semel in anno circa principium ordinarii, videlicet in die beati Luce ewangeliste, circa medium Octobris, si commode fieri poterit, alioquin alio die festivo eiusdem mensis subsequente, post missam universitatis[1] vel collacionem latinam ad clerum in conventu fratrum minorum vel alibi, si expedierit, vocatis ad hoc per rectorem mgris et scolaribus, publice coram ipsis alta et voce intelligibili perlegantur, ut nullus ab eorum observacione se valeat per crassam ignoranciam excusare.

. . XVI . . Item sta. et or., quod mgri regentes vel eorum loca tenentes in quatuor conventibus ordinum mendicancium singuli provideant de sermonibus faciendis in suis festis et suis conventibus ad clerum universitatis, videlicet Predicatores pro festis sanctorum Dominici et Thome de Aquino, Minores pro festo sancti Francisci, Carmelite tribus festis beate Marie virginis, scilicet Assumptionis, Nativitatis et Purificationis, et Augustinenses pro festo beati Augustini. De aliis autem sermonibus ad clerum universitatis per annum fiendis facultas theologie disponat et ordinet, quantum ad dies festos et loca, in quibus, et personas, per quas huiusmodi sermones fient, prout melius poterit et ad Dei honorem et profectum studii noverit expedire, proviso tamen, quod in ecclesia maiori pro festis conceptionis beate Marie virginis, beatorum Petri et Pauli apostolorum, Epiphanie Domini et Translacionis trium regum ac Dedicationis ipsius ecclesie, et in ecclesia beate Marie in capitolio pro festo Annunciacionis dominice fiant sermones in latino.

. . XVII . . Item sta. et or., quod quater in anno, videlicet in qualibet Rectoria, semel ad minus fiat missa universitatis diebus et locis congruentibus, prout Rectori et quatuor Decanis videbitur expedire.

. . XVIII . . Item sta. et or., quod, si contigerit aliquem mgrm, doctorem vel licenciatum in Theologia, Iure, Medicina[2], vel Mgrm in Artibus existentem de gremio universitatis, vel etiam Bachalarium in aliqua facultate actu legentem mori, quod tota universitas intersit eius exequiis, et ante prandium die qua missam, et post prandium die qua vigilias fieri contigerit, non legatur.

. . XIX . . Item sta. et or., quod, quandocunque fit missa universitatis aut sermo ad universitatem, non legatur ab aliquo.

. . XX . . Item sta. et or., quod in diebus dominicis et aliis festis duplicibus non fiant actus scolastici per mgros aut doctores, ut publice disputaciones, determinaciones, repeticiones, inceptiones seu recommendaciones bachalariorum et huiusmodi. [Fol. 15°:]

. . XXI . . Item sta. et or., quod in omnibus diebus dominicis et aliis festis duplicibus non legatur ordinarie in aliqua facultate nec etiam legatur extraordinarie ante prandium sine licencia sue facultatis.

. . XXII . . Item sta. et or., quod nullus legat diebus festivis vel aliis diebus et horis non legibilibus per universitatem institutis, prout in Kalendario inferius describitur, sine speciali licencia sue facultatis non absque causis racionabilibus obtinenda.

. . XXIII . . Item sta. et or., quod nullus mgr vel bachalarius aut scolaris diebus festivis aut aliis non legibilibus ordinarie legat aliquem librum consuetum legi ordinarie in aliqua facultate sine licencia illius facultatis.

. . XXIIII . . Item sta. et or., quod nullus bachalarius vel scolaris legens vel audiens diebus festivis aut in vacacionibus acquirat sibi tempus promocionis ad gradus sine dispensacione sue facultatis, que eciam absque causa racionabili et legitima impendi non debebit.

. . XXV . . Item sta. et or., quod nullus possit simul acquirere tempus in diversis facultatibus.

. . XXVI . . Item sta. et or., quod quelibet facultas disponat de horis lectionum atque actuum suorum modo convenienciori, quo fieri potest sine preiudicio alterius vel aliarum facultatum.

. . XXVII . . Item sta. et or., quod non fiant plures disputaciones magistrales eiusdem facultatis in una die, nisi cum dispensacione rectoris et decani illius facultatis.

---

[1] universitatis] auf dem Rande zugesetzt.

[2] Medicina — mori] existat́ de gremio Universitatis vi mgrm in Artibus vl Bachalario in aliq. facultate actu legeñs mori M; danach corrigirte eine spätere Hand dem Text am unteren Rande folgendermassen: Sta. et or., quod si contigerit aliquem mgrm, doctorem vel licentiatum in theologia, iure, medicina vel eciam Bacca. in aliqua facultate actu legentem existentem de gremio universitatis mori, sq.

2

28   . . Anno . .   . . Studii . .   . . Quarto . .

lege.   . . XXVIII . . Item sta. et or., quod in disputacionibus publicis seu collacionibus scolasticis non agitentur
bachalarii ac mgri proterviis aut conviciis nec invicem immorigeratis verbis aut gestibus se exprobrent et offendant.
lege.   . . XXIX . . Item sta. et or., quod nullus possit repetere publice, nisi sit doctor seu mgr et de gremio universitatis, quodque nullus extraneus aut licenciatus admittatur ad repetendum sine licencia facultatis, in qua intendit
repetere. Si quis autem contrarium fecerit, nullum suppositum universitatis presumat interesse.
lege.   . . XXX . . Item sta. et or., quod quelibet facultas de cetero habeat ydoneum receptorem pecunie communis
ipsius facultatis, per quem verisimiliter non possit defraudari, quodque tales pecunie ad locum tutum deponantur,
prout facultates super hoc decreverint ordinare.
                . . XXXI . . Item, cum nedum universitatibus in communi, verum eciam singulis facultatibus universitatum
studiorum privilegiatorum et presertim studii Coloniensis frequenter immineant et emergant casus varii et diversi,
pro quorum expedicione necessaria indigent auxiliculo pecuniarum, pro quibus habendis non reperimus modum
magis congruum et decentem, ponderatis tamen prius non solum Parysiensis et aliorum studiorum privilegiatorum,
sed etiam aliarum communitatum seu universitatum tam ecclesiasticarum quam secularium ritibus et consuetudinibus,
quam quod quilibet gradum alcioris status et maioris preeminencie seu prerogative pre aliis ascendens, de suo
contribuat pro oneribus communibus supportandis, statuimus, quod quilibet ad gradum seu statum bachalariatus,
licencie vel ma[Fol. 16 r.]gisterii seu doctoratus in aliqua facultate promovendus, pauperibus dumtaxat exceptis,
antequam huiusmodi gradum seu statum recipiat, satisfaciat ipsi facultati seu eius receptori de quatuor bursis, adminus
intelligendo per quamlibet bursam quantum in una ebdomada ordinarie consumit in expensis, provisionibus et aliis
ad hoc pertinentibus computatis, et quo ad hoc cursores lectores bibliam et scolares vice doctorum seu magistrorum
lecturos pro bachalariis reputamus.
non legitur.   . . XXXII . . Item sta. et or., quod illi, qui ante publicacionem presentium statutorum receperunt in universitate Coloniensi gradum bachalariatus, licencie vel magisterii in aliqua facultate, nisi antea satisfecerint, teneantur
infra mensem satisfacere de quatuor bursis supradictis.
lege.   . . XXXIII . . Item sta. et or., quod nec mgri nec bedelli permittant aliquem recipere insignia doctoratus vel
magisterii nec licenciatus nec legere nec facere aliquem actum bachalariatus, antequam constiterit eis per testimonium
decani facultatis, quod de predictis bursis sit plenarie satisfactum, et nisi iuret sollempniter, quod iura, privilegia,
libertates, statuta, ordinaciones et consuetudines laudabiles universitatis Coloniensis observabit et bonum ipsius pro-
curabit, ad quemcumque statum devenerit et quod secreta eius non revelabit.
lege.   . . XXXIIII . . Item sta. et or., quod nullus mgr vel doctor a quocumque scolare admittendo vel admisso ad
bachalariatum nec ab aliquo bachalario admittendo vel admisso ad licenciam in aliqua facultate pretextu seu causa
temptacionis, examinis, presentacionis, admissionis aut recommendacionis aut alio quocumque colore quesito pro et
super premissis seu eorum occasione, pecuniam vel aliud donum quodcunque exigat vel recipiat per se vel per alium,
nisi pauca esculenta vel poculenta aut modicum iocale, si ex mera liberalitate offerantur, salvis tamen moderacionibus
et ordinacionibus racionabilibus per facultates singulas circa hoc forsitan statuendis.
                . . XXXV . . Item sta. et or., quod nulla ordinacio seu statutum cuiuscunque facultatis habeat vim seu effi-
caciam ligandi sic, quod ad eius observanciam aliquis obligetur, nisi postquam fuerit per universitatem legitime
approbatum, quodque nulla facultas statutum approbatum per universitatem possit sine eius scitu et expresso consensu revocare, et nichilominus quod nec approbacio nec consensus huiusmodi habeant vigorem, antequam copia
autentica in pergameno fideliter conscripta tradatur universitati ad eius archam communem reponenda.
lege, si placet. . . XXXVI . . Item sta. et or., quod non fiant conspiraciones vel parcialitates ex convencione seu convencionibus
parcialibus unius vel plurium facultatum aut suorum suppositorum, presertim in factis ad universitatem vel aliquam
facultatem spectantibus, et maxime in eleccionibus faciendis sive rectoris universitatis sive decani vel receptoris
alicuius facultatis aut bedelli, scriptoris vel librarii aut cuiuscunque alterius officiati, nuncii, procuratoris aut cuiuscunque alterius promotoris vel servitoris universitatis aut alicuius facultatis, seu in ipsorum aut alicuius eorum
institucione, constitucione seu deputacione, nec aliquis vocem suam vendat nec antea promittat, et si quis ambiciose
instare pro aliquo officio consequendo[1] vel pecuniis aut alia dona quecunque dedisse vel promisisse aut alias
collusionem vel fraudem commisisse repertus fuerit, inabilis habeatur ad officium, pro quo indecenter laboravit.
lege.   . . XXXVII . . Item sta. et or., quod omnes et singuli officiati tam universitatis quam singularum facultatum
prestent corporaliter sua iuramenta debita, antequam se de execucione suorum officiorum intromittant. [Fol. 16v:]
lege.   . . XXXVIII . . Item sta. et or., quod tempore eleccionis rectorie illi, qui fuerint nominati seu deputati ad
eligendum novum rectorem, iurent rectori cessuro, antequam claustrum intrent conclave, quod nullam facultatem sperunt aut
aliquem alteri preponent aut aliquam quacunque affeccionem excludant, sed eligant secundum suas consciencias unum
suppositum, cuiuscunque facultatis fuerit, quod ipsis proiunc ad rectoriam magis ydoneum videbitur, Ita tamen ordi-

[1] corr. aus prosequendo.

. . Anno . .   . . Studii . .   . . Quarto . .

nantes, quod rectoria non semper maneat in una facultate, sed quod transeat ad supposita diversarum facultatum, si reperiantur ydonea, prout iudicaverint expedire, Eo tamen salvo, quod idem suppositum non gravetur sepius hoc officio preter suam voluntatem.

. . XXXIX . . Item sta. et or., quod, si quis in Rectorem electus fuerit et acceptare noluerit, nisi assignet causam legitimam universitati acceptam seu acceptabilem, incurrat penam duarum marcharum argenti puri, eo salvo, quod nullus pretextu huiusmodi pene eligatur.

. . XL . . Item sta. et or., quod Rector noviter electus statim iuret publice ad manus Rectoris precedentis in presencia magrorum, quod fideliter et diligenter exercebit officium suum iuxta statuta universitatis desuper ordinata et alias prout melius noverit expedire, quodque huiusmodi statuta eodem die vel sequenti attente perlegere non omittat.

. . XLI . . Item sta. et or., quod officium Rectoris sit, congregaciones facere, articulos in congregacionibus per se distincte proponere et deliberacionibus maioris et sanioris partis, quid agendum, concludere et conclusum iuxta consilium deputatorum una cum eis personaliter exequi, prout res exigit, et ea, que ad diuturnam rei memoriam pertinet, registrare. Rursum Rectoris sit, tueri et observare privilegia et statuta universitatis et iuxta ipsa iuste iudicare et singulorum querelas, parvi sicud magni, pauperis sicud divitis, absque personarum accepcione aut alia quacunque perverteute iudicium affectione coram se admittere et plene iudicare et celeriter atque gratis iusticiam facere, abusores privilegiorum et transgressores statutorum per consilium universitatis corrigere, litteras privilegiales et testimoniales et huiusmodi magistris et scolaribus nec non servitoribus universitatis iuxta ordinacionem universitatis sigillare, novicios intitulare, iuramenta recipere. Generaliter Rectoris sit, curam et sollicitudinem habere de omnibus, que faciunt ad augmentum studii et profectum doctrine, ut illa diligenter pro posse et nosse procuret et contraria repellat et excludat.

. . XLII . . Item sta. et or., quod Rector universitatis, dum agit negocia communia universitatis aut alicuius facultatis seu officii sui incedat in decenti et honesto epitogio et capucio suffornatis penna de vario [1]) vel panno sericō [2]) in estate vel habitu doctorali vel magistrali, donec universitas circa proprium habitum Rectoris duxerit specialiter ordinandum, et habeat honestam comitivam et ad minus unum bedellum cum virga precedentem. In aliis autem factis non spectantibus ad officium Rectorie rarius solito per vicos incedat et cum honestiori habitu et ampliori comitiva vel alias honestiori modo quam fecerit, antequam esset Rector.

. . XLIII . . Item sta. et or., quod Rector, tempore Rectorie sue transacto, congregacionem faciat ad novum Rectorem eligendum, et tempore quo electores deliberant, legat publice coram aliis magris ea, que in sua Rectoria registravit. Deinde novi electi iuramentum recipiat, ipsumque investiat per tradicionem sigilli Rectorie et aliorum, que habuerit pertinencia ad officium Rectoria, quodque quamcito commode poterit ante lapsum trium septimanarum coram Rectore novo, vocatis ad hoc quatuor decanis et aliis re [3]) [Fol. 17 r.] gentibus, faciat compotum et rationem de omnibus per ipsum in sua rectoria receptis et expositis, et si obligatus in aliquo remanserit, de illo satisfaciat infra novem dies proxime sequentes.

. . XLIIII . . Item sta. et or., quod Rector pro tempore existens nullum intitulet seu inscribat in matricula sive registro universitatis, nisi ille intitulandus prius prestet iuramentum ad hoc institutum et pro sua intitulacione nomine arrarum solvat sex albos denarios pro oneribus Rectoris et universitatis supportandis et unum album bedello seu bedellis communibus, exceptis pauperibus, salvo tamen, quod Rector doctores et huiusmodi sollempnes personas a solucione horum sex alborum, si sibi expedire videbitur, poterit supportare [4]).

. . XLV . . Item sta. et or., quod Rector non det alicui testimonium volenti habere mandata iudicialia a conservatoribus universitatis vel eorum vicesgerentibus vel altero eorundem, nisi prius iuret in manibus Rectoria, quod intendat remanere in studio et quod credat se habere iustam causam et quod non intemptet dolo, fraude vel transportum [5]).

de Dño Re[ctore].
lege.

lege.

---

[1]) d. h. 'gefüttert mit Pelz aus Grauwerk'. suffornare id assimilire Form aus suffoderare von goth. fôdr ahd. fuotar, fôtar, ital. fodero, span. portug forro, franz. fuerre, feurre, abgel. fourrage, fourrure. — penna = pellicia 'flauwiger Pelz', vgl. Grimm's Wörterb. u. Feder und Futter; s. auch Dies' und Littré's Wörterbücher unter panne und penne. — 'varium, quod gravere . . . . appellatur' s. Ennen, Urk. II, S. 415, in einer Urkunde vom 7. Mai 1359; daher franz. vair: anciennement fourrure de la peau d'une espèce d'écureuil . . . Littré.

[2]) sericato oder sericino ?

[3]) Am unteren Rande von Fol. 16v steht von späterer Hand ein zweizeiliger, am 20. März 1398 beschlossener Artikel über regelmässige Abhaltung und pflichtmässigen Besuch einer Universitätsmesse. Diese spätere Bestimmung fehlt in dem Drucke von 1707, desgleichen natürlich bei Bianco. Ich werde den Text seiner Zeit mittheilen.

[4]) Zusatz späterer Hand: Nota quod de albo bedellorum non potest dispensari.

[5]) Zusatz späterer Hand: mu. [i. e. mutatum] et non legatur ulterius.

30   .. Anno ..   .. Studii ..   .. Quarto ..

..XLVI.. Item sta. et or., quod Rector congregacionem facturus insinuet illam die precedenti per bedellos seu bedellum decanis quatuor facultatum mittendo cuilibet eorum omnes articulos in scriptis, super quibus erit congregacio, nisi factum celeriorem ¹) expedicionem requirat, quodque discrecioni Rectoris committimus, decanique sic vocati alterius quilibet in sua facultate convocet omnes ad congregacionem pertinentes, videlicet mgros et doctores quatuor facultatum nec non licenciatos facultatum Theologie, Iuris et medicine et eciam bachalarios earundem, si quos singule ipsarum de suis assumere decreverint, Eo tamen salvo, quod bachalarii harum trium facultatum non represent[a]t ipsas facultates, nisi illi, qui sunt in aliis facultatibus birretati vel qui tenent vicem doctoris ordinarie legentis, et quod ista ordinacio duret, donec mgri et doctores sufficienter multiplicentur adeo, quod ipsi cum licenciatis vel eciam sine illis sufficiant ad congregaciones et alia facta universitatis expediendа, ut tandem flat hic velud Parysiis ²), ubi solum mgri et doctores intrant congregacionem.

..XLVII.. Item sta. et or., quod congregaciones fiant in certis, expressis locis quietis, patulis et honestis et presertim ecclesiasticis commodosis, ut in conventibus, monasteriis, collegiis et ecclesiis, quodque Rector non multiplicet congregaciones et presertim super parvis factis, inconsultis decanis quatuor facultatum, et quod sine consensu universitatis vel ipsorum decanorum aut saltem duorum ex ipsis non faciat congregacionem per iuramentum, nisi negocium foret adeo arduum et festinum, quod ex tanta dilacione periculum immineret.

..XLVIII.. Item sta. et or., quod Rector et Decani quatuor facultatum neminem ad deliberandum in congregacione universitatis aut alicuius facultatis seu ad audiendum earum secreta admittat, nisi sit intitulatus vel saltem primo prestet iuramentum intitulandorum et cum hoc iureі, quod fideliter ad bonum et honorem universitatis deliberet, prout melius noverit, atque secreta aut per universitatem deliberata celada non revelet, quodque omnes et singuli ad congregacionem pertinentes in primo introitu suo ad illam teneantur prestare huiusmodi iuramenta. Salvo tamen, quod viri prudentes non iurati ad prestandum consilia admitti possunt de communi consensu, quando videbitur expedire. ³) [Fol. 17 ⁰:]

..XLIX.. Item sta. et or., quod modus deliberandi in universitate sit iste, quod, propositis modo consueto articulis per Rectorem, quatuor facultates vel tres earum, absente quarta, trahant se ad partes seorsum deliberature, et Rector accedat ad suam facultatem vocem unius singularis suppositi dumtaxat habiturus, et, factis deliberacionibus, Rectare et facultatibus recollectis, quaelibet facultas suam deliberacionem per eius decanum vel locum tenentem referat in communi, incipiendo ab arciuum facultate, hoc adiecto, quod, quociescumque contigerit in aliqua facultate comparere dumtaxat unum suppositum representans illam facultatem, scilicet mgrm vel doctorem, vel eciam licenciatum, bachalarium vicem mgri vel doctoris ordinarie legentis tenentem in aliqua trium facultatum, vel eciam bachalarium in alia facultate birretatum, extunc illud suppositum inagat se in deliberando alteri facultati, cui placet. Si vero duo vel plura supposita alicuius facultatis pertinencia ad congregacionem, quorum saltem unum representat illam facultatem, comparuerint, extunc illa possunt deliberare per se et deliberacionem facultatis reddere seu referre. Si vero in aliqua trium facultatum comparuerint dumtaxat supposita facultatem illam non representancia, scilicet simplices bachalarii, extunc illa poterunt se in deliberando ingerere alteri facultati, cui placet, sed per se nec deliberacionem faciant neque reddant. Et quod ista ordinacio duret, donec mgri et doctores sufficienter multiplicentur adeo, quod ipsi cum licenciatis vel eciam sine illis sufficiant ad congregaciones et alia facta universitatis expedienda, ut tandem flat hic velud Parysiis ⁴), ubi solum mgri et doctores intrant congregacionem.

Istud est mutatum in aliam formam, que ponitur infra in margine. ⁵)

..L.. Item sta. et or., quod si contingat in facto proprio alicuius facultatis, tres alias facultates concorditer deliberare contra quartam, quod extunc illa vice non concludatur, sed conclusio ad minus per triduum ad aliam congregacionem differatur.

¹) celeriōne M.
²) Parysius M. Oder etwa lautlich = Parisijis?
³) Am unteren Rande von Fol. 17ʳ steht von derselben späteren Hand, wie auf Fol. 16ᵛ, ein am 23. März 1398 beschlossener zusätzlicher Artikel über pünktliches Erscheinen im Anfang einer Universitätsversammlung bezw. über Bestrafung der zu spät Kommenden oder Ausbleibenden; ferner folgender Beschluss, eine Erweiterung der älteren Artikel LVI und LVII: Item nt generales bedelli iurati nostre universitatis se promptos exhibeant ad servicia singulorum doctorum, mgrorum et suppositorum dicte universitatis, sta. et or., quod unumquodque sub[posiu]m eiusdem universitatis debet et tenetur solvere dictis bedellis singulis quartalibus cuiuslibet anni in quatuor temporibus unum album aut duos solidos pagamenti Colōn. pro collectis. Beide Zusätze fehlen in Hüllen's Druck und bei Bianco.
⁴) Parysius M.
⁵) ..L.. Item sta. et or., quod si contingat in Universitate nostra casum emergere concernentem specialiter unam facultatem se partem facientem et ex causis rationabilibus denegantem stare iudicio aliarum facultatum, extunc,

.. Anno ..   .. Studii ..   .. Quarto ..   31

.. LI .. Item ne fiat negligentia in execucione negociorum universitatis, sta. et or., quod decani, deputati, bedelli et notarii, quibus Rector pro tempore et qualitate negociorum indiget, vocati per eundem absque dilacione compareant per se vel per suos substitutos ydoneos sub pena ad arbitrium Rectoris et deputatorum comparencium infligenda et moderanda.

.. LII .. Item sta. et or., quod, cum Rectori incumbit execucio alicuius deliberati per unversitatem, quelibet facultas, si opus fuerit, deputet ad hoc unam vel plura supposita ydonea secundum exigenciam negocii, et facultas Theologie representet unum aptum ad proponendum factam; quod si forte nequiverit dolo et fraude circumscriptis, extunc facultas Iuris dabit proponentem et sic consequenter de medicis et artistis. Et si forte hoc modo proponens aptus haberi non poterit, extunc, quem Rector et quatuor decani vel maior pars eorum elegerint, ait proponens sub pena exclusionis a congregacionibus universitatis per annum vel suspensionis a regencia per sex menses et unius marche argenti.

.. LIII .. Item sta. et or., quod tempore congregacionis universitatis nullus legat vel disputet vel alium huiusmodi actum faciat, quominus pertinentes ad congregacionem illi valeant interesse.

.. LIIII .. Item sta. et or., quod nulle littere sigillentur maiori sigillo universitatis sine deliberacione universitatis previa et nisi minute earum per Rectorem et decanos vel alium seu alios ad hoc ab universitate specialiter deputandus visitentur et, si opus fuerit, corrigantur et minute per correctorem signate in archa universitatis reponantur, quodque pro huiusmodi sigillacione non exigatur ultra sextarium boni [*Fol. 18 r.*] vini loco propine eorum, qui intersunt sigillacioni, nisi quis mere voluntarie plus dederit et sciendo.

.. LV .. Item sta. et or., quod Rector pro cedula testimoniali mittenda conservatoribus vel eorum loca tenentibus ad testificandum aliquem esse de gremio seu suppositum universitatis, et etiam pro sigillo suo apponendo mandatis conservatorum non ultra . XII . parvos Turonenses, et pro sigillo protectionis cum inhibicione non ultra . IIII . grossos Turonenses regales antiquos vel eorum valorem exigat seu recipiat, nisi sibi mere voluntarie et scienter offeratur.

.. LVI .. Item sta. et or., quod bedelli, antequam admittantur, iurent in manum Rectoris iuramentum intitulandorum, deinde officium suum fideliter exercere¹), secreta universitatis et magrorum, si audierint, non revelare et eisdem honorem, prout decet, ubique impendere et non exigere a magris vel scolaribus munera inconsueta. [Et singulis 4er temporibus habebant ab omnibus collectas²).]

.. LVII .. Item sta. et or., quod officium bedellorum sit, omni die ad minus semel Rectorem visitare et inquirere, si indigeat eorum ministerio, indilate mandatis Rectoris parere, festa et vacaciones, lectiones, disputaciones et huiusmodi per scolas ordinarie legencium proclamare, congregaciones fideliter intimare, Rectorem cum virgis honeste conducere et, quoscunque venientes ad congregacionem sciverint non iurasse, hos Rectori et decanis revelare et, quoscunque non intitulatos sciverint audivisse lectiones ultra quindenam, hos magris et bachalariis legentibus, ut coram illis non legant, denunciare et alia consimilia facere, prout in studiis generalibus est consuetum.

.. LVIII .. Item sta. et or., quod nullus bedellus communis possit se absentare extra civitatem per integrum diem sine licencia Rectoris, quodque Rector non possit illi dare licenciam abesendi ultra triduum sine consensu decanorum quatuor facultatum. Et si secus fuerit absens, sit officio suo privatus ipso facto.

.. LIX .. Item sta. et or., quod notarius universitatis prestet iuramentum intitulandorum et quod fideliter et diligenter exercebit³) officium suum ad bonum et honorem universitatis et suorum suppositorum quodque eorum secreta non revelabit nec scribet scienter pro abusoribus privilegiorum aut transgressoribus statutorum et quod

Nota pro bedellis.

Nota de bedello

quoties hoc contigerit, ad vitandum dissensiones eligi debet et assumi tam ex parte dicte facultatis se opponentis quam eciam ex parte nostra discreti et competentes arbitri seu diffinitores, qui, communicato sibi, si eis opus videntur, consilio aliorum discretorum virorum huius civitatis, eciam si fuerint ex dominis de consilio, debebunt huiusmodi casum infra certum competentem terminum ipsis per nos prefigendum via amicabili, si poterint, Alioquin secundum ius quanto[cius]⁴) expedire. Quod si non fecerint, extunc illi dumtaxat, qui electi et assumpti fuerint de gremio nostro habeant eandem potestatem huiusmodi c[asum]⁴) seu negocium infra aliud tempus ipsis arbitrandum et terminandum. Quod si infra dictum tempus non expedierint, extunc eo ipso iidem electi et assumpti de gremio nostro stabunt suspensi a privilegiis, libertatibus, commodis et actibus studii nostri, quousque casum seu negocium terminaverint antedictum, Omni appellacione cessante penitus in premissis, Eo salvo, quod omnes facultates poterint (sic) in alium modum huiusmodi casum emergentem decidendi unanimiter concordare, ordinacione premissa non obstante. [*Vgl. num 12. März 1393 und num 6. Dec. 1392.*]

*) *Lücke im Papier.*
¹) exc'c'e *M.*
²) *Die eingeklammerten Worte sind spätter beigefügt. Vgl. Zusatz zu XLVIII.*
³) exc'cebit *M.*

.. Anno ..   .. Studii ..   .. Quarto ..

stabit contentus in sallario per universitatem deputato et deputando nec aliquid amplius exigat vel recipiat, nisi scienter et voluntarie offeratur. Sitque sallarium eius de scriptura cum pergameno protectionis cum inhibitione unus grossus Turonensis antiquus regalis vel ad maius duo albi. Similiter de uno citatorio simplici, cui non inseritur tenor bulle, tantumdem. Item de citatorio, cui inseritur tenor bulle, duo grossi Turonenses antiqui regales vel quatuor albi, et proportionabiliter suo modo de aliis scripturis antentiois iuxta earum quantitatem, salva tamen Rectori et quatuor decanis vel maiori parte [sic] eorum in dubiis emergentibus potestate moderandi.

.. LX .. Item sta. et or, quod librarii post prestitam iuramentam intitulandorum iurabunt in manum Rectoris in presencia universitatis, quod officium suum fideliter, absque fraude et dolo exercebunt, ¹) quodque nullum librum proprium sub simulatione alieni vendant nec aliquem librum ad utilitatem propriam sub simulatione alterius emant, et quod nullum librum emant, antequam eum per mensem [*Fol. 18 v.:*] publice exponant vendicioni in valvis seu fenestris domorum suarum et diebus festivis in ambitu ecclesie maioris Coloniensis et in loco, ubi forsan infra illum mensem contigerit fieri missam universitatis vel sermonem ad clerum in Latino, Eo salvo, quod, si venditor affuturus per mensem exspectare non poterit, extunc post huiusmodi exposicionem publicam saltem per quindenam vel ebdomadam liceat librariis emere, de scitu tamen et consensu Rectoris et decanorum vel maioris partis eorum, prout eis videbitur expedire, quodque in emendis et vendendis atque taxandis libris iusta et legaliter se habeant pro posse et nosse sine fraude, Et nichilominus quod in sallario sibi ab universitate constituto vel constituendo stabunt contenti et non amplius exigant vel recipiant, nisi mere voluntarie offeratur.

.. LXI .. Item or., quod hoc sit .. Iuramentum cuiuslibet intitulandorum.

.. Primo, quod observabit iura, privilegia, libertates, statuta, ordinaciones et consuetudines laudabiles universitatis Coloniensis, ad quemcumque statum devenerit.

.. Item, quod servabit pacem, tranquillitatem et concordiam dicti studii in se, suis facultatibus et membris sub regimine et obediencia unius Rectoris.

.. Item quod universitati et eius rectori pro tempore existenti in licitis et honestis parebit et obediet ac honorem debitum impendet.

Nota, quod, si aliquis magni status noluerit iurare ultimam particulam prime clausule suprascripti iuramenti, videlicet, ad quemcumque statum devenerit, qualiter cum illo sit agendum, habetur in proxima deliberacione infrascripta. ²)

1393
27. März.
Die Mercurii, XXVII. mensis Marcii, hora terciarum, universitate ad hoc per iuramentum legitime convocata et congregata in parvo refectorio frm minorum . . Primo de et super ordinacionibus supra scriptis fuit deliberatum et conclusum simili modo ut in duabus congregacionibus proxime celebratis . . Item fuit deliberatum concorditer et conclusum, quod intytulandi de cetero debebunt prestare iuramentum

¹) exc'cebūt *M.*
²) *Zum Abschluss dieser Statuten heisst es nach dem Hilden'schen Drucke des Originals S. 19 ff., Bianco I,*
Anl. III, S. 22 f. Reservamus tamen Nobis et Successoribus nostris liberam potestatem suprascripta Statuta addendi et auferendi, ipsaque mutandi, corrigendi et emendandi, quando et quoties pro evidenti honore, utilitate et profectu Studii fuerit opportunum.

1392
6. Dec.
In quorum omnium Testimonium et roboris firmitatem presens Instrumentum publicum huiusmodi Statuta in se continens per Wilhelmum Notarium publicum et Scribam Nostrum infrascriptum scribi, subscribi, et publicari mandavimus et nostri sigilli maioris facimus appensione communiri. Datum et actum in Congregatione nostra generali ad hoc ritè et more solito et sub debito Juramento legitimè indicta, et prasexhibiter celebrata in Refectorio maiori Fratrum Minorum Anno Domini Millesimo trecentesimo nonagesimo secundo, Indictione prima secundum Stylum et Consuetudinem Civitatis et Dioecesis Coloniensis die sextà Mensis Decembris horà Vesperarum vel quasi, Pontificatûs Sanctissimi in Christo Patris Domini Nostri BONIFACII Divinà Providentià Papae Noni Anno quarto, praesentibus ibidem Nobili Petro de Gruythuse Canonico et Thesaurario Ecclesiae S. Walburgis Zuytphaniam: Trajectens: Dioeces. Artium Magistro Rectore Universitatis Sanctae Coloniensis Civitatis: Magistro Reginaldo de Alna: Nicolao de Nuaula: Alexandro de Kempen: Jordano de Clivia Licentiato: Professoribus in Sacra Theologia, Domino Joanne de Novo Lapide, Legum Facultatis utriusque Juris Decano: Domino Joanne Voboreh: Domino Joanne Vogel Decretorum Doctoribus, Domino Lamberto de Enskirchen Decano et dictae Facultatis Medicinae Doctore: Theodorico Dystel Artium Magistro, Medicinae Licentiato: Lamberto de Xantis Facultatis Artium Decano: Dytmaro de Svveyrthe: Heynrico Westerholto: Thedorico de Monasterio: Henrico Wyse Artium Magistris et quam pluribus aliis singularum Facultatum Graduatis Testibus fide dignis vocatis ad praemissa specialiter et rogatis.

L. S.
(Wilhelmi)
(de Wijhe.)

Et ego Wilhelmus de Wye Clericus Trajectensis Dioecesis publicus Apostolica et Imperiali sacris Authoritatibus et Universitatis Studii Coloniensis Notarius juratus, quia praedictarum Regularum seu Ordinationum, Appro-

.. Anno ..   .. Studii ..   .. Quarto ..   33

informa proxime suprascriptis, prout eciam dicebatur fuisse hactenus ut in pluribus prestitum et observatum, Hoc adiecto, quod, si aliqui viri specialis preeminencie noluerint iurare illam ultimam clausulam prime particule, videlicet, ad quemcunque statum devenerint, extunc Rector pro tempore existens debebit illos de iurando dictam clausulam supportare. Sed post intytulacionem eorum debet scribere pro memoriali: Iuravit incomplete, quodque tales, qui iuraverunt incomplete, si fuerint mgri sive doctores, postquam cessaverint a lectura, et si scolares, postquam cessaverint audire lectiones mgrorum, non debebunt amplius gaudere aliquibus commodis universitatis, nisi prius prestiterint completum iuramentum. Et nichilominus quod nullus de cetero, nisi prius complete idem iuramentum prestiterit, debebit admitti ad recipiendum aliquem gradum in aliqua facultate. [*Fol. 19*:]

Item fuit deliberatum concorditer et conclusum pro declaracione ordinacionis sive constitucionis XX? et XXI? facientis mencionem de festis duplicibus, quod festa infrascripta debent haberi et reputari pro festis duplicibus quo ad kalendarium et observanciam universitatis.

Quinque festa beate Marie virginis
Item festa duodecim Apostolorum et quatuor ewangelistarum et quatuor doctorum videlicet Ieronimi, Ambrosii, Gregorii et Augustini
Item festum omnium sanctorum
Item festum beati Martini epi Turonensis
Item festum sancte Katherine virginis et mris
Item festum sancti Nycolai epi Mirrensis
Item festum sive dies Nativitatis Xpi cum tribus diebus sequentibus.
Item festum Circumcisionis Dni
Item festum Epiphanie Dni
Item festum beate Agnetis virginis et mris
Item Dominica palmarum

Item Dominica pasche cum tribus diebus sequentibus
Item festum sive dies Ascensionis Dni
Item Dominica penthecostes cum duobus diebus sequentibus
Item festum sive dies sacramenti
Item festum Nativitatis beati Johannis baptiste
Item festum beate Marie Magdalene
Item festum translacionis trium regum
Item festum sancti Laurencii mris
Item festum storum Cosme et Damiani mrum, propter dedicacionem maioris ecclesie
Item festum sti Michaelis archangeli
Item festum storum Gereonis, Victoris et sociorum suorum, mrum.

Item eisdem die, hora et loco quibus supra, Mgr Iohannes Brambart, provincialis Carmelitarum, supplicavit, quatenus universitas concederet, prout dixit alias fuisse concessum conventui et fratribus domus Carmelitarum Coloniensis, ut de cetero omnes sermones Latini ad clerum universitatis faciendi in festivitatibus beate Marie Virginis vel saltem singulis annis in quatuor festis ipsius habeant fieri in eodem conventu dumtaxat. Que supplicacio fuit per duas facultates interempta, Et statim idem mgr rogavit . . Decanos illarum facultatum reddentes deliberacionem, quatenus condescenderent ipsis et cum aliis concordarent. Illi autem statim responderunt, quod placeret eis valde bene. [*Fol. 19*:]

Die Martis, secunda mensis Aprilis, hora terciarum, universitate iam quarta vice consequenter ad statuendum ordinaciones suprascriptas et ad infrascripta per iuramentum legitime convocata et congregata in parvo refectorio frm minorum . . Primo de et super dictis ordinacionibus statuendis deliberatum et conclusum fuit simili modo prout in tribus congregacionibus prius consequenter habitis super eo. Item fuit deliberatum concorditer et conclusum circa primam ordinacionem seu constitucionem predictarum, quod filii principum, presertim Ducum et Comitum, supervenientes ad studium, si noluerint prestare iuramenta intytulandorum, nychilominus poterunt audire lectiones et interesse actibus scolasticis et cum aliis intytulatis conversari. Sed non debebunt gaudere aliis commodis, privilegiis aut defensionibus

1392
2. Apr.

bacionum, et Conclusionum, et tandem earundem Statuitionum, Constitutionum, et Edictionum, omniibusque aliis et singulis praemissis, dū ut, ut praemittitur, per dictos Dominos, Dominum Rectorem, Decanos quatuor Facultatum, et eiusdem Universitatis Magistros, et Doctores fierent et agerentur, una cum praememoralis Testibus praesens interfui, eaque omnia et singula praemissa sic fieri vidi et audivi, ideo hoc praesens publicum Instrumentum per me fideliter scriptum, meisque signo et nomine solitis et consuetis subscriptum et signatum, exinde confeci una cū appensione dictae Universitatis Sigilli majoris rogatus et requisitus in Testimonium.

(L. S.)
Universitatis.

..Anno.. ..Studii.. ..Quarta..

universitatis, antequam fuerint intitulati et dictum prestiterint iuramentum .. Item fuit deliberatum concorditer et conclusum, quod debeat comparari una archa solempnis et bene firmata pro sigillo, privilegiis et aliis rebus universitatis conservandis, habens quinque clausuras distinctas et quinque claves diversas, quarum unam habebit Rector et alias qnatuor decani quatuor facultatum pro tempore existentes. [Item pro nunc consuetum est, ut provisores studii habeant sextam clavem; sed non conclusum per universitatem.] ¹)

In Rectoria eiusdem intitulati fuerunt infrascripti et prestiterunt debitum iuramentum

1. Iohannes Herbordi de Arwylren, Colon. dioc., die quarta mensis Ianuarii ²)
2. Cristianus, filius petri de Erpel } Colonien. dioc., die
3. Cristianus Henrici de Erpel   } .VIII^a. Ianuarii.
4. Henricus Iacobi Mile de Esch
5. Iohannes Brunystein } de Andernaco, Treveren.
6. Theodericus Boyscheym } dioc., die .X. Ia.
7. Bruno de Halteren, Monasterien. dioc., die .XIX. Ia.
8. Arnoldus Duysb'g de Clivis, Colon. dioc. die .XXIIII. Ia.
9. Gerardus Geven de Dynalaken, Colon. dioc., die .XXVIII. Ia.
10. Otto nien Venne de Novimagio, Colonien. dioc., die secda Februarii
11. Adolphus Rode, Colon. dioc.
12. Adolphus Brûwer Colon.   } die quarta Febr.
13. Henricus Lipper de Wippervuerde, Colon. dioc.
14. Philippus de Wylre, Leodien. dioc.
15. Ypoldus de Nygenkirchen Friso, Traiecten. dioc.
16. Syfridus de Docken, ordinis Premonstraten., Friso, eiusdem dioc. } die .XIX. Februar.

17. Wilhelmus Porter, pabr Cameracen. dioc., die .XXIII. Februar.
18. Iohannes Bare Leodien., die .XXV. Febr.
19. Petrus   } Brunonis de Erpel, frês, Colon.
20. Henricus } dioc., die .XVI. Marcii
21. Aelbertus de Aeldensale, Traiecten. dioc., die .XXI. Marcii
22. Engelbertus de Lilio de Confluentis, Treveren. dioc. die .XXIII^a Martii
23. Dnus Iohannes de novo lapide, doctor legum, Leod. dioc., die .XXV^a Marcii. Iuravit incomplete
[Fol. 20 ʳ :] 24. Dñus Iohannes Vorborgh, doctor decretorum, Traiecten. dioc., die XXVII^a Marcii. Iuravit incomplete
25. Mgr Petrus de Orten de Buscoducis, [mgr in medicina. Iuravit complete] ³)
26. Henricus de Vleckenstein iunior, canonicus Treveren., die penultima Marcii
27. Iohannes Hyndsel de Bielvelde, Padëbnen. dioc., die .III^a Aprilis
28. Iohannes Buckelgien de Nussia, Colon. dioc., die .IIII^a Aprilis

1392, 8. Apr.   Eodem anno dũi M^oCCC^oXCII^o, die lune, octava mensis Aprilis, indictione et pontificatu quibus
13^{tia} electio supra, hora terciarum, universitate ad hoc legitime convocata et congregata in refectorio frm minorum
Rectoris.   electus fuit concorditer in Rectorem universitatis Studii Colonien. mgr Henricus de Hasalia. In cuius Rectoria intitulati fuerunt infrascripti

1. Primo Iohēs Fabri, Tornacen. dioc.
2. Iohēs de Attendern, Colon. dioc.
3. Walterus de Hartstallio, canonicus Sti Petri Leodien.
4. Petrus de Monasterio Eiflie, Colon. dioc.
5. Iohēs Michaelis de Stuttorp, Mona. dioc.
6. Georgius de Hammone, Colon. dioc.
7. Ockerus Blome de Dordraco, Traiecten. dioc.
8. Iohēs Benyngen de Tyla, Traiecten. dioc.
9. Iohēs Cleynkeff, Maguntisen. dioc.
10. Hermannus Rikardinck, Mona. dioc.
11. Bertoldus Iacobi de Monykendam, Traiecten. dioc.
12. Gerardus Bleich, Colon. dioc.

13. Hilgerus Girtzken de Arwiller, Colon. dioc.
14. Hermannus Girtzken de Arwiller, Colon. dioc.
15. Iohēs de Clivis, Colon. dioc.
16. Leo de Sartis, Cameracen. dioc.
17. Iohannes Wachtere, Cameracen. dioc.
18. Dominicellus Otto de Buten, Traiecten. dioc.
19. Alardus de Buren, Traiecten. dioc.
20. Bertoldus Zassen, Traiecten. dioc.
21. Iohēs de Basco, alias de Alke, Leod. dioc.
22. Anthonius Mechode, Colon. dioc.
23. Thomas de Geseke, Colon. dioc. ⁴) [Fol. 20 ᵛ :]

¹) [ ] Spätterer Zusatz im Texte. Auf dem Rande steht von späterer Hand: Nota, quod archa universitatis situata in ecclesia minorum habet 4 clausuras et 4 claves, quarum unam habet rector, 2us decanus theologie, 3us habet decanus medicine et 4us habet decanus provisorum.

²) Diese erste Eintragung ist später durchgestrichen; am linken Rande steht: decanus Sti Georgii; am rechten Rande ist bemerkt: resecatus, ucomit zu viel behauptet ist; denn nach den betreffenden Verhandlungen im J. 1413 [Fol. 69ʳ] kam es in Folge der Rechtfertigung des Decans nicht zur Ausschliessung desselben.

³) [ ] Spätterer Zusatz.
⁴) Links neben Thomas ein T; vgl. S. 15, 479, Anm.

Anno dñi, indictione et pont. quibus supra [scil. MCCCXII°],¹) in refectorio maiori frm minorum electus fuit in rectorem universitatis dns Hermannus Stakelwegge de Kalkar, prepositus ecclesie sti Georgii Colonien., doctor legum, in cuius Rectoria infrascripti fuerunt intitulati et iuraverunt debitum iuramentum 14ta electio Rectoria.

1. Primo Iohēs de Saligen, Colon. dioc., die XXII Iulii
2. Egidius de Wayren, Leod. dioc., eod. die
3. Iohēs de Ponte, Cameracen. dioc., eod. die
4. Johēs Noldonis de Clivis, Colon. dioc., die 4ª Augusti
5. Henricus de Hackenberg, Colon. dioc., eod. die.
6. Bernardus Vtenenge, Traiec. dioc., die .X? Augus.
7. Arnoldus Monglen eod. die [de Nivella Leodien. dioc.] ²)
8. Wilhelmus de Antyns eod. die.
9. Iacobus Wilhelmi de Dordraco, die .XVII? Augus.
10. Nicolaus Burini, dioc. Leod., canons Hoyen. et Tungren., die .XX? Augus.
11. Wilhelmus Rost die quinta Septembris
12. Bernardus Bernardi de Lewys, canons Fossen., die septima Septembris
13. Wilhelmus Honoich eod. die
14. Iohēs de Prusia, Culmen. dioc., prima die Octobris
15. Engelbertus de Vernholt, canons Assinden.
16. Gerardus Bruyn de Dyst, Leod. dioc., die .XV. Augus.
17. Goswinus Koterken de Enghelshem, clcus Colonien. dioc.
18. Johēs Stoir, decanus ecclesie sti Andree Colon.
19. Wolterus de Kelduock, canons eiusd. ecclesie
20. Henricus Lanchals de Clivis, mgr in artibus et bach. in decretis
21. Iohēs de Wasia licenciatus in theologia ³)

Item in huius Rectoria Rectoria, scilicet dñi prepositi supradicti, Wilhelmus de Wye, clericus Traiecten. dioc., receptus fuit in notarium tocius universitatis ut concorditer electus et inravit iuramenta a notariis universitatis ammodo iurari consueta, quia erat primus notarius universitatis tocius. Nota, primus notarius universitatis receptus.

Anno dñi, indictione et pont. quibus supra, iudictione prima secundum stilum et consuetudinem civitatis et dioc. Colon., mensis Octobris die .VIII°, hora vesperarum in maiori refectorio frm minorum electus fuit in Rectorem universitatis mgr Petrus de Gruythuis, in cuius rectoria intitulati fuerunt et iuraverunt infrascripti 15ta electio Rectoris. 1392, 8. Oct.

1. Primo Iohēs Grote de Davantria, Traiec. dioc.
2. Wolterus de Holte, Traiecten. dioc.
3. Syfridus de Francfordia, Maguntinen. dioc.
4. Stephanus Hngine, Traiecten. dioc. [Fol. 21ʳ:]
5. Iohēs van der Heide, Colon. dioc.
6. Laurencius, filius Laurencii, Traiecten. dioc.
7. Theodericus Marescalli de Lewysche, canons regularis Leod. dioc.
8. Andreas Petri de Westzaden, Traiecten. dioc.
9. Nycolaus de Karstrikem, Traiecten. dioc.
10. Iohēs Alcheri, pabr Traiecten. dioc.
11. Agilolphus de Oronynghen, Tra. dioc.
12. Iohēs Wijs de Alffter, Colonien. dioc.
13. Rodolphus Ratenbergh de Vollerhoe
14. Hermannus Coppen de Urdingen, Colon. dioc.
15. Egbertus de Stauria, Traiecten. dioc.
16. Symon Henrici de Amsterdam, Tra. dioc.
17. Hermannus de Coesfeldia, Mons. dioc.
18. Eligius de Bray, canons Brugensis, Morynen. dioc.
19. Arnoldus de Vorden, Traiec. dioc.
20. Gyselbertus de Groesshoee, Colon. dioc.
21. Iohēs Wessem de Roremunde
22. Iohēs Proys de Traiecto
23. Henricus Sticher, doctor decretorum et ba. in legibus, decanus sti Andree Colon. Iuravit incomplete
24. Iohēs de Orten de Buscoducis
25. Henricus de Diepenem, canons Davantrien.
26. Cristianus Ketwich Colon.

Die Veneris, .XVIII* mensis Octobris, universitate ad hoc legitime congregata apud fratres minores, conclusum fuit concorditer, quod fieret contribucio per capita ad solvendum Cononi de Mauwenhem .LX. flor., in quibus universitas ex causa veri et amicabilis mutui obligatur eidem, isto modo videlicet, quod quilibet mediam bursam subvevet, respiciendo ad hoc, quantum communiter septimanatim expendere consuevit, proviso tamen, quod nullum suppositum minus tribus albis contribuat. Item quod conservator non sigillet⁴) alicui mandatum nisi iuxta modum et formam in statuto super hoc confecto expressa. 1392, 8. Oct. contribucio per capita.

Die VI* mensis Decembris, indictione prima secundum stilum et consuetudinem civitatis et dioc. Colon., pont. Dñi Bonifacii anno quarto, hora vesperarum vel quasi, universitate ad hoc legitime eciam 1392, 6. Dec.

---

¹) [ ] späterer Zusatz. 1392 im Iuni oder Iuli.
²) [ ] späterer Zusatz.
³) Zusatz von späterer Hand: Canonicus maioris ecclesie, primus decanus facultatis theol. Prag. [?] Vgl. Seite 6, Anmerkung 1.
⁴) sigillat M.

3

36 .. Anno .. .. Stadii .. .. Quarto ..

numerus antiquorum statutorum et obligatio.
sub debito iuramenti convocata et congregata in maiori refectorio fr̄m minorum, ordinaciones, regule sive constituciones .LXI. supra in Rectoria mgri Theoderici Dystel conscripte fuerunt per omnes facultates et eorum supposita concorditer statuto et edicte, decretumque fuit, quod post eorum publicationem de cetero omnes intitulati et intitulandi erunt ad eorum observanciam firmiter obligati, salvo, quod loco quinquagenarie ordinacionis concepte est ordinatum aliud statutum ibidem in margine descriptum, prout hoc et alia in instrumento publico desuper conficto plenius continentur.

16ta electio Rectoris.
1392, 24. Dec.
Anno, indictione et pontificatu quibus supra, die Martis XXIIII? mensis Decembris, hora terciarum, in domo capitulari maioris [1]) ecclesie Coloniensis fuit electus concorditer in Rectorem universitatis mgr Bertoldus Suderdijc de Osenbrugge. In cuius Rectoria infrascripti fuerunt intitulati et iuraverunt debitum et solitum iuramentum.

Primo [2])

Verbesserungen zum vorjährigen Programm.

S. 8, Z. 16 von oben lies Iordanus de Civis statt Iordanus de Civis.
S. 9, Z. 2 „ „ „ fratrum statt fratum.
S. 10, Nr. 24 lies Danelmen. statt Davelmen. [Gemeint ist Durham.]
S. 14, in der Anm. zu Nr. 337 l. Wymari statt Asmari; statt experti obiit (?) vermuthet Prof. Crecelius propositi Werd.

Schulnachrichten.

I. Lehrverfassung im Unterrichtscursus 1878—79.

1. Prima.

[Ordinarius: Gymnasiallehrer Dr. Wrede.]

Religionslehre. a) kath.: Wiederholungen aus der Glaubens- und Sittenlehre. Eingehendere Besprechung der wichtigsten Wahrheiten, insbesondere aus der Lehre von der Schöpfung und von den h. Sacramenten. Ausgewählte Abschnitte der Kirchengeschichte. Lectüre aus der h. Schrift. 2 St. Dr. Liessem.

b) evang. I—IIIA comb. Einleitung in die BB. des A. und des N. Test. Lectüre: Apostelgesch. und Pauli Brief an die Galater im Urtexte. Repetition der wichtigsten Kirchenlieder und der fünf Hauptst. aus Luther's Katechismus. 2 St. Moll.

Deutsch. Mittheilungen aus der älteren Literaturgeschichte bis Opitz mit begleitender Prosa- und Dichterlectüre aus Deycks-Kissel's Lesebuch. Kanon von Gedichten. Elemente der Psychologie und Logik. Aufsätze. 3 St. Der Director.

Themata zu den Aufsätzen: 1. Nihil est ab omni Parte beatum. (Hor.) 2. Denke klein und gross von dir selbst! 3. Die Erinnerung an die Vergangenheit eine Ermuthigung für die Zukunft. 4. a) Leid bringt Freud'. b) Das Glück des Unglücks. (Kl.) 5. Was hindert und was fördert die Selbstachtung? 6. Diomedes. 7. Kenntnisse der beste Reichthum. (Kl.) 8. Ein Blick in die spätere Lebenszukunft. 9. — οὐκ ἐμὰ πάντα θεοὶ δόσαν ἀνθρώποισιν. (Hom.) (Kl. für IB.)

Lateinisch. Cic. Tusc. I. u. V. Sall. Iugurtha. Repetition aus Liv. I u. II u. Auswahl aus III. Allgemeine stilistische Regeln und Eigenthümlichkeiten der lat. Sprache. Mündliche Uebersetzungen aus Hemmerling's Uebungsbuch und (alle 8 Tage) Exercitien. Aufsätze. Sprechübungen. Extemporalien — Horaz: Auswahl aus Odd. I. u. II und Wiederholung früher gelesener Oden. Einige Satiren, metr. Uebungen. Memoriren. 8 St. Dr. Wrede.

Themata zu den Aufsätzen: 1. A) Quo iure Cicero (off. III, 22, 87) C. Fabricium cum Aristide ita composuerit, ut diceret, illum talem Romae fuisse, qualis hic fuerit Athenis. B) Bellum Tarentinum. 2. Quas utilitates Romani e bello Tarentino ceperint. 3. Quam ingrati fuerint Athenienses in cives de patria optime meritos. (Kl.) 4. Quibus virtutibus Graeci superaverint Romanos. 5. Quibus virtutibus Romani superaverint Graecos. 6. Cn. Pompeius praeter ceteros fortunam et secundam et adversam expertus est. (Kl.) 7. Quibus argumentis Cicero in primo libro Tusculanarum disputationum animos esse immortales demonstraverit. 8. Coriolanus alter Themistocles. (Kl.) 9. IB: Rerum humanarum inconstantiam multi et praestantissimi antiquitatis viri experti sunt.

Griechisch. Plat. Euthyphron, Kriton, Menon. Herod. VI. Grammatische Erörterungen. Mündliche Uebersetzungen aus Wendt und Schnelle's Aufgabensammlung. Extemporalien. Alle 14 Tage ein Pensum. 4. St. Dr. Wrede.

Hom. II. I—XII; Soph. Antigone. Metr. Uebungen. 2 St. Der Director.

Hebräisch. Wiederholung der Formenlehre, insbesondere Wiederholung und Abschluss der Lehre von den unregelm. Zeitwörtern. Das Wichtigste aus der Syntax nach Vosen's Leitfaden. Lectüre von Abschnitten aus den historischen Büchern der h. Schrift und von leichteren Psalmen. 2 St. Dr. Liessem.

Französisch. Nach Plötz' Nouvelle grammaire française die Lehre der Pronomina. Lectüre aus Tableaux historiques du moyen Age (Göbel'sche Sammlung, 25. Bändchen). Mündliche Uebersetzungen aus Plötz' Uebungen. Einiges über franz. Vershau. Alle 14 Tage ein Pensum. 2 Std. K a i s e r.
Geschichte und Geographie. Geschichte des Mittelalters, nach Pütz' Grundriss. Wiederholungen aus der alten und aus der neueren Geschichte. Geographische Uebersichten und Wiederholungen über Europa. 3 St. S c h r a m m e n.
Mathematik. Trigonometrie. Wiederholungen aus der Planimetrie und Algebra. Gleichungen vom zweiten Grade mit einer und mit mehreren Unbekannten. Diophantische Gleichungen, Kettenbrüche, Zinseszins- und Renten-Rechnung, nach Boyman's und Schmidt's Lehrbüchern. Einiges aus der mathematischen Geographie. Durchschnittlich wöchentlich zwei häusliche Aufgaben. 4 St. K a i s e r.
Physik. Akustik und Optik, nach Müller's Grundriss der Physik und Meteorologie. 2 St. K a i s e r.
Prüfungs-Aufgaben der Abiturienten zu Ostern 1870: 1. Religionslehre (kath.) ωστε ἡ πίστις ἀντε γνώσεως οὖσα ἡ γνώσις ἐστιν πίστεως. (Clem. Alex.) 2. Deutscher Aufsatz: — οὔκως ἔμιν πάντα θεοὶ δόσαν ἀνθρώποισιν (Hom.) 3. Lateinischer Aufsatz: Rerum humanarum inconstantiam molti et praestantissimi antiquitatis viri experti sunt. 4. 5. 6. Lateinisches, Griechisches, Französisches Scriptum, nach einem Dictate. 7. Hebräische Arbeit: Uebersetzung und grammatische Analyse von Exod. 19, 2—7. 8. Mathematik: a) Ein Dreieck aus den Abständen seines Schwerpunktes von den drei Ecken zu construiren. b) Einem geraden Kegel, dessen Höhe = h, und dessen Seitenlinie = s, ist ein gerader Cylinder eingeschrieben, dessen Mantel gleich dem dritten Theile des Kegelmantels ist. In welcher Entfernung von der Grundfläche wird die Gegenfläche des Cylinders die Höhe des Kegels schneiden? h = 3ᵐ, s = 4ᵐ. c) 2400 M. sollen terminweise abgezahlt werden, und zwar in jedem folgenden Termine 12 M. mehr als im vorhergehenden. In wie viel Terminen wird die ganze Schuld abgetragen sein, wenn im ersten Termine 60 M. bezahlt werden? d) Es soll die Entfernung zweier Punkte A und B, zwischen welchen sich ein Hinderniss für die directe Messung befindet, dadurch bestimmt werden, dass ihre Entfernungen von einem dritten Punkte C, sowie der Winkel ACB gemessen werden. AC = 770,4ᵐ, BC = 910,6ᵐ und ∡ACB = 51° 9' 6'.

2. Secunda.

[Ordinarius: Oberlehrer Dr. W o l l m a n n.]

Religionslehre. a) kath.: Die Lehre von der Religion, von der natürlichen und der übernatürlich geoffenbarten Religion. Die Offenbarungsurkunden. Lectüre aus der h. Schrift. Kirchengeschichte bis auf das 16. Jahrhundert. 2 St. Dr. L i c s s e m.
b) evang. siehe I.
Deutsch. Anleitung zur Anfertigung von Aufsätzen, stilistische Regeln. Aus Deycks-Kiessel's Lesebuch: Schiller's Balladen und eine Anzahl von Aufsätzen beschreibenden Inhaltes. Kanon von Gedichten. Hermann und Dorothea. Die epischen und episch-lyrischen Gattungen. Alle 3 Wochen ein Aufsatz. 2 St. Dr. W o l l m a n n.
Themata zu den Aufsätzen: 1. Ueber die Vorzüge des Fussreisens. 2. Gedankengang der ersten catilinarischen Rede Cicero's. 3. Meer und Wüste. Ein Vergleich. 4. Wie ermuthigte Xenophon die Griechen nach der Ermordung ihrer Heerführer? (Kl.) 5. Ferro nocentius aurum. 6. Wie schildert Cicero den Pompejus in der Rede pro lege Manilia? 7. Telemach's Aufenthalt in Pylos. Ein Bild der Gastfreundschaft bei den alten Griechen. 8. Troja's Einnahme und Zerstörung. Nach Virgil. (Kl.) 9. Welche Charakterzüge offenbart die Mutter im ersten und zweiten Gesange von „Hermann und Dorothea?" 10. Ueber die Bedeutung der Episode vom Brande des Städtchens in „Hermann und Dorothea". 11. Hermann als Knabe und Jüngling. (Kl.)
Lateinisch. Cicero's I. und IV. Rede gegen Catilina, für das Imperium des Pompejus. Livius Buch I und II mit Auswahl. Berger's Grammatik §. 205—344. Uebersetzungen aus Hemmerling's Uebungsbuch; stilistische, phraseologische und synonymische Uebungen. Wöchentlich ein Pensum. 6 St. Aus Virgil's Aeneis Buch I und II; IX, 175—450, Nisus und Euryalus. Memoriren. Metrische Uebungen. 2 St. Dr. W o l l m a n n.

Griechisch. Xen. Anab. III und IV. Herod. Buch VIII mit Auswahl. Aus Koch's Grammatik §. 91—129. Uebersetzungen aus Wendt und Schnelle's Aufgabensammlung. Alle 14 Tage ein Pensum. 4 St. Dr. Wollmann.
Aus Homer's Odyssee I. II. III. V. VI. VII. Metr. Uebungen. 2 St. Der Director.

Hebräisch. [IIA] Die regelmässige Formenlehre. Einübung der leichtern unregelmässigen Zeitwörter. Uebersetzung und Erklärung der entsprechenden Uebungsstücke nach Vosen's Leitfaden. 2 St. Dr. Liessem.

Französisch. Aus der Syntax der Plötz'schen Nouvelle grammaire française S. 77—152 mit Auswahl. Fortsetzung der Lectüre aus Rollin's Histoire romaine, bearbeitet von Nick. Mündliche Uebersetzungen aus dem Deutschen in's Französische, nach Plötz' Uebungen. Alle 14 Tage ein Pensum. 2 St. Kaiser.

Geschichte und Geographie. Griechische Geschichte, die antiken Staaten in Asien und Afrika nach Pütz' Lehrbuch. Geographische Wiederholungen über Asien und Africa. 3 St. Schrammen.

Mathematik. Aehnlichkeit der Figuren, Proportionalität ihrer Seiten und Flächen, Eigenschaften der Vielecke, insbesondere der regulären, Berechnung des Kreises, harmonische Theilung, nach Boyman's Lehrbuch der Mathematik I §. 70—97. Gleichungen vom 1. Grade mit mehreren und vom 2. Grade mit einer Unbekannten, arithmetische und geometrische Progressionen, Logarithmen, nach Schmidt's Elementen. Wöchentlich eine oder zwei häusliche Aufgaben. 4 St. Kaiser.

Physik. Magnetismus und Elektricität, nach Müller's Grundriss der Physik und Meteorologie. 1 St. Kaiser.

3. Obertertia.

[Ordinarius: Gymnasiallehrer Schrammen.]

Religionslehre. a) kath.: Die Lehre von der Gnade und den Gnadenmitteln. Die Glaubensartikel I—IV des apostol. Glaubensbekenntnisses. Das Wichtigste aus der Kirchengeschichte seit Karl d. Gr. Die Christianisirung Deutschlands. Einzelnes über das kathol. Kirchenjahr und aus der Liturgik. 2 St. Dr. Liessem.
b) evang. siehe 1.

Deutsch. Metrik mit Lectüre und Memoriren geeigneter Gedichte aus Pütz' Lesebuch. Geschichtliche Aufsätze, Naturschilderungen aus demselben Buche. Kanon von Gedichten. Alle 3 Wochen ein Aufsatz. 2 St. Schrammen.
Themata zu den Aufsätzen: 1. Kurze Mittheilungen aus dem Leben der drei in den Perserkriegen besonders sich auszeichnenden Athener: Miltiades, Themistokles und Aristides. 2. Inhalt und Grundgedanke des Gedichtes 'Bertran de Born'. 3. Die Wahrheit des Spruches: „Des Lebens ungemischte Freude ward keinem Irdischen zu Theil" nachgewiesen an Beispielen aus der alten Geschichte. 4. Die Rheinprovinz. 5. 'Deutschland, Deutschland über alles, Ueber alles in der Welt, Wenn es stets zu Schutz und Trutze Brüderlich zusammenhält,' klar gestellt durch Thatsachen aus der deutschen Geschichte. 6. Achilleus und Siegfried. 7. Mit welchen Gründen sucht Titurius die in ihrem Winterlager von Ambiorix angegriffenen Römer zum Abzug zu bewegen? (Caesar V, 29, 30.) 8. Mittheilungen Caesar's über die Zustände Galliens und Germaniens. (Caesar V, 11. 29.) 9. Aehnlichkeit und Verschiedenheit der Hauptpersonen in dem Gedichte Schiller's „Der Ring des Polykrates". 10. Der Hund. (Nachbildung des Musterstückes „Das Pferd".) 11. Der Graf von Habsburg und des Sängers Fluch. (Eine Parallele.) 12. Die Linde. (Vergleiche das Musterstück „Die Fichte".) 13. Charakteristik des Schenken von Limburg nach dem betreffenden Gedichte Uhland's.

Lateinisch. Caesar de b. G. V. VI. VII. Cicero's Laelius. Wiederholung der Syntax des Verbums und Erweiterung der Syntax des Nomens nach Siberti-Meiring's Grammatik. Uebersetzungen aus Schultz' Uebungsbuch. Phraseologische und synonymische Uebungen. Wöchentlich ein Pensum. 8 St.
Aus Ovid: Die calydon. Jagd, Meleager, Erysichthon, Nessus, Tod des Herkules, Untergang Troja's, Hecuba. Metrische Uebungen. 2 St. Schrammen.

Griechisch. Wiederholung aus dem Pensum der IIIb. Abschluss der unregelmässigen Conjugation. Uebersetzungen aus Wesener's Elementarbuch v. S. 68 ab. Xen. Anab. I und II. Das Wichtigste aus der

Syntaxis nom. et verbi im Anschluss an die Lectüre. Einiges aus der homerischen Formenlehre. Alle 14 Tage ein Pensum. 6 St. Dr. Wrede.

Französisch. Aus Plötz' methodischer Grammatik Lection 29—55. Wiederholung der unregelm. Zeitwörter. Memoriren von Vocabeln. Mündliche Uebersetzungen aus dem Deutschen in's Französische. Alle 14 Tage ein Pensum. 2 St. Kaiser.

Geschichte und Geographie. Geschichte der Deutschen von 1492—1871, die brandenburgisch-preussische Geschichte nach Pütz' Lehrbuch. Die ausserdeutschen Länder Europa's, physisch und politisch. 3 St. Schrammen.

Mathematik. Gleichheit gradliniger Figuren, Proportionen nach Boyman's Lehrbuch I. Gleichungen des ersten Grades mit einer Unbenannten. Potenz- und Wurzellehre. Ausziehen der Quadrat- und Kubikwurzel, nach Schmidt's Elementen der Algebra. Durchschnittlich wöchentlich eine häusliche Aufgabe. 3 St. Kaiser.

Naturkunde. Mineralogie, Geognosie, Thermometer und Barometer. 2 St. Dr. Velten.

4. Untertertia.

[Ordinarius: Gymnasiallehrer Winschuh.]

Religionslehre. a) kath.: Die Lehre von den Geboten, von der Tugend und von der Sünde, die Glaubensartikel V bis XII des apostolischen Glaubensbekenntnisses, nach dem Diöcesan-Katechismus. Das Wichtigste aus der Kirchengeschichte bis auf Karl den Grossen. Erklärung und Memoriren einiger lateinischen Kirchenlieder. 2 St. Dr. Liessem.

b) evang. III B—VI comb. Die biblische Geschichte des A. T. nach Zahn's Historien. 9 Kirchenlieder. Das 1. und 3. Hauptstück aus Luther's Katechismus. 2 St. Moll.

Deutsch. Die Lehre von den Zeiten und Modis (im Vergleich mit der lat. Tempus- und Moduslehre), von Tropen und Figuren. Lectüre: Erzählende, didaktische und beschreibende Prosa; Fabeln, Märchen, poetische Erzählungen, Balladen und Romanzen. Kanon von Gedichten. Alle 3 Wochen ein Aufsatz: a) Zusammenfassungen aus dem Cäsar; b) Beschreibungen und Erzählungen; c) Erklärungen leichter Sprüchwörter (Dispositionsübungen); d) Einzelne Briefe (Einladungen, Benachrichtigungen). 2. St. Winschuh.

Lateinisch. Caes. de b. G. I—IV incl. Uebersetzungen aus Schultz' Uebungsbuch. Phraseologisches und Synonymisches im Anschluss an die Lectüre. Lateinische Inhaltsangaben ausgewählter Capitel aus Caesar. Wiederholung der Syntax des Nomens, Fortsetzung und Abschluss der Syntax des Verbums. Wöchentlich ein Pensum. 8 St.

Aus Ovid's Verwandlungen: Schöpfung, vier Zeitalter, Lycaon, Fluth, Phaëthon. Metrische Uebungen. 2 St. Winschuh.

Griechisch. Aus Koch's Schulgrammatik Wiederholung der regelmässigen Declinationen und Conjugationen §. 1—51. Neu §. 52—68 incl. Aus Wesener's Elementarbuch II. Theil S. 1—68. Memoriren von Vocabeln. Alle 14 Tage ein Pensum. 6 St. Winschuh.

Französisch. Aus Plötz' methodischer Grammatik Lection 1—28. Memoriren von Vocabeln. Mündl. Uebersetzungen aus dem Deutschen in's. Französische. Alle 14 Tage ein Pensum. 2 St. Kaiser.

Geschichte und Geographie. Geschichte der Deutschen im Mittelalter, nach Pütz' Lehrbuch. Deutschland, insbesondere Preussen, physisch und politisch. 3 St. Winschuh.

Mathematik. Die vier Rechnungsarten mit entgegengesetzten Zahlen und Buchstaben, Rechnung mit Summen, Differenzen, Producten und Quotienten, nach Schmidt's Elementen der Algebra §. 1—90. Die merkwürdigen Punkte des Dreiecks, die Lehre von den Vierecken und vom Kreise, nach Boyman's Lehrbuch der Geometrie I, §. 38—58. Aufgaben. 3 St. Dr. Velten.

Naturkunde. Gesammtübersicht über Botanik und Zoologie, nach Schilling's Grundriss. 2 St. Dr. Velten.

5. Quarta.

[Ordinarius: Oberlehrer Dr. Strerath.]

Religionslehre. a) kath.: Die Glaubenslehre, nach dem Diöcesan-Katechismus. Die Geschichte Jesu seit dem dritten Osterfeste in der Zeit seines öffentlichen Lebramtes, das Wichtigste aus der Apostelgeschichte, nach Schuster's biblischer Geschichte. Erklärung und Memoriren einiger lateinischen Kirchenlieder. 2 St. Dr. Liessem.
b) evang. siehe III B.

Deutsch. Unterricht und Uebungen über Satzbildung, Satzverbindung und Wortstellung, nach Linnig's Lesebuch, III. Abth., 16. Abschnitt. Gedichte und Aufsätze aus Linnig's Lesebuch, III. Abth. Kanon von Gedichten. Alle drei Wochen eine schriftliche Arbeit: a) aus Nepos Zusammenfassung grösserer Abschnitte; b) Schilderungen. 2 St. Dr. Strerath.

Lateinisch. Aus Nepos 12 Lebensbeschreibungen. Nach kurzer Wiederholung der Formenlehre die Casuslehre, Lehre von der Congruenz, der Construction der Fragesätze, Tempora, Acc. c. inf., Abl. abs., nach Siberti-Meiring's Grammatik. Uebersetzungen aus Schultz' Uebungsbuch. Memorirübungen. Wöchentlich ein Pensum. 10 St. Dr. Strerath.

Griechisch. Die regelmässige Formenlehre nach Koch's Grammatik. Mündliche und schriftliche Uebersetzungen aus Wesener's Elementarbuch, I. Thl. Memorirübungen. Alle 14 Tage ein Pensum. 6 St. Dr. Strerath.

Französisch. Wiederholung des grammatischen Pensums der Quinta. Abschnitt IV und V des Elementarbuches von Plötz. Memoriren von Vocabeln und zusammenhängenden Stücken. Alle 14 Tage ein Pensum. 2 St. Dr. Wollmann.

Geschichte und Geographie. Geschichte Griechenlands bis auf Alexander; Geschichte Roms bis in die Kaiserzeit. Die aussereuropäischen Erdtheile. Nach den Lehrbüchern von Pütz. 3 St. Dr. Strerath.

Mathematik und Rechnen. Wiederholung der Decimalbrüche, Rabatt-, Gesellschafts- und Mischungsrechnung, nach Schellen's Rechenbuch, §. 21—24, II. Abth. Lehre von den Linien, Winkeln, Parallelen und Dreiecken, nach Boyman's Lehrbuch der Mathematik §. 1—37. 3 St. Dr. Velten.

6. Quinta.

[Ordinarius: Gymnasiallehrer Dr. Velten.]

Religionslehre. a) kath.: Die Lehre von den Geboten, von der Tugend und von der Sünde, nach dem Diöcesan-Katechismus. Bibl. Geschichte des A. T. von der Theilung des Reiches bis auf Christus und des N. T. bis zum dritten Osterfeste in der öffentlichen Wirksamkeit Christi, Wiederholungen aus der Geschichte des A. T. und aus der bibl. Geographie, nach Schuster's bibl. Geschichte. 3 St. Dr. Liessem.
b) evang. siehe III B.

Deutsch. Wiederholung der Lehre von der Declination und Conjugation (starke, schwache; Umlaut, Ablaut); Partikeln. Lesen, Memoriren und Erzählen aus Linnig's Lesebuch, II. Abth., und kleinere schriftliche Uebungen. Alle 14 Tage eine häusliche schriftliche Arbeit (Anekdoten, Beschreibungen und Erzählungen). Kanon von Gedichten. 2 St. Schrammen.

Latein. Wiederholung der regelmässigen Declinationen, Fortsetzung und Abschluss der regelmässigen Conjugationen, die unregelmässige Conjugation, nach Siberti-Meiring's Grammatik mit Uebungen nach Spiess' Uebungsbuch. Alle 8 Tage ein Pensum. 10 St. Dederich.

Französisch. Abschnitt I, II, III des Elementarbuches von Plötz. Memoriren von Vocabeln. Alle 14 Tage ein Pensum. 3 St. Dr. Liessem.

Geographie. Wiederholung des Pensums der Sexta. Geographie Europa's mit besonderer Berücksichtigung Deutschlands, nach Pütz' Leitfaden. 2 St. Dr. Wollmann.

Rechnen. Wiederholung der Rechnung mit gewöhnlichen Brüchen, Decimalbrüchen; einfache und zusammengesetzte Regel de Tri, allgemeine Rechnung mit Procenten, Gewinn- und Verlustrechnung mit Procenten, Zinsrechnung, nach Schellen's Rechenbuch, §. 23—31 I. Abth. 3 St. Dr. Velten.

Naturkunde. Im Sommer Botanik, im Winter Naturgeschichte der Vögel, Amphibien und Fische, nach Schilling's Grundriss. 2 St. Dr. Velten.

7. Sexta.

[Ordinarius: Gymnasiallehrer Dederich.]

Religionslehre. a) kath.: Die Lehre von der Gnade, von den h. Sacramenten und dem Gebete, mit besonderer Berücksichtigung des h. Bussacraments und des Wichtigsten aus der Lehre vom h. Altarsacrament, nach dem Diöcesan-Katechismus. Bibl. Gesch. des A. T. bis zur Theilung des Reiches, nach Schuster's bibl. Gesch. Biblische Geographie. 3 St. Dr. Liessem.
b) evang. siehe III B.

Deutsch und Lateinisch. Nomen, Pronomen und regelmässiges Zeitwort, im Lateinischen nach Siberti-Meiring's Grammatik mit Uebungen nach Spiess' Uebungsbuch; im Deutschen verbunden mit Lesen, Memoriren und Erzählen aus Linnig's Lesebuch. I. Abth. und kleineren schriftlichen Uebungen. Im Lateinischen alle 8 Tage ein Pensum; im Deutschen alle 14 Tage eine Arbeit (Erweiterung und Umbildung von Märchen, äsopischen Fabeln; klassische und germanische Sagen; orthographische Dictate). Kanon von deutschen Gedichten. 12 St. Dederich.

Geographie. Oceanographie. Uebersicht über die fünf Erdtheile, nach Pütz' Leitfaden. 2 St. Dr. Wrede.

Rechnen. Die vier Rechnungsarten mit unbenannten und mit benannten, mit ganzen und mit gebrochenen Zahlen und mit Decimalbrüchen, Uebungen im Kopfrechnen, nach Schellen's Rechenbuch, §. 1 bis §. 23, I. Abth. 4 St. Dr. Velten.

Naturkunde. Einleitendes; Einzelnes aus der Organographie der Pflanzen und Uebungen in deren Beschreibung. Einiges vom menschlichen Körper, Naturgeschichte der Säugethiere, nach Schilling's Grundriss. 2 St. Dr. Velten.

8. Technischer Unterricht.

a) **Schreiben.** 1. Quinta, 2. Sexta je 3 St. Dionz.
b) **Zeichnen.** 1. Prima, Secunda und Tertia combinirt. 2 St. 2. Quarta, Quinta und Sexta je 2 St. Dionz.
c) **Turnen.** Im Sommer zwei Mal wöchentlich 1½ St.; im Winter zwei Mal wöchentlich 1 St. (unter Mitbenutzung der Turnhalle des Friedrich-Wilhelms-Gymnasiums). Dederich.
d) **Gesang.** 1. Chorgesang. 2 St. 2. Quinta und Sexta je 2 St. Eisenhuth.

9. Uebersichtstabelle

über die Beschäftigung der Lehrer und die Vertheilung des Unterrichts.

Lehrer.	IA. u. B.	IIA. u. B.	III A.	III B.	IV.	V.	VI.	Zahl der Stunden
1. Dr. Schmitz, Director.	3 Deutsch 2 Griech.	2 Hom.						7.
2. Dr. Strerath, Oberlehrer, Ordinarius in IV.					10 Latein 6 Griech. 2 Deutsch 3 Gesch.			21.
3. Kaiser, Oberlehrer.	4 Math. 2 Physik 2 Franz.	4 Math. 1 Physik 2 Franz.	3 Math. 2 Franz.	2 Franz.				22.
4. Dr. Wollmann, Oberlehrer, Ordinarius in II A und B.		10 Latein 4 Griech. 2 Deutsch			2 Franz.	2 Geogr.		20.
5. Dr. Liessem, kath. Religionslehrer.	2 Religion 2 Hebr.	2 Religion 2 Hebr.	2 Religion	2 Religion	2 Religion	3 Religion 3 Franz.	3 Religion	23.
6. Schrammen, ordentl. Lehrer, Ordinarius in III A.	3 Gesch.	3 Gesch.	6 Latein 3 Gesch. 2 Deutsch			2 Deutsch		21.
7. Dr. Velten, ordentl. Lehrer, Ordinarius in V.			2 Naturk.	3 Math. 2 Naturk.	3 Rechn. u. Math.	3 Rechn. 2 Naturk.	4 Rechn. 2 Naturk.	21.
8. Winschuh, ordentl. Lehrer, Ordinarius in III B.				10 Latein 6 Griech. 2 Deutsch 3 Gesch.				21.
9. Dederich, ordentl. Lehrer, Ordinarius in VI.			2 Ovid.			10 Latein	10 Latein 2 Deutsch	24.
10. Dr. Wrede, ordentl. Lehrer, Ordinarius in I A u. B.	8 Latein 4 Griech.		6 Griech.				2 Geogr.	20.
11. Moll, Divis.-Pfarrer, evang. Religionslehrer.		2 St. comb. Relig.-Unterricht für I. II. III A.			2 St. comb. Relig.-Unterricht für IIIB. IV. V. VI.			4.
12. Diens, Zeichen- und Schreiblehrer.		2 St. comb. Zeichnen für I—IIIB.			2 Zeichn.	3 Schreib. 2 Zeichn.	3 Schreib. 2 Zeichn.	14.
13. Eisenhuth, Gesanglehrer.		2 St. Chorgesang.				2 Gesang	2 Gesang	6.
14. Ruppenthal, Probecandidat.								

II. Chronik des Schuljahres 1878—79.

1. Nachdem am 3. und 4. Mai 1878 die Aufnahmeprüfungen stattgefunden, begann Montag den 6. Mai der Unterricht.
2. Am 26. Mai feierten 18 Schüler der Anstalt, von Herrn Religionslehrer Dr. Liessem längere Zeit vorbereitet, das Fest ihrer ersten h. Communion.
3. Das Sommersemester 1878 wurde am 17. August geschlossen.
4. Das Wintersemester 1878—79 begann Montag den 23. Sept.
5. Am 16. October 1878 wurde die Anstalt durch die Herren Provinzial-Schulrath v. Raczek und Regierungsrath Snethlago mit einem Besuche beehrt.
6. Am 22. März 1879 wurde Vormittags um 8 Uhr Gottesdienst gehalten und um 10¹/₂ Uhr in der Aula des Gymnasiums die Feier des Allerhöchsten Geburtsfestes Sr. Majestät des Kaisers und Königs begangen, bei welcher Gelegenheit der Gymnasiallehrer Herr Dr. Wrede die Festrede hielt 'über das Haus der Hohenzollern'.
7. Ueber das Lehrercollegium ist Nachstehendes zu berichten:
    a) Durch Verfügung des Königl. Prov.-Schulcollegiums vom 30. April 1878 wurde der Schulamtscandidat Herr Dr. Brüll zur Fortsetzung seines Probejahres und zu commissarischer Beschäftigung dem Gymnasium zu Düsseldorf überwiesen.
    b) Durch Verfügung vom 5. Mai 1878 wurde der Candidat Herr Einig zu commissarischer Beschäftigung dem Gymnasium zu Emmerich zugewiesen.
    c) Zufolge Verfügung vom 11. Mai 1878 wurde der Candidat Herr Bettingen als wissenschaftlicher Hülfslehrer und zugleich zur Fortsetzung seines Probejahres an das Gymnasium zu Crefeld versetzt.
    d) Durch Verfügung vom 12. Oct. 1878 wurde genehmigt, dass der Schulamtscandidat Herr Hermann Ruppenthal aus Birkenfeld bei der Anstalt sein Probejahr abhalte; derselbe trat am 21. October ein.
    e) Der Gesanglehrer Herr Eisenhuth ist in Folge eines Beinbruches seit dem 11. Jan. 1879 verhindert, seinen Unterricht zu ertheilen. Die besondern Gesangstunden der Sexta und der Quinta wurden meist mit anderm technischen Unterrichte dieser Klassen combinirt; für die zwei wöchentlichen Chorgesangstunden leistete der Gesanglehrer des hiesigen Friedrich-Wilhelms-Gymnasiums, Herr Peltzer, unter bereitwilligstem Entgegenkommen der ihm vorgeordneten Direction, eine eben so dankenswerthe als erwünschte Aushülfe.
    f) Der Gymnasiallehrer Herr Winschuh erkrankte Anfangs Februar 1879 an einer Rippenfellentzündung. Seine Vertretung übernahmen bis zum Schlusse des Semesters die Herren Dr. Liessem, Dederich und Ruppenthal.

III. Statistik.

1. Frequenz im Schuljahre 1878—79.

1. Aus dem Wintersemester 1877—78 kehrten zurück . . . 178 Schüler.
2. Dazu wurden zum Sommersemester 1878 neu aufgenommen 53 „
3. Bestand zu Anfang des Sommersemesters 1878 . . . . 231 Schüler.
    nämlich:

I	II	III A	III B	IV	V	VI
22	38	27	24	30	42	48

[190 Katholiken, 36 Evangelische, 5 Israeliten; 177 Kölner, 54 Auswärtige].

4. Abgang im Sommersemester 1878 aus:
```
I   II   III A   III B   IV   V   VI
3   1    1       1       1    2   2  = 11.
```
5. Bestand am Schlusse des Sommersemesters 1878:
```
I   II   III A   III D   IV   V   VI
19  37   26      23      29   40  46 = 220
```
6. Neu aufgenommen wurden im Wintersemester 1878—79 im Ganzen 11.
7. Frequenz im Wintersemester 1878—79:
```
I   II   III A   III D   IV   V   VI
20  37   26      25      32   42  49 = 231 [187 Katholiken, 40 Evangelische, 4 Israeliten;
                                       178 Kölner, 53 Auswärtige].
```
8. Abgang im Wintersemester 1878—79:
```
I   II   III A   III B   IV   V   VI
—   —    —       2       1    2   —  = 5
```
9. Bestand am Schlusse des Wintersemesters 1878—79:
```
I   II   III A   III B   IV   V   VI
20  37   26      23      31   40  49 = 226.
```
10. Im Ganzen haben also im Schuljahr 1878—79 242 Zöglinge das Gymnasium besucht.

2. Abiturientenprüfung.

Am 10. März 1879 wurde unter dem Vorsitze des unterzeichneten Directors als des stellvertretenden Königlichen Commissarius die mündliche Abiturientenprüfung abgehalten, derzufolge sämmtliche neun Oberprimaner das Zeugniss der Reife erhielten, nämlich:

1. Ferdinand Decker, geb. zu Köln am 3. Sept. 1856, katholischer Confession, 3½ Jahre in Prima; er will Theologie studiren.
2. Bernhard Flohr, geb. zu Köln am 24. Aug. 1858, katholischer Confession, 2 Jahre in Prima; er will Philologie studiren.
3. Peter Flohr, geb. zu Köln am 10. Jan. 1857, katholischer Confession, 3 Jahre in Prima; er will Philologie studiren.
4. Karl Kalb, geb. zu Pfaffendorf am 30. Sept. 1854, katholischer Confession, 2 Jahre in Prima; er will Medizin studiren.
5. Eduard Neven, geb. zu Köln am 23. Nov. 1859, katholischer Confession, 2 Jahre in Prima; er will sich dem Kaiserlichen Heeresdienste widmen.
6. Matthias Puth, geb. zu Moselsürsch am 12. Sept. 1858, katholischer Confession, 3 Jahre in Prima; er will Mathematik und Naturwissenschaften studiren.
7. Hugo Schmitz, geb. zu Rheydt, Reg.-Bez. Düsseldorf, am 27. Mai 1860, katholischer Confession, 2 Jahre in Prima; er will Rechtswissenschaft studiren.
8. Franz Thiery, geb. zu Köln am 20. März 1857, katholischer Confession, 3 Jahre in Prima; er ist hinsichtlich seiner Berufswahl noch unentschieden.
9. Peter Wiedenfeld, geb. zu Thorr am 1. Sept. 1856, katholischer Confession, 3 Jahre in Prima; er will Philologie studiren.

Den Abiturienten Neven und Schmitz wurde die mündliche Prüfung erlassen.

3. Lehrmittel.

Die wissenschaftlichen Sammlungen der Anstalt wurden nach Maassgabe der etatsmässigen Mittel vermehrt.

An Geschenken, für die hiermit Namens der Anstalt der gebührende Dank ausgesprochen wird, erhielt

a) die Lehrerbibliothek:

Von Sr. Excellenz dem Herrn Cultusminister Dr. Falk:
Jahrbücher des Vereins von Alterthumsfreunden im Rheinlande. Bonn, Marcus. Heft 62—65.
Von Herrn Dr. Weinkauff:
Wander, drei Jahre aus meinem Leben. Leipzig 1878.
Von Herrn Director Dr. Schellen:
Festschrift zur Feier des fünfzigjährigen Bestehens der Realschule zu Köln.
Von Herrn Gymnasiallehrer Dederich:
Frauer, Lehrbuch der althochdeutschen Sprache und Literatur. Oppenheim. Kern, 1860.
Von Herrn Professor Crecelius in Elberfeld:
Matrikel over nordiske Studerende ued Universitetet i Köln i det sextende Aarhundrede ued L. Daae; Kristiania. Mallings Bogtryckeri 1875.
Von dem Bergischen Geschichtsverein:
Dessen Zeitschrift, Band XIII und XIV.

b) die Schülerbibliothek:

Von dem Unterseceundaner Kirberger:
Baumgarten, Chrestomathie aus der französischen Literatur des 17., 18. und 19. Jahrhunderts für Secunda etc. Coblenz, Hölscher 1870, und Boymann, Lehrbuch der Physik. Köln und Neuss. Schwann 1877.

IV. Schluss des Schuljahres.

Montag den 7. April 1879.

Vormittags von 9—10 Uhr: Oeffentliche Prüfung der Sexta: Rechnen, Herr Dr. Velten; Lateinisch, Herr Dederich.
„ „ 10—11 „ Quinta: Deutsch, Herr Schrammen; Naturkunde, Herr Dr. Velten.
„ „ 11—12 „ Quarta: Deutsch, Herr Strerath; Französisch, Herr Dr. Wollmann.
Nachmittags von 3—4 Uhr: Untertertia: Geschichte Herr Dr. Liessem; Französisch, Herr Kaiser.

Dinstag den 8. April 1879.

Vormittags 8 Uhr Schlussgottesdienst.
„ von 9—10 Uhr: Obertertia: Deutsch, Herr Schrammen; Naturkunde, Herr Dr. Velten.
„ „ 10—11 „ Secunda: Griechisch, Herr Dr. Wollmann; Geschichte, Herr Schrammen.
„ „ 11—12 „ Prima: Lateinisch, Herr Dr. Wrede; Physik, Herr Kaiser.

Nachmittags von 3 Uhr ab:

Gesang: Dem Einzigen, von Chr. H. Rinck.
Declamation des Sextaners Victor Welter: Deutscher Rath, v. Rob. Reinick.
„ „ Quintaners Peter Pickert: Das Schloss am Meere, von Uhland.
„ „ Quartaners Max Uhlig: Der blinde König, von Uhland.
„ „ Untertertianers Heinrich Wirtz: Bretagne, von Rob. Aratz.
„ „ Obertertianers Johann Rauschen: Bertran de Born.
Gesang: Jagdgesang, von P. Winter.

Declamation des Untersecundaners Matth. Menn: Die Macht des Gesanges, von Schiller.
„ „ Obersecundaners Jos. Minten: Aus Rollin's Hist. rom.: Die Campaner rufen die Hülfe der Römer an.
„ „ Unterprimaners Christ. Kremer: Anfang des Nibelungenliedes.
„ „ „ Jak. Kaufmann: Wallenstein's Monolog [W.' Tod, I, 4].
„ „ Oberprimaners Peter Flohr: Hor. Od. I, 37.
„ der Oberprimaner Ferd. Decker und Hugo Schmitz: Psalm 104., ein Loblied auf die Schöpfung.
„ „ Primaner Clem. Schwertführer, Peter Wiedenfeld, Eduard Neven und Alex. Oestreich: Erste Strophe und Gegenstrophe aus der Parodos in Sophokles' Antigone.
Lateinische Rede des Oberprimaners Hugo Schmitz.
Deutsche Rede des Oberprimaners Bernh. Flohr.
Gesang: Abschied vom Walde, von Mendelssohn-Bartholdy.
Entlassung der Abiturienten durch den Director.
Gesang: Des Abends auf dem Heimwege, von C. M. von Weber.
Darauf in den einzelnen Klassen Vertheilung der Zeugnisse.

V. Anfang des neuen Schuljahres.

Das neue Schuljahr, von Ostern 1879 bis Ostern 1880, beginnt am Donnerstag den 24. April, Vormittags 8 Uhr. Die Aufnahmeprüfungen finden statt Dinstag den 22. und Mittwoch den 23. April, jedes Mal Vormittags von 9 und Nachmittags von 3 Uhr ab.

Anmeldungen

werden während der Osterferien im Gymnasialgebäude, Heinrichstrasse Nr. 2—4, entgegen genommen. Bei der Anmeldung ist ausser dem Abgangszeugnisse der zuletzt besuchten Schule das Attest über geschehene Impfung, bei Schülern, die in dem laufenden Kalenderjahre das zwölfte Lebensjahr vollenden werden oder schon überschritten haben, das Zeugniss über eine in den letzten fünf Jahren mit Erfolg geschehene Wiederimpfung vorzulegen.

Köln, im März 1879.   Dr. Wilh. Schmitz,
                                        Gymnasial-Director.

PROGRAMM

des

KAISER WILHELM-GYMNASIUMS

zu

KÖLN.

XIV. SCHULJAHR:

VON OSTERN 1881 BIS OSTERN 1882.

VERÖFFENTLICHT

von

DEM DIREKTOR DES GYMNASIUMS

Dr. WILHELM SCHMITZ.

INHALT.

A. Mittellungen aus Akten der Universität Köln. Zweite Fortsetzung.
   III. Die Aufzeichnungen der ersten Matrikel [1388—1425] über die Jahre 1393—1399.
B. Schulnachrichten.

} Von dem Direktor.

Köln, 1882.

Gedruckt bei J. P. Bachem, Verlagsbuchhändler und Buchdrucker.

1882. Progr. Nr. 383.

HARVARD COLLEGE LIBRARY
GIFT OF THE
GRADUATE SCHOOL OF EDUCATION
Feb. 11, 1932

Mitteilungen aus Akten der Universität Köln.

Die erste Matrikel.

[Zweite Fortsetzung.*)]

.. Anno ..   .. Studii ..   .. Quinto ..

Anno Dnij millesimo trecentesimo nonagesimo tercio .... electus fuit in Rectorem universitatis *1393.*
magr Petrus de Orton, in medicina magr, sub cuius Rectoria intitulati fuerunt hij   17 ma Electio.
Primo .. magr Gerardus Radinc de Groeninghen, Decretorum doctor.¹)
Anno Dni millesimo trecentesimo nonagesimo tercio ... electus fuit in Rectorem universitatis   *1393.*
magr Alexander de sto Vito, licentiatus in utroque Iure.¹)   18 va.
[Fol. 22 r:] Anno Dni millesimo trecentesimo nonagesimo tercio .... mensis ...... die, *1393.*
hora vesperarum electus fuit in Rectorem magr Iohannes de Wasia, sacre theologie professor, in cuius 19. aa.
Rectoria intitulati fuerunt infrascripti¹).
Anno Dni millesimo trecentesimo nonagesimo tercio electus fuit in Rectorem universitatis, in die   *1393,*
Annunciacionis Marie in Ambitu ecclesie beate Marie in Capitolio Coloñ., magr Heynricus Banderi de 25. Mart.
Bopardya, in cuius Rectoria intitulati fuerunt hij   20ma.

1. Primo Gotfridus de Kempen, dictus de Scilica
2. Hynricus de Tuyclo
3. Servacius Frailhon de Hoye
4. Io. de Vrisheym alias de Colonia
5. Io. de Hoechheym
6. Petrus Symonis

Item nota, quod in eadem congregacione presentis electionis presentata erant Statuta trium facultatum, scil. Theologie, Medicine et Artistarum per decanos earundem Duo Rectori et universitati toti, supplicantes debita cum instantia approbationem eorundem fieri. Qui Rector, scil. magr Io. de Wasia, una cum tota universitate, scil. quatuor facultatibus solempniter propter hoc per iuramentum ibidem convocatis prediota statuta dictarum trium facultatum, secundum quod ibi presentabantur, approbarunt et concluserunt, salva tamen tali additione ea corrigendi, mutandi et meliorandi tociens quociens aliqua dictarum facultatum cum consensu tocius universitatis videretur expedire. S. per me W. de Wye notarium et in dicta approbacione presentem.

.. Anno ..   .. Studii ..   .. Sexto ..

[Fol. 22 v:] Anno Dni millesimo trecentesimo nonagesimo quarto, in vigilia Annunciacionis beate *1394,*
Marie virginis fuit electus concorditer in Rectorem universitatis Dūs Iohannes de Verborgh, decretorum 24. Mart.
Doctor. In cuius Rectoria intitulati fuerunt infrascripti   21ma.

1. Primo Iñus Iohannes Hamer de Leydis
2. Nycolaus de Herderwyck
3. Theodericus de Broeck
4. Egbertus de Wiclis
5. Oberardus de Düretyn
6. Dñs Heynricus de Loen, pbr
7. Desiderius de Fyes
8. Iacobus de Thamisis
9. Iohannes de Brussela

10. Fastradus Pomlhen de Leodio
11. Laurencius Ancsavis de Lintern
12. Frater Wilhelmus de Rosato de Gandavo
13. Fridericus Curro de Groninghen
14. Heuricus de Groenloghen
15. Iohannes Heneger de Attendern
16. Arnoldus de Durstan
17. Walterus Horne de Leydis
18. Hermañus de Gravia

*) Vgl. die Programme des Kaiser Wilhelm-Gymnasiums vom Jahre 1878 und 1879.
¹) Ein für weitere Eintragungen freigelassener Raum ist nicht ausgefüllt worden.

38   .. Anno ..   .. Studii ..   .. Sexto ..

19. Gerardus, filius Alberti de Buscoducis
20. Henricus de Hemtleen
21. Symon Aurifabri de Bopardia
22. Iohannes Mutsart
23. Iacobus de Hoevel
24. Hermannus Comen
25. Petrus Maes pbr, can^{cus} Thoralicensis

26. Reynerus de Clavi
27. Heynricus Heyster
28. Maĝr Ghiselbertus de Monte, natus de Bruxella, doctor in medicina
29. Lambertus Marschalli de Lewis, Leod. dioc., scolaris in Artibus.

1394,
28. Iun.
22ds.
[*Fol. 23 r :*] Anno D̄ni millesimo trecentesimo nonagesimo quarto, in vigilia beatorum Petri et Pauli apostolorum electus fuit in Rectorem maĝr Iacobus Berneri de Novimagio, sub quo intitulati fuerunt hij

1. Primo Wilhelmus de Here
2. Heynricus Nubecker
3. Meruilius Hoken de Clivis
4. Iohannes Geyten de Hammone
5. Matheus de Eleu
6. Nycolaus Wolter de Gravia
7. Gotfridus de Matlart
8. Io. Flecke de Brubach
9. Baldewinus, filius Io. Baldewini de Breda.
10. Petrus Ghiselberti de Buscoducis
11. Heynricus Scheylhart
12. Io. Süelveninck¹) de Groningken
13. Ghiselbertus de Castel
14. Io. Muyster
15. Philippus Holtshouwer de Brüwijlre
16. Albertus Snackart

17. Heyaricus de Castro
18. Amilius Jacobi de Monekedam
19. Heynricus de Rodesberch
20. Gerardus de Sassenbarch
21. Henr. de Holsat
22. Ghiselbertus Nuñesbadeu
23. Iacobus de Putao
24. Christianus de Selt
25. Iacobus de Tefelen
26. Wilhelmus Brün de Gandavo
27. Walramus de Geminipoute, Illustris, Metensis dioc.
28. Iohannes Salomonis
29. Henr. Uphoven
30. Rodolphus Groet
31. Io. Reyneri de Horne
32. Everhardus de Groeninghen.

1394,
8. Oct.
23us.
[*Fol. 23 v :*] Anno Dni millesimo trecentesimo nonagesimo quarto, in vigilia Dyonisii electus fuit in Rectorem Ghiselbertus de Monte, Arcium maĝr et medicine Doctor, et sub eo intitulati fuerunt infrascripti

1. Primo Maĝr Christianus de Ackoye, Traiecten. dioc.
2. Theodericus de Horae
3. Iacobus Colini de Harlem
4. Theodericus de Fraycure
5. D̄ns Johannes Schurman
6. Maĝr Io. de Poelwijk
7. Io. Nebe de Novimagio
8. Petrus Odulf de Novimagio
9. Christianus Stoiff de Bopardia
10. Gerardus Duvel
11. Io. Bacgellire
12. Lambertus de Hontuna
13. D̄ns Henr. de Lone

14. Lofo in Curia, de Hercka
15. Gerwinus Vonken
16. Eustacius de Türawerme
17. D̄ns Io. Keteler
18. Rolandus de Porta
19. Io. de Siburg
20. Wilhelmus de Rotterdamme
21. Wilhelmus Meynart
22. Iacobus Vertbeke
23. Heynricus Olmen de Novimagio
24. Heynricus Christiani, alias dictus Roesman
25. Frater Christianus de Sella, ord. Carmelitarum, baccalar. biblicus in theol^e.

Anno Studii septimo.

1394,
20. Dec.
[*Fol. 24 r :*] Anno D̄ni millesimo trecentesimo nonagesimo quarto in vigilia beati Thome Apostoli electus de novo fuit in Rectorem universitatis idem maĝr Ghiselbertus de Monte et sub eo intitulati fuerunt infrascripti

1. Primo Iohannes Kock
2. Theodericus Leydis
3. Io. de Urdingken

4. Io. Agni, alias Sparke, maĝr in artibus
5. D̄ns Gerardus, curatus in Sondwere
6. D̄ns Iv. Sansonis

---
¹) Süebrinck | *M* von *1. Hand corrigiert.*

... Anno ...   ... studii ...   ... septimo ...   39

7. Symon, Canonkus in Asterio
8. Frater Adam de Gladbach, sacre theo* professor, ord. predicatorum
9. Frater Heynricus de Dalen, sacre theo* professor, ord. Carmel.
10. Dñs Iohannes Beraveh, bacalarius in iure
11. Iordanus, filius Iordani, mercatoris de Xanctis
12. Io. de Folda, de Erfordia
13. Io. Gelldorp
14. Iacobus, dictus Gabriel
15. Heynricus Rees, clericus Traiecten dioc.
16. Heynricus de Holset
17. Walterus Peterselle
18. Io. de Diessate.

[*Fol. 24ᵛ:*] Anno Dñi millesimo trecentesimo nonagesimo quinto in vigilia Annunciacionis beate Marie virginis electus fuit in Rectorem magr Iordanus Wanghe de Clivis, in cuius Rectoria intitulati fuerunt hij   *1395, 24. Mart.*

1. Gotscalcus de Kirspe
2. Iohannes Keverbussche
3. Fr. Iohannes Saire, ord. sancti Benedicti

In Rectoria huius magri Iordani magr Ghiselbertus de Monte iterum fuit reelectus in Rectorem eo quod magr Iordanus hac vice non poterat exercere officium Rectorie propter certas legitimas et rationabiles cansas, quas universitati in domo Augustinensium exposuit, et universitas illas excusaciones admisit etc.

4. Item Heynricus Heinrici Wyssö de Limpurg
5. Otto de Sconouwen, Traiecten. dioc.
6. Wilhelmus de Foresta
7. Io. Fimp.   8. Item Io. de Krtrike, dictus Lincer
9. Henricus Gobelini de Waldorp
10. Wernerus de Gorissenich, Canõs ad gradus Coloñ.
11. Io. Ywanus. 12. Wilhelmus Franco de Ponte, Cameraceñ. dioc.
13. Heynricus Franconis. 14. Io de Reys. 15. Boudewinus Florencij
16. Nycolaus Io. de Saenden.
17. Albertus de Lederdamme
18. Mersilius de Goch
19. Io. Spronck, Traiecteñ. dioc.
20. Symon. Io. de Sirxe

Anno Dñi millesimo trecentesimo nonagesimo quinto in vigilia beatorum Petri et Pauli apostolorum magr Heynricus de Nussia alias dictus Mengwater erat electus in Rectorem universitatis et sub eo hij sunt intitulati   *1395, 28. Iun.*

1. Iohannes Komen de Ghoesken
2. Heynricus Dorsten
3. Hermannus Grotenhuys, Canonicus Davantrieñ.
4. Io., filius Wilhelmi de Birgelin
5. Io. Sonnenberg de Renen, Traiecteñ. dioc.
6. Iacobus de Eel, pbr investitus Io Dync', Leod. dioc.
7. Theodericus de Eerstel, curatus in Beche, Leod. dioc.
8. Dñs Io. de Haltem, ord. sti Benedicti, filius Illustrissimi principis Ducis Gelrie complete iuravit
9. Dñs Iohannes van der Schure de Haerlem, pbr Traiecteñ. dioc.
10. Io. de Tegle de Xanctis
11. Io. de Huenen, dictus Arnhem

[*Fol. 25ʳ:*] Anno Dñi millesimo trecentesimo nonagesimo quinto magr Henricus Mengwater de Nussia erat electus in Rectorem universitatis in profesto Dyonisij et erat continuatus Rectorem propter defectum magrorum tunc temporis Colonie propter maximam epidimiam existentem, et intitulati fuerunt hij   *1395, 8. Oct.*

1. Primo magr Wilhelmus de Rück ... (?) Leod. dyoc.   Solvit
2. Dñs Wilhelmus, pastor in Haghen, Mons. dyoc.   Solvit
3. Arnoldus Koterman de Wustehork, (?) Leod. dioc.   Solvit
4. Gerlacus de Wypperwoerde, Coloñ. dioc.   Solvit
5. Iohannes Wylünck de Bolcholdia, Mons. dioc.   Solvit
6. Dñs Iohannes Pauli, perpetuus vicarius ecclesie parochialis beate Gertrudis, Leod. dioc.   Solvit
7. Conradus de Vuckilch, Constan. dioc., in iure can⁰   p.
8. Dñs Philippus de Fabrica de Venrade, Leod. dioc.   Solvit
9. Mgr. Henricus de Oy
10. Dñs Wilhelmus, dictus Cardinal., chorieps Traiect.   Solvit
11. Iacobus Iacobi de Haerlem, Traiect. dioc.   p

Computus magri Gerardi ¹)
[*Fol. 25ᵛ:*] Anno Dñi millesimo trecentesimo nonagesimo quinto in vigilia beati Thome Apostoli electus fuit in Rectorem universitatis Dñs Iohannes de Novolapide, legum Doctor et sub eo intitulati fuerunt hij   *1395, 20. Dec.*

---
¹) *Die Rechnung ist nicht ausgeführt.*

1. Primo Wessellus Gebbing
2. Morianus de Bruxella
3. Theodericus de Elen, pbr, Rector parochialis ecclesie in Metelen, Mona. dioc., scolaris in iure can⁰
4. Petrus, filius Gotifridi de Steynbergen
5. Io., dictus Hoeve de Breda
6. Fr'. Io. de Colonia, pastor in Grevenbroich, bac. in theo⁰
7. Hermannus de Zwivel
8. Henricus, filius Lupi
9. Nycolaus, filius Constantini de Anderuaco
10. Mathias de Voert de Mechelinea
11. Petrus de Ameronghen
12. Petrus Schol
13. Io. Tilmanni de Leodio
14. Ludowicus de Busco de Kan
15. Gerardus Vinck de Leydis
16. Baldewinus Mariscalli
17. Egidius de Monte
18. Reynerus de Dünen

1396,
24. Mart.

[*Fol. 26 r:*] Anno Dñi millesimo trecentesimo nonagesimo sexto In vigilia Annunciacionis beate Marie virginis electus fuit in Rectorem universitatis Dñs Gerardus Radinc de Groeninghen, Artium magr et decretorum Doctor, sub cuius Rectoria intitulati fuerunt infrascripti

1. Primo Iohannes Iuvenis de veteri Busco VI. albos
2. Hermannus de Roede, alias de Rekelinchusen VI. alb.
3. Dñs Io. de Blankensteyn pbr, vicarius ecclie Zoaticn. VI. alb.
4. Dns Florencius de Zoelen VI. alb.
5. Iacobus Hungber (Hinigher? Himgher?) de Leydis VI. alb.
6. Wilhs Theoderici de Haerlem VI. alb.
7. Dñs Io. Greiff, can⁰ᵒᵒ atorum aptorum Colon. VI. alb.
8. Bernardus Zickinc, alias Spraes VI. alb.
9. Iacobus de Odendaer VI. alb.
10. Dñs Io. de Dckem VI. alb.
11. Io. Alleris de Goch VI. alb.
12. Frater Adolphus de Reke, ord Premonstraten. VI. alb.
13. Frater Walterus Martini, ord. ste Crucis VI. alb.
14. Henricus de Berghen, dictus Scürgys (?) VI. alb.
15. Iohannes Musschart, bacr. in Artibus, can⁰ᵒᵒ sti Andree Colon. VI. alb.
16. Wynandus Oolmycaeu (?) de Bunna, Colon. dioc. VI. alb.,p
17. Iohannes de Cassel, plebanus in Bensheim, Magunt. dioc. VI. alb.
18. Iohannes de Bochauwen } fratres carnales, Leod.
19. Robertus de Buchauen } dyoc. Solverunt XII alb.
20. Fredericus, filius Remberti de Pursove in Vasclo, Mona. dioc. Solvit VI. alb.

Nota de archa universitatis et magno sigillo.

Et memoratus Rector procuravit privilegia universitatis poni ad archam dicte universitatis situatam in conventu fratrum minorum Colon., et que sint illa, reperiuntur intytulata in kalendario universitatis. — Item ibidem disposuit poni magnum sigillum universitatis predicte. — Item ibidem reperientur statuta magno sigillo universitatis sigillata.

Item diffalcatis defalcandis prensentavit successori suo XII marchas et VI sol. in presencia tocius universitatis in refectorio frm minorum.

1396,
28. Iun.

[*Fol. 26 v:*] Anno Dñi millesimo trocentesimo nonagesimo sexto in vigilia Apostolorum Petri et Pauli electus fuit in rectorem universitatis Dñs Petrus de Gruythuys, Mgr in Artibus et Bacalarius in legibus, sub cuius Rectoria intitulati fuerunt infrascripti

1. Primo mgr Thomas Conradi de Leydis, Canonicus honor. in Hogelant in Leydis Solvit VI. alb.
2. Iohannes Comen de Geseke, non solvit, quia, ut dicebat, neglectus fuit per mgrm Giselbertum Doctorem in medicinis
3. Iohannes Boyrboem de Alfter. nihil solvit serviens
4. Ewanns, dictus Hebschaep, dioc. Cameracen.
5. Iohannes de Holle, pbr, Curatus de Ettelgboem, Scolaris in iure Can⁰', Tornacen. dioc.
6. Nycolaus Cleynnel, Rector parochialis eccle de Nederpoelt, Leodien. dioc., Scolaris in iure Canonico
7. Fredericus Huberti de Hedel, Traiecten. dioc., Scolaris in iure Can⁰ᵒ
8. Matharius de Aerde, Traiecten. dioc., pauper
9. Petrus de Mosa, Decanus Wassenbergen., Scolaris in Theologia
10. Wilhelmus de Metis, Scolaris in medicinis
11. Egidius Meysterman, pbr, plebanus beate Marie Trudonius, Scolaris in Theo⁰
12. Wilhelmus prbi, de Lovanio. Scolaris in art. Rector altaris sti Nyco. in Halen, Leod. dioc.
13. Hermanus de Boye Ratinghe, Scolaris in Artibus
14. Arnoldus, filius quondam Dñi Arnoldi de Hoera, Canonicus in Breda, Leodien. dioc., Scolaris in Artibus

anos in- 15. Frater Iaspar de Mantua, ord. minorum, bac. in
at com-   theo⁸
et sol- 16. Frater Valastus Egidii de Portugalia, ord. predi-
univer-   cator., bac. in theo⁸
ati.   17. Fr. Gerardus de Bocholdia, ord. Sti Aug., bac in
            theo⁸

18. Fr. Vernandus Ullsbosen., ord. predica⁷ᵘᵐ, bac. in
    theo⁸
19. Fr. Nycolaus de Oesterwijc, ord. prediᶜᵘᵐ, bac. in
    theo⁸
20. Dũs Heynricus, dictus Coenoet, pbr Cameracen.
    dioc., bac. in decretis

quod   Demum eodem anno rationabili causa superveniente prope (?) Dominica ante festum Cosme et Da-
potest miani martirum antedictus venerabilis mgr Petrus de Gruthuys se absentavit. Et honorabilem virum *1396, 27. Dec.*
ituere mgr͞m Gherardum Radinc, decretorum doctorem, in domo sua presente notario et testibus subaituit,
notario
itibus. per quem infrascripti fuerunt intytulati. Et omnibus computatis et defalcatis nichil in residuo remansit
neque suo successori quidquam presentavit

[*Fol. 27ᵛ:*]
1. Dũs Iohannes de Leenderstorp, Scolasticus canonicus ecc͞ie sti Servacii Traiect. supe-
   rioris   Solvit
2. Dũs Hermannus Herkowen de Oerdyucken,
   Rector altaris ste Gertrudis in ecc⁰ sti
   Marci Leod.   Solvit

3. Dũs Libertus de Yacens, rector eccie parochial
   atu Albegundis, Leod. dioc.   Solvit
4. Philippus de Iosellis, Scolaris in facultate
   medicine   Solvit

Item Anno Dn̄i M . cec͞c⁰ xc⁰ sexto in profesto beati Dyonisii electus fuit concorditer per omnes *1396, 8. Oct.*
facultates in Rectorem universitatis Dũs Lambertus de Euskirchen, Artium Magr et Medicine Doctor.
Sub quo intitulati fuerunt hij

1. Dns Bruno Ghiselberti de Aemsterdam, Curatus
   in Edam, Traiecten. dioc., Scolaris in theo⁸   s.
2. Magr Iacobus, dictus Scheyffer, de Tulpeto, artium magr.   s.
3. Iohannes Lapicida de Montabũr, bac. in artibus s.
4. Thomas Wyten de Breda, Leodien. dioc.   s.
5. Dũs Wilhs quondam Lamberti de Euskirchen,
   bac. in art.
dedit 6. Dũs Nycolaus Burrel de Gandavo, magr. in Artibus et in medicina doctor
7. Io. de Gruntsvelt, Leod. dioc.   s.
8. Iacobus Engelberti de Eirk   s.
9. Witte de Rine de Breda, Leod. dioc.   s.
10. Theodericus de Bocholdia, Traiecten. dioc.   s.
.p. 11. Nycolaus Heynmanni de Aemsterdam
12. Iulianus de Sarto, Leod. dioc.   s.
13. Egidius Lottel, alias magri, Tornacen. dioc. s.
.p. 14. Io. Volkener de Breda

15. Tilmannus Hollant de Lewis   sol.
16. Arnestus quondam Friderici de Aemsterdam sol.
17. Dns Gerlacus de Wassenberg, pbr, Leodien. sol.
18. Dns Egidius de Rivo, pbr   { dioc.   sol.
19. Godfridus, filius Bernardi de Berka, cle-
    ricus Colonien.   sol.
20. Cristophorus Hofman de Mechlinia, Camer.
    dyoc.   s.
21. Io. de Wilgartwiesen, Spirensis dyoc. -   s.
22. [*Fol. 27ᵛ:*] Bwederus de Ringenberge,
    Pastor in Bruyne, Mons. dioc.   s.
.p. 23. Wilhelmus Petri de Steynberge
24. Symon de Oudorp, clericus Traiecten. dioc.,
    Bedellus iuristarum nihil dedit.

Nota, quod
hoc tempore
Iuriste habue-
runt proprium
Bedellum.

In Rectoria dicti Dni Lamberti pro pace habenda in partibus istis congregati erant principes et
Dn̄i infrascripti, videlicet, ruverendissimi in Xp͞o patres et Dũl Dn̄i Fredericus Coloniẽ. et per Ytaliam,
necnon Wernerus Treverẽn. et per Galliam Archiepi et Archicancellarii dei gr͞a Sacri Imperii et Electores
Serenissimus et Illustrissimus princeps et Dũs, Dñs Wilhelmus dei gr͞a Dux Gelrie et Iuliacen. Comes-
que Zuytphanie, nobilissimusque princeps et Dñs Wilhelmus Dux Monteñ., Necnon Reverendus pater
et Dñs, Dns Otto de Hoy Monasteriẽn. Epū͞n, quos quidem Dños Archiepiscopos et Duces universitas,
mater nostra, cum magna solempnitate cum collacionibus debitis et recommendatoriis et quemlibet
eorum in solidum visitavit, et quilibet dictorum Dñorum universitatem nostram cum maximis solempnitate et affectu recepit, et Specialiter predictus Dñs noster Gelreñ, universitati post Collacionem coram

en factam concessit et dedit pulchrum privilegium perpetuum Sigillo suo proprio sigillatum, quod invenietur in Archam universitatis positum. Cuius tenor sequitur in hec verba*).

Privilegium concessum per illustrissimum principem ducem Wilhelmum Gelrie.

Wy Willem van Gulich, bi der gnaden gaids hertoge van Gelre ind van Gulich und Greve van Zuytphen, Doen kont allen luden mit desen apenen brieve ende bekennen Dat wi van onsen sunderlingen gunsten ende genaden ende um die erbare konst ende vrome Wysheit, Di wie weten ende vernemen in den erbaren unsen lieven vrienden hern Meistern Doctoren ende clercken der universiteten tot Colnen te vollest ende te vorderinghen den selven hoer liif, boecke, cleders ende have also verre als si dat behooven ende keren tot horen Studium ende leringhen ende niet vorder al onse lande doer, te water ende te lande, tulvrie ende ongekroedt te sijn voer onss, onsen erven ende nakomelingen gegeven hebben ende geven mit desen brieve sonder argelist, ende wi ontbieden allen onsen amptluden, Tolneren, Reyntmeisteren onde ondersaten, die nu syn off namails ayn soolen, dat si den vorser. Herren Meisteren, Doctoren ende Clercken, onsen vrienden, behulpelich ende gunstich syn *[Fol. 28ʳ:]* ende hier niet teghen en doon noch geschien en laten, also lieff als Wy hen syn. In orcond ons Segels van onser rechter Wetenheit hier binnen op gedruet Int Jaer ons heft . m . ccc . xcʳexcʳio . des manendages post elizabet. Per dominum Ducem . presentibus de Consilio duminis . Iohanne de Velde et Arnoldo de Hoemen militibus.

Predictus Dns Rector post computationem suam in universitate tempore exspirationis Rectorie sue factam defalcatis defalcandis tradidit successori suo quatuor marcas Colonienses et quinque solidos.

1396, 20. Dec. [*Fol. 28ʳ:*] De eodem anno in vigilia Beati Thome Apostoli electus fuit in Rectorem Universitatis Dominus Iohannes Vogel, Decretorum mgr**), sub cuius Rectoria sunt intitulati infrascripti.

1. Primo Io. de Verwe, Lubecensis, in iure canonico studens
2. Item Henr. then Langhenbave de Reys, Coloniens. dioc.
3. Conradus Hoppennear de Cassel, canonicus ecclesie Sti Mauritii Mogunt.
4. Helerus Duro de Zügis, Swermensis dioc., in legibus studens.
5. Henr. de Oyskirghen, in Sysich vicarius, in iure canonico studens.
6. Henr. Hugonis de Leyes, Traiecten. dioc., in iure canonico studens.
7. Io. de Sheversteyn, canonicus Lewensis, Leod. dioc.
8. Gyselbertus Iohannis de Harlem, Traiecten. dioc., in legibus studens.
9. Io. in den Kaet, clericus Colon. dioc., familiaris Dni Io. de Novolapide. gratis propter dominum suum.
10. Wyaricus de Vaelsbech, militaris, in iure canonico studens.
11. Gerlacus Mechelman de Sosato, familiaris dicti domini Rectoris. gratis propter rectorem.

1397, 23. Mart.

Anno a nativitate Domini millesimo trecentesimo nonagesimo septimo, mensis Martii die XXIII, in vigilia Annuntiationis beate Marie, eodem anno de dominica Oculi ad sabbatum precedens Colonie anticipate, hora vesperorum electus fuit in Rectorem Universitatis Dominus Radulfus de Rivo, mgr in artibus, licentiatus in legibus et bachall. in decretis, decanus ecclesie Tongrensis, et inravit debitum iuramentum. Sub cuius Rectoria infrascripti fuerunt intitulati:

1. Henricus dictus Gherijn de Assenhem, Maguntin. dioc., in artibus studens
nihil. 2. Io. dictus Kuijp de Goch, Colon. dioc., in artibus studens. gratis quia pauper.
nihil. 3. Henricus Heyten de Goch, eiusdem dioc., in artibus studens. gratis quia pauper.
4. Iacobus de Ponzonibus de Massinago, clericus dioc. Mediolañ, scolaris in theologia
Henricus de Bemel. 5. Henricus Bemel de Xanctis, Colonien. dioc., scolaris in artibus.
nihil. 6. Arnoldus Brivinc de Bruxella, Camerascen. dioc., scolaris in artibus, pauper, nihil dedit.

7. Theodericus dictus Rwach(?), mgr in artibus Parisiensis, canonicus sti Io. Traiectensis, scolaris in theologis.
8. Io. de Halbeke, de Watherke, Leodi. dioc., scolaris in artibus: gratis quia pauper.
9. Iacobus de Montfort, clericus, Leodi. dioc., scolaris in artibus. n . . M. Nicolao de Medenblich continuaret
qⁱ pro eo pro ist, (?)
10. Ulricus dictus Landolt de Swevia, Constantien. dioc., scolaris in artibus, gratis quia pauper.

*) Bei Bianco I, Anl. S 3. ungenau abgedruckt. **) professor durchstrichen.

11. Dñs Io. abbas moñ. Parteñ. or. Premonstraten. prope Lovanlum. scolaris in iure canonico, VI alb. ay (?) bè. I. (?)
12. Dñs Iohes Berwici de Montabur, Treveren. dioc. presb., scolaris in iure canonico.
13. Das Iohes Bau, legum doctor.
14. Dñs Iohes Blomenrayt, monachus, presb. mon. sctī Martini maioris Coloniensis, scolaris in iure canonico.
15. Allardus de Suderbusen, Monasterien dyoc., studens in iure canonico.
16. Aelbertus de Petheim, Moñ. dioc., studens in iure canonico.

17. Rodulphus Lamberti Scaep de Doysborgh, pbr. dyoc. Traiecten., frater ordinis Sancti Benedicti, studens in theologia.
18. Das Iohannes Wael, canonicus Traiecteñ.
19. Iohannes de Weyda, Coloniēn. dyoc.
20. Iohannes de Apeltaren, Coloniēn. dyoc.
21. [Fol. 29 r :] Ugbertus de Amersfordia, dyoc. Traiecteñ., nichil dedit quia pauper.
22. Sulpitius Winans, Leodien. dyoc., in artibus studens.
23. Petrus dela rede de Anonia, Camoracen. dioc., studens in iure civili.
24. Iohannes de Stheynfordia, dioc. Moñ., studens in artibus, nichil quia pauper. nihil.

Item eodem anno in vigilia storum Apostolorum Petri et Pauli electus fuit in rectorem universi- 28, Iun. 1397. tatis concorditer magř.. Wolberus de Caldenhove, in artibus magr et in medicina doctor et iuravit ut moris est. Sub cuius Rectoria intytulati sunt infrascripti:

1. Primo Dñs Gotfridus Wolttorp de Essendia, pbr, studens in theologia.
2. Item Gotfridus Ilollieger de Borken, Moñ. dioc., scol. in iure canes.
3. Lambertus Alovigijns de Namuren, Leodien. dyoc. scol. artium.
4. Iohannes Beppel de Zeghen, clericus Magunt. dyoc., scol. in artibus, pauper.
5. Iacobus de Horste de Lippia, scolaris in artibus, Coloñ. dioc.
6. Wynandus filius Wynandi de Caster, Colonien. dyoc., scolaris in artibus.
7. Leonius de Eyck, scolaris in artibus, Leodien. dioc.
8. Esmudus de Brakel de Traiecto, scolaris in artibus.
9. Michael de Stoct, monachus ordinis Cistertien, prior sti Bavonis Ganden., Tornacen. dyoc., magr sacre theologie.
10. Desiderius de Gemeppia de Leodio, studens in artibus.

11. Iohannes de Rivo de Osenbrugge, servitor magistri Bertoldi Sudderich de Osenb., studens in artibus, gratis propter Duum.
12. Das Hermannus Knode de Colonia, prbr, studens in iure canes, bacc. in artibus.
13. Symon Gerlaci de Harlem, studens iuris canel.
14. Ioh. filius Iohis Nycolai de Harlem, studens iuris canel.
15. Dns Nycolaus Vitrificus de Hervordia, pebr, studens in iure canes.
16. [Fol. 29 v :] Teodericus de Leydis, studens in artibus. nichil.
17. } Henricus Laydis, studens in artibus.
18. Henricus Heen de Delff, studens in artibus. nichil.
19. Item Wilhelmus de Brunshorn, Mon., canres beate Marie in Capitolio Colonien., studens in theolole.
20. Das Martinus Alberti, canres sti Servacii Traiecten. et canres Aquensis, Leodien. dioc., studens iuris canel.
21. Wilhelmus Martini de Steynberg, studens in artibus, propter Dm, quia pauper. nl.

Predictus Dns rector defalcatis defalcandis presentavit successori sno VII marc. Coloniēu. cum media etc.

[Fol. 30 r :] Anno quo supra in vigilia beati Dyonisij, hora et loco consuetis, electus fuit concorditer in Rectorem universitatis Dns Paulus de Obelria, Artium magr et in sacrosta theoa Doctor. In cuius Rectoriu intitulati sunt qui sequuntur:

1. Iacobus de Bunne de Traiecto inferiori oriundus, Leodieñ. dioc., studens in artibus sol.
2. Theodericus Loeff de Novimagio, studens in artibus sol.
3. Wilhelmus de Carpena, scolaris in artibus p.
4. Wilhelmus Martini de Breda, studens in artibus, dioc. Leod. sol.
5. Nicolaus Meynardi de Delf, studens in legibus, dioc. Traiecten. { Isti duo sunt canel sti Petri Traiecten. sol.
6. Petrus Franconis de Delf, studens in legibus

7. Albertus de Zwivel, studens in artibus, dioc. Coloñ. sol.
8. Sanderus de Novimagio, alias de Redinchaven, Coloñ. dioc., studens in legibus sol.
9. Gotscalcus Bomel de Campis, Dyoc. Traiecten., studens in iure canes. sol.
10. Das Bado de Wesalia, canres beate Marie ad gradus Coloñ., studens in iure canes. sol.
11. Henr. Aldendorff, Moguntin. dioc., studens in artibus. p.
12. Henr. de Oilstorff, Colonien. dioc., studens in artibus. p.

13. Xprianus Rurich de Colonia, studens in artibus p.
14. Wilhelmus Arnoldi Westgent, Traiecten. dioc., studens in artibus sol.
15. Petrus Wilhelmi de Harlem, Traiecten. dioc., studens in artibus sol.
16. Henricus de Venlo, alias de Canne, Leodien. dioc., scolaris in artibus. sol.
17. Amplonius de Creveldia, Colon. dioc., studens in artibus sol.
18. Iohes de monte de Euskirchen, studens in artibus sol.

19. Martinus de Stivordia, Leodien. dioc., studens in artibus p.
20. Rutgerus de Gelria, dioc. Colon., studens in artibus p.
21. Martinus de Medenblick, dioc. Traiecten., studens in artibus p.
22. Iohannes Rom. de Emendia, Colon. dioc., scolaris in artibus sol.
23. Wilhelmus de Venlo, Leodien. dioc., studens in artibus p.

Predictus Dns Rector defalcatis defalcandis presentavit successori suo sex marcas Colonien. minus duobus solidis.

1397.
20. Dec.

[Fol. 30ᵃ:] Anno Dni quo supra, videlicet Mᵒ trecentesimo nonagesimo septimo, in vigilia sti Thome, hora et loco consuetis electus fuit concorditer in rectorem universitatis Dns Iohannes Ban, doctor. legum. In cuius rectoratu fuerunt infrascripti intitulati et acta quae sequuntur:

1. Hermannus Tenspoelde de Ulzen, scolaris in iure canonico p.
2. Gobelinus filius Gobelial de Ubermer, scolaris in artibus sol.
3. Iohannes Rynrichs de Bruxella, scolaris in artibus p.
4. Cesarius de Rode, scolaris in iure canonico sol.
5. Iacobus Lichtenbergh de Traiecto, scolaris in iure canᵒ sol.
6. Item Dns Iohes Helmon, pastor in Olnel, scolaris in theoloᵃ. sol.

7. Nycolaus de Leydis, canᵒⁿᵘˢ ecclesie sancti Pancratii Leyden. studens in iure canᵒⁿᵒ. sol.
8. Otto Ysendael, canonicus ecclesie sti Petri Traiecten., studens in iure canᵒⁿ. sol.
9. Laurentius de Mertzenich, studens in artibus sol.
10. Iohannes de Eerclens, clericus Leodien. dioc., scolaris in artibus sol.
11. Frater Stephanus, dictus van den uwen borken, baccallar. in theologia, ordinis minorum sol.

Item defalcatis defalcandis presens Dus Rector tradidit successori suo XVII alb.

In huius Dni Rectoris Rectoria statuta infrascripta fuerunt per eundem Dominum Rectorem sepius in deliberatione universitatis proposita et tandem ultima die rectorie sue predicte unanimiter et concorditer per quatuor facultates propter hoc congregatas, prohabita per et inter ipsas natura et sana deliberatione, approbata. Datum et actum in refectorio maiori fratrum Mynorum Colonien., sub anno Dni Milleᵐᵒ cccᵐᵒ XCoctavo, mensis Martii die vicesima tercia, hora primarum vel quasi.

1398,
23. Mart.

Item mense, die, hora et loco predictis Statuta facultatum utriusque Iuris [Fol. 31ᵃ:] et artium fuerunt similiter per totam universitatem unanimiter et concorditer approbata, ut in instrumentis publicis apud archam universitatis repositis plenius continetur. Super quibus omnibus et singulis prefatus dns Rector necnon quelibet facultas pro se requisiverunt me Wilhelmum de Wye publicum notarium, ut super pᵖⁱᵒ (?) conficerremus publica instrumenta. Datum et actum ut prius presentibus in multitudine copiosa singularum facultatum decanis, doctoribus, magistris aliisque graduatis testibus ad premissa vocatis et congregatis.

Tenor dictorum statutorum talis est.

Item. Statuimus et ordinamus, quod, facta congregatione universitatis per dñm rectorem pro tempore existentem vel eius vicesgerentem ad certam horam, Idem dus rector articulos suos in principio eiusdem hore proponat, dum tamen tres facultates sint presentes; quodque legitime vocatas post articulos propositos supervenires vel se totaliter absentans peno deorum alborum rectori et universitati equaliter applicandorum subiaceat, nisi rationabiliter se valeat excusare.

Item. Stat. et or., quod mandato per dnm rectorem de missa universitatis pro certa hora decantanda quodlibet universitatis suppositum non legitime impeditum in loco prefixo in principio eiusdem hore comparent; quodque si aliquid universitatis suppositum post finem epistole dicte misse tardare vel forte se totaliter absentare contigerit, pene suprascripte subiacebit, nisi specialis pena contumacibus per dnm rectorem sit iniuncta.*)

*) Vgl. oben S. 29, Anm. 3, und S. 30, Anm. 3.

Item. Ordinamus, quod sermones et actus scolastici sint incipiendi in principiis horarum, pro quibus intimantur flendi, sub pena suprascripta.

[*Fol. 31v.*] Anno Dñi MCCCXC octavo, Indictione sexta, Pontificatus sanctissimi in Christo patris et domini nostri, domini Bonifatii divina providentia pape noni anno nono, mensis Martii die vicesima tertia, hora primarum vel quasi, in refectorio fratrum minorum electus fuit in rectorem universitatis Studii Coloniensis per quatuor facultates, ut moris est, unanimiter et concorditer magr Iohannes de Poelwijc, de Novimagio, et iuravit universitati iurari consueta, et sub eodem rectore intitulati fuerunt infrascripti.

1398, 23. Mart.

1. Magister Petrus Odolf de Novimagio (?), canonicus beate Marie ad gradus Coloniensis, scolaris in theol.   s.
2. Iohannes Ense de Campis, clericus Traiectensis dioc., scolaris in artibus.   s.
3. Ludolfus Pauli de Campis, clericus Traiectensis dioc., scolaris in artibus.   s.
4. Tidemannus de Wede de Campis, clericus Traiectensis dioc., scolaris in artibus.   s.
5. Bertoldus Bertoldi de Xanctis, clericus Coloniensis dioc., scolaris in artibus.   s.
6. Remboldus filius Remboldi de Tyela, clericus Traiectensis dioc., scolaris in artibus.   s.
7. Iohannes Wrede, pastor in Balve, Coloniensis dioc., scolaris in iure canonico.   s.
8. Theodericus de Keppel, pastor ibidem, Traiectensis dioc., scolaris in iure canonico.   s.
9. Iohannes Heymerick de Clivis, Coloniensis dioc., scolaris in artibus.   s.
10. Ludowicus de Essendia, Coloniensis dioc., scolaris in artibus.   s.
11. Adolphus de Essendia, Coloniensis dioc., scolaris in artibus.   s.
12. Emericus de Langhell, canonicus sancti Petri Sitterensis, Leodiensis dioc., scolaris in iure.   s.
13. Hermannus Ranck, canonicus in Gherisheym, scolaris in theologia.   s.
14. Lambertus Lubbertz, pastor in Lienden . . . . (?), canonicus Aquensis, Leodiensis dioc., scolaris in iure canonico solv.
15. Sthephanus de Dorkem, canonicus sti Martini Wormaciensis, scolaris in artibus.   s.
16. Petrus Dys de Limmen, clericus Traiectensis dyoc., scolaris in iure canonico.   p.
17. Henricus Raeda, vicarius in ecclesia beate Marie de Tenismonte, Leodiensis dyoc. scolaris in artibus.   h.
18. Iohannes de Yttersim, clericus Traiectensis dyoc., scolaris in artibus.   s.
19. Wilhelmus Wolf de Zevenhem, clericus Leodiensis dyoc., scolaris in artibus.   s.

Item defalcatis defalcandis praedictus dñs rector dedit successori suo XVII alb. denar.

[*Fol. 32r.*] ANNO, indictione et pontificatu, quibus supra; die Veneris vicesimanona mensis Iunii, qua fuit vigilia beatorum Petri et Pauli apostolorum, in refectorio fratrum minorum electus fuit in rectorem universitatis Studii Coloniensis Dñs Godefridus Ghenen de Dynslaken, decretorum doctor, qui iuravit iuramentum consuetum, et in eius rectoratu intitulati sunt infrascripti.

1398, 29. Iun.

1. Iacobus Royde } de Campis, Traiectensis dioc. ad facultatem artium
2. Cristianus Vreyse }
3. Gherardus de Heerre, magr. in artibus, canonicus sancte crucis Leodiensis.
4. Arnoldus Everhardi de Dynslaken, canonicus ecclesie sanctorum apostolorum Colon. ad facultatem theolog.
5. Iohannes Lucas de Worg, canonicus ecclesie sti Martini Leodiensis.
6. Fr. Wilhelmus Blumyng, ordinis Praemonstraten., canonicus ecclesie in Myrle, ad facult. theol.
7. Gherardus up dem Gadem, investitus ecclesie in Huern, Leodiensis dioc.
8. Gherardus Schaep de Clivis
9. Henricus Dasse   } fratres de Clivis *)
10. Iohannes Dasse }
11. Gherardus Bierman de Craneborgh
12. Iohannes Theuderici de Medenblick, Traiecten dioc.
13. Tilmannus Linnewever de Borken, Monaster. dioc.
14. Gerlacus Petri de Hasselt, rector ecclesie in Jäghende.
15. Iacobus Vloten de Clivis, Col. dioc.
16. Iohannes Iacobi de Rotterdamme, clericus Traiectensis dioc., ad artes
17. Iohannes Rossine de Warendorp, clericus Monast. dioc., ad iura
18. Conradus Vullenspijt, clericus Col. dioc., canonicus Weitflanen., Treverensis dioc., ad iura
    } ad Facultatem artium

---

*) *Gegenüber diesen Zeilen steht auf dem Rande:* Missa universitatis fuit ad Praedicatores.

19. Nicolaus Iohannis Engelberti de Mechlinia, clericus Cameracensis dioc., ad artes
20. Dns Iohannes de Tilten, decanus Bileveldensis, Paderbornensis dioc., ad theolog.
21. Iohannes Distel   } fratres, clerici Coloniens. dioc., ad artes
22. Theodericus Distel }
23. Gherardus Engelberti de Dynslaken, clericus Colon. dioc., ad iura
24. Sibertus Velmolen, canonicus montis ste Gertrudis, Leod. dioc., ad theolog.
25. Gherardus Henrici Ghenen de Dynslaken, ad iura
26. Iohannes ther Schinen de Reyss, clericus Colon. dioc., ad artes
27. Iohannes Gherardi Dodo de Leydis, clericus Traiertensis dioc., ad artes
28. Mathias Badel de Iuliaco, rector ecclesie in Lambersdorp, Col. dioc., ad iura
29. Iohannes Düvel de Urdingben, clericus Colon. dioc., ad iura
30. Magr. Theodericus de Nyenborgh, clericus Monasteriensis dioc.*)

[*Fol. 32v:*] Anno Domini MCCC° nonagesimo octavo, indictione **) et pontificatu, quibus supra, die Martis, octava mensis Octobris, quae fuit in profesto Dionisii, hora et loco consuetis electus fuit in rectorem unversitatis Studii Coloniensis per quatuor facultates, ut moris est, unanimiter et concorditer Mgr Albertus Wynkini de Hachenberg, mgr in artibus, et iuravit universitati iurari consueta, et in eius rectoratu intitulati fuerunt infrascripti.

1. Iohannes Hentzbeck ad artes, clericus Coloniens dioc.
2. Conradus de Odenkirgen ad artes, Colon. dioc.
3. Fr. Iohannes de Arwülre, ordinis fratrum minorum, ad lecturam biblie, Colon dioc.
4. Gerardus Pilgrym de Hachenberg, Colon. dioc., ad artes
5. Iacobus Schulte, clericus Havelbergensis dioc.
6. Gerardus Toepeninck de Gladebach ad artes, Coloniens. dioc.
7. Iohannes Steube de Gog ad artes, Coloniens. dioc.
8. Frater Bertoldus de Segen, ordinis minorum, ad lecturam biblie, Magunt. dioc.
9. Theodericus Wynkelman de Kalker ad artes, Coloniens. dioc.
10. Arnoldus de Kempenich ad artes, Coloniens. dioc.
11. Arnoldus Nonten de Breda ad artes, Leodiens. dioc.
12. Rodulphus Meynardi de Colonia Coloniens.
13. Heynricus, pastor in Rodyngen, Coloniens. dioc. ad artes
14. Conradus Obesit ad artes, Coloniens. dioc.
15. Arnoldus Vos de Embrica, Traiectensis dioc.
16. Gerardus Udem de vico, Colon. dioc.
17. Iohannes Heynbach de Hachenberg, Coloniens. dioc. ad artes
18. Tilemannus Wolfram de Segen, Maguntinensis dioc.
19. Martinus de Hertenfelt de Udem ad artes, Coloniens. dioc.
20. Adam, filius Gerardi Hayr de Iuliaco, Colon. dioc.
21. Arnoldus Ysenboldi de Xanctis, Colon. dioc. ad iura
22. Gerardus Gruter de Novimago ad iura, Coloniens. dioc.
23. Lubbertus Pynnoge de Monasterio, Monasteriensis
24. Gerardus Pyen de Dorsten, Coloniens. dioc., ad artes
25. Iohannes Pintzel de Berchem ad artes, Coloniens. dioc.
26. Hermannus de Gereshem, Colon. dioc.
27. Bertramus Pappondick, clericus Coloniens., ad artes
28. Martinus de Kyre de Ambelborg Maguntinensis ad artes

[*Fol. 33r:*] Anno a nativitate Dni millesimo CCC° XCVIII, indictione septima secundum stilum etc., mensis Decembris die vigesima, videlicet in profesto beati Thome, pontificatu Bonif. pape anno anno decimo, hora et loco consuetis electus fuit in rectorem universitatis Studii Coloniensis per IIIIor facultates unanimiter, ut est moris, Mgr Iohannes dictus Byé, mgr in artibus, et iuravit universitati iurari solita ac consueta et in eius rectoratu intitulati sunt infrascripti

---

*) Nr. 30 ist wieder durchgestrichen. **) übergeschrieben: 7ma

1. Dñs Thomas Burton de Anglia, ad ius canonicum.   s.
2. Cristianus dictus Knoype, canonicus in Zittart, Leodien. dioc., ad ius canonicum.   s.
3. Arnoldus Ryperbant de Embrica, Traiecten. dioc., ad artes.   s. alb. (?)
4. Frater Bernardus dictus Vanmedriesch, pbr ecclesie parochialis in Wijswilre, Colon. dioc., ad iura cauonica   s.
5. Dñs Arnoldus Wynckele pbr, rector (?) altaris (?) sanctorum martyrum et omnium sanctorum in ecclesia
   sti Gezarij Thenen, ad sacram theol.   s. alb. (?)
6. Richardus, filius W. de Einkerke de monte ste Gertrudis, ad artes, gratis
7. Dñs Conradus Gogreve, canonicus ecclesie maioris civitatis Osnaburg., ad iura.   s.
8. Dñs Io. Menghelen, canonicus montis ste Gertrudis, ad iura canonica. gratis *)
9. Dñs Iohannes Zeelmekers pbr, rector parochialis ecclesie seu quarte capelle de Beerchs, Leodien.
   dioc., ad throlog.   s. alb. (?)

Anno a nativitate Dni M⁰⁰ CCC⁰⁰ XCVIIII, mensis Martii xx prima, videlicet ipso die Benedicti   1398,
que fuit pro tunc vigilia annuntiationis beate Marie, saltem secundum anticipacionem temporis, quia 21. Mart.
anunciatio venit hoc anno in feria tercia ebdomade palmalis, pontificatus Honif. pape noni anno decimo,
suspensus fuit frater **) Bertoldus van der Zeghen ordinis minorum concorditer per totam universitatem
in domo capitulari ecclesie Colonien. hora nona vel circiter ante prandium, et eisdem die, loco et tempore aut in continenti reelectus fuit seu continuatus supra dictus mḡr Fr. Byé pro rectoria subsequente
1. Egidius de Lijseem de Thenis monte, subdyaconus Leodien. dioc., ad theol.   s.
2. Dñs Petrus Lanchals, pbr. dioc. Tornacen., ad iura canonica.
3. Wilhelmus dictus Wevelinchoven, Colon. dioc., ad artes   s ***)
4. Mengorus de Marnborgh, Maguntin dioc., ad artes   s †)
5. Io. de Godesbergh, Colon. dioc., pastor in Plettenbracht, ad iura   s.
6. Dñs Henricus Mons de Thenis monte ad ius canonicum ††)

7. Gerardus Sygen dictus Dillen, de Thenis, ad ius canonicum   s.
8. Iohannes, dictus Baro, de Leodio, ad artes   s.
9. Bertoldus de Torbeke, canonicus ecclesie sanctorum Petri et Andree Padeburnen. ad iura canonica
   mensis Iunii die XVII^ma intitulatus fuit etc.   s.
10. Iohannes Stime, vicarius ecclesie Bildewelden., Padeburnen. dioc. ad iura †††)
[Fol. 33 v :] 11. Iohannes, dictus Perric de Novimagio ad artes   s ††††)
12. Arnoldus, dictus Lobbroec, Leodien. dioc., ad artes   s.
13. Andreas de Harlinghe, Traiecten. dyoc., ad iura can.   s.

Anno Domini M•CCC• nonagesimo nono, statim post nativitatem sancti Iohannis baptiste, electus 1399, 25. Iun.
est in rectorem universitatis Studii Coloniensis praedicti concorditer per quattuor facultates Amplonius
Ratyngen de Berka, magr in artibus et doctor in medicina. Sub cuius officio subscripti sunt intytulati
. . Nichil a praedecessore meo recepi.
1. Iohannes de Lysenkirken, pastor in Kempen ac praepositus Reyvensis, studens in theo.   solvit totum
2. Iohannes de Iuliaco, vicarius ecclesie sancte Cecilie Colon., studens in iure canonico   solvit totum
3. Werycus de Merloyn, Leodiensis dyoc., studens in facultate artium   solvit totum
4. Gherardus Iohannis alle Tache, de Höyo, Leodyen. dyoc. in facultate artium   solvit totum
5. Egidius Surlysse de Ilarlheim, presbyter Traiectensis dioc., studens iuris canonici   solvit totum
6. Rudolphus de Grafia, magr in artibus et licentiatus in medicina   dedit totum
7. Lambertus Iohannis de Septemmontibus, dyoc. Leodien., studens in artibus   solvit totum
8. Wernherus Redeberg de Gheveke, Colon. dyoc., studens in artibus   .·.p..
9. Petrus Ratynghen de Berka, pbr Colon. dyoc., studens in theo.   solvit totum

*) Gegenüber dieser Zeile am Rande: Missa universitatis fuit ad Augustinenses.
**) Auf dem Rande von späterer Hand: nota suspensionem fratris minorum, de' qua suspensione quaere
supra fol. XVII pa. 2ᵃ et invenietur plene in fo. 2ᵃ (?) [cgl. S. 39, Artikel XXXIX und S. 8 zum 7. Ian. 1390].
***) Auf dem Rande die gleichzeitige Note: gratis, quia pauper et expulsus de . . . . (?)
†) Auf dem Rande von derselben Hand: Missa universitatis fuit apud Carmelitas, ideot, esse debuit.
††) Randbemerkung: gratis, quia amicus rectoris.
†††) Randnotis: gratia, quia amicus Westerholt curatoris.
††††) Auf dem Rande: gratis inter socios.

10. Iohannes Esscloúbe de Gotha, dyoc. Maguntinen. ∴ p ..
11. Conradus Iohannis de Alemaria Hollandie, dyoc. Traiecten., studens in artibus .. p ..
12. Iohannes Mulnhuseu de Berka, dyoc. Colon., studens in artibus solvit totum
13. Iohannes Lueffelt de Xanctis, dyoc. Colon., studens in artibus solvit totum
14. Henricus Maltneyngher de Berka, dyoc. Colon., studens in artibus solvit totum
15. Frater Franco de Heüere, mon. Alnensis, ord. Cist., studens in artibus et theo. solvit totam

1399, 8. Oct. Anno Dni M° CCC° nouagesimo nono, in vigilia sti Dyonisii, quae est VIII¹ᵃ dies Octobris idem Amplonius concorditer in rectoratu est continuatus, sub quo sunt infrascripti intitulati

1. Frater Vallastus Egidii de regno Portugalie provincie Hyspanie, ordinis praedicatorum, sacre theologie professor
1399, 3. Nov. novellus, qui aulam suam sollempniter celebravit crastino commemorationis animarum
2. Iohannes Payens de Rothnaco, dyoc. Cameracen., studens in artibus. solvit totum
3. Gherardus de Harlynghen, dyoc. Traiecten. studens in iure .. p ..
4. Odulphus de Staüria, Traiecteu. dyoc., studens in iure canonico solvit totum
5. Iohannes de Lewardia, Traiecten. dyoc., studens in iure canonico . p .
6. Albertus de Lewardia, Traiecten. dyos., et studens in iure canonico solvit totum
7. Fr. Gherardus de Ghochenhoüe, canonicus regularis l'archen., ord. Praemonstr., studens in iure canonico solvit totum
8. Henricus de Stralen, dyoc. Colon., studens in artibus ∴ p ..
9. Conradus de Ulma, canonicus ecclesie storum apostolorum, studens in iure solvit totum
10. Petrus Cronenberg de Colon., studens in artibus solvit totum

1399, 20. Dec. [*Fol. 31ᵛ:*] Anno Dni millesimo CCC° XCIX, in vigilia beati Thome apostoli electus est in rectorem universitatis Colon. studii concorditer per quatuor facultates mgr Gherardus Radinc de Groninghen, decretorum doctor, in cuius rectoratu intytulati sunt infrascripti. Nihil ab antecessore suo recepit.

1. Iohannes de Stomelen, studens in artibus, civis Colon. solvit VI. alb.
2. Nicolaus de Dromua, dioc. Lubecen., bacc. Pragbensis in artibus. pauper.
3. Arnoldus, dictus Bragman, ad iura canonica, clericus Paderburnen. dioc. solvit VI alb.
4. Iohannes Kowerna de Beeghe ad artes, Treuer. (?) dioc. . p .
5. Courardus Sprüc de Morza, clericus Colon., ad artes . p .
6. Conrardus de Buchheim, canonicus Nubgen., ad theologiam, solvit VI alb.
7. Dns Gherardus de Horra, in legibus licentiatus. Solvere voluit, sed ob reverentiam gradus sui remisi.
8. Henricus Appelman de Lovanio, clericus Leodien. dioc. solvit VI alb.
9. Iohannes Gherardi de Colonia, natus de Sonthorp, Mon. dioc., ad artes. solvit VI alb.
10. Dns Iohannes Guillen de Heye, canonicus Leodien. et praepositus in Heye, bacc. decretorum, cui ob reverentiam persone condignam (?) detuli
11. Iohannes Bureyn, clericus Leodien. dioc., ad iura canonica solvit VI alb.
12. Andreas de Werdena, Colon. dior. clericus, ad artes . p .*)
13. Mgr Hunoldus de Bekenwerde, canonicus in Ghezeke, decretorum bacc., ad iura canonica. Solutionem ob reverentiam persone remisi.
14. Hermannus Scaelline de Bercka, Colon. dioc., ad leges solvit VI alb.
15. Rutgherus de Castro, clericus Colon., ad artes. solvit VI alb.
16. Gherardus Dydeu de Bomel, ad artes . p .
17. Symon de Rutterdamp, ad artes VI alb.
18. Iohannes de Andernaco, Colon., ad artes VI alb.
19. Iohannes Froitz de Tangern, Leod. dioc., ad canones solvit VI alb.
20. Iohannes de Luden, canonicus ecclesie beate Marie ad gradus Colon. et Hamelen., ad iura et ad theologiam solvit VI alb.
21. Nicolaus de Bytis, alias de Bytz, clericus Meten. dioc., ad artes . p .
22. Goschalcus Heere de Gheseke, Colon. dioc., ad artes VI alb.
23. Theodericus de Scanna, clericus Traiecten. dioc. . p .

---

*) modo doctor sacre pagine *späterer Zusatz*.

Anhang.

Miscellen.

1.

Weitere biographische Nachweisungen über Ioannes Fabricius Bolandus.

Die Wahrheit der biblischen Worte: οὐ γάρ ἐστι κρυπτόν, ὅ οὐ φανερὸν γενήσεται· οὐδὲ ἀπόκρυφον, ὅ οὐ γνωσθήσεται καὶ εἰς φανερὸν ἔλθῃ [Luc. 8, 17], zeigt sich wieder einmal hinsichtlich der, wenn auch schrittweise erfolgenden Aufklärung der vielfach noch unaufgehellten Lebensverhältnisse des in der Ueberschrift genannten Humanisten. In meiner Schrift über Franciscus Fabricius Marcoduranus [Köln, 1871], beziehungsweise in den biographischen Nachträgen zu Ioannes Fabricius Bolandus in der Zeitschrift des Bergischen Geschichtsvereins, Band 11 [1876], S. 69 ff., wurde zunächst die falsche Namensform Rolandus oder Rollandus sowie der fast zweihundertjährige Irrtum beseitigt, als wenn Bolandus der Vater des Dürener Franz Fabricius gewesen wäre; es ergab sich ferner, dass Bolandus wahrscheinlich am 25. Sept. 1534 in Köln als Artist immatrikuliert worden, dass er darauf viele Reisen in Europa gemacht, angestrengte Studien betrieben und seit 1537 in der Richtung des Erasmus sechsjährige Reformversuche auf kirchlichem und unterrichtlichem Gebiete in seiner klevischen Heimat unternommen habe, und weiterhin am 13. April 1543 als Magister Ioannes Faber Bolandus in der juristischen Fakultät zu Köln inskribiert worden sei. In demselben Jahre war er seitens der Marburger Universität dem Jülichschen Kanzler Gogreve als Direktor für ein im Jülicher oder im Bergischen Lande zu errichtendes Gymnasium, freilich erfolglos, empfohlen worden. Und ebenfalls im Jahre 1543 hatte er den Entwurf seines lateinischen Gedichtes über die Münsterischen Wiedertäufer-Unruhen dem Bischofe von Münster vorgelegt. Als er dann nach vielfachen Materialien-Sammlungen den 'Motus Monasteriensis' 1546 erscheinen liess, befand er sich, wie die vom Pfingst-Samstage datierte Dedikation zeigt, zu Köln, von wo aus eine nicht näher bezeichnete Hoffnung des eifrigen Erasmianers, möglicherweise die Erlangung des Düsseldorfer Gymnasial-Direktorates, vereitelt worden war. Während mir nun weitere Notizen über Bolandus, wie sie vielleicht das von ihm 'lyrico carmine' behandelte, aber noch immer nicht wieder aufgefundene 'Psalterium Davidis' enthält, bis dahin nicht zu Gebote standen, bin ich durch die Güte des Herrn Pastors Krafft in Elberfeld für die Biographie des Bolandus nunmehr auf eine weitere Quelle hingewiesen worden, die uns den vielgewanderten Humanisten im Jahre 1558 in Heidelberg vorführt. Es berichtet nämlich Hautz in der Geschichte der Universität Heidelberg, Bd. II, S. 23 f.: 'Besondere Aufmerksamkeit wurde von ihm (d. h. dem Kurfürsten Otto Heinrich) und dem akademischen Senate auf die Anstellung eines Professors der griechischen Sprache gewendet. Diese Stelle war durch den Tod des berühmten und um die Universität hochverdienten Micyllus [† 28. Januar 1558] erledigt worden[1]. Um die Stelle des letztern fanden sich alsbald mehrere Bewerber. Der berühmte Johann Sturm von Strassburg, „der Vater der lateinischen Beredsamkeit in Deutschland und grosse Reformator des deutschen Schulwesens"[2], verwendete sich lebhaft (6. Febr. 1558) bei dem akademischen Senate für seinen Freund, Bernhard Bertrand, und ein zweiter, Johann Fabricius Boland, bewarb sich unmittelbar bei dem damaligen Rektor, dem Pfalzgrafen Georg Johann, und dem akademischen Senate um die Stelle[3]. — Am 12. Febr. 1558 wurden beide Schreiben im Senate vorgelesen, aber für keinen der Bittsteller entschieden, wohl aber Sturm für die gute Gesinnung gedankt, ... dabei aber bedauert, dass man ihm wegen Abwesenheit des Kur-

---

[1] Hautz, Micyllus, p. 38. — [2] Schwarz, Gesch. der Erziehung, Bd. II, S. 279, 280. Schmidt, La vie et les travaux de Jean Sturm. — [3] Annal. Univ. T. VII. F. 295ᵃ. Sturms und Bolands Briefe siehe ebendort F. 296, a. b.

fürsten, welcher auf dem Reichstage zu Frankfurt sich befände, keine entscheidende Antwort geben könne [44]). Am 9. Juli trat die Anstalt mit Fabricius in Unterhandlung. Er sollte mit 60 Fl. Geld, freier Wohnung und Kost im contubernium Principis die Stelle erhalten. Da er aber 100 Fl. Geld und aufserdem ein Fuder (plaustrum) Wein verlangte, so brach man die Unterhandlung mit ihm ab [45]).
...... Die genannte Professur erhielt nun weder Bertrand noch Fabricius, sondern Wilhelm Xylander (Holzmann), dessen Ruf als Gelehrter und Schriftsteller schon weithin verbreitet war.' [46])
Die auf die vorerwähnte Bewerbung Bolands bezüglichen protokollarischen Aufzeichnungen sind, wie schon die untenstehenden Citate zeigten, in den Akten der Universität Heidelberg noch vorhanden. Dafs ich dieselben hier mitteilen kann, verdanke ich der Freundlichkeit und Gefälligkeit der Herren Gymnasialdirektor Dr. Uhlig und Oberbibliothekar Prof. Dr. Zangemeister in Heidelberg.

a.
Cod. Heidelb. 362, 7 Fol. 295ʳ
Annales Universitatis Heidelbergensis.
1558.
Duodecimo die Februarii ....
2° loco lectae sunt litterae a doctissimo viro Ioanne Sturmio Argentoratensi ad universitatem scriptae, quibus vehementer commendat quendam Bernhardum Bertrandum, doctum Gallum natione, a cognitione litterarum graecarum, quarum sit consummatissimus; preterea qui scientias mathematicas et phisicae sit eruditissimus, ita moribus suavibus atque virtutibus preditus, ut omnibus sit suavissimus, quem cupit in collegium nostrum a nobis cooptari, ut in locum doctissimi Micylli graecas lecturae praeficiatur.
3° loco prelectae sunt litterae ad Illustrissimum principem et magnificum rectorem atque universitatem per Ioannem Fabricium Bolandum, Artium magistrum, date, quibus et is similiter petit sibi de eadem lectura provideri, quorum utriusque litterae inferius ascriptae sunt.

b.
Sequitur epistola commendatitia dni Ioannis Sturmii.
[VII Fol. 296ʳ:] Clarissimis hominibus, doctissimis et optimis viris, Heidelbergensis Academiae praefectis, Dominis et amicis observandis S. P.
Clarissimi doctissimi optimi viri. De Iacobi Micylli morte magno nostro dolore audivimus. Fuit enim ille, dum in vita hac nobiscum fuit, literarum doctissimus, religionis studiosissimus, et fuit ingenio minime vel acerbo vel turbulento, quales vestros nostro seculo nimis paucos habemus. Constitui igitur in hoc desiderio vestro facere, quod mihi velim in nostro fieri, si similis nos casus percelluisset, ut facultas esset novi substituendi, consilium dari. Bonorum enim virorum esse puto optare, et sui et aliorum successores dari in publicis officiis, primum meliores, si fieri poterit, deinde eos qui non velint deterius. Itaque veniam dabitis, si sine amore, sine studio, sine persuasione officii faciam quod his literis facio. Bernardus Bertrandus nobiscum aliquot annos antea fuit, et rursus ad nos, posteaquam Vitembergiae, et in Galliis fuit, nuper reversus. Ac tametsi Philippus nobis de illo non testimonium solum: sed etiam laudationem misit, tamen ita mihi notus est, ut absque ullius voce pro ipso audeam promittere, recipere, fideiubere, Graece doctissimus est, Mathematicis et physicis eruditus, religioni non deditus sed devotus, et moribus ita praeditus suavibus, ut mihi, et amicis, nobisque omnibus sit suavissimus. Statui igitur hunc nobis commendare, ut Micylli successor fiat, et ita vobis commendo, ut non solum me a vobis beneficium accipere putem, si lavetis amicum meum: sed etiam beneficiam dare, si in vestrum collegium cooptabitis. Valete. Argentorati, sexta Februarii 1558.

Vestrae Academiae
studiosissimus   Ioañ Sturmius.

c.
Fol. 296ʳ: Sequitur petitio Mgri Ioannis Fabricii Bolandi ad magnificentissimum Rectorem et universitatem in scripto facta.

---
[44]) Annall. l. c. F. 297ª. — [45]) Annall. l. c. F. 308, a. b. — [46]) Nachrichten von dem Leben Xylanders in Wundts Magazin.

Illustrissimo principi Dño Georgio Ioãi Palatino Rheni, Bavariae Duci, Veldentiae comiti et caet. Huius inclytae Heidelbergensis Academiae Rectori Magnificentissimo, S. Illustrissime princeps ac Rector magnificentissime. Cum graecae linguae praelectio morte D. Iacobi Micylli, viri tum docti tum clari professore, iam destituatur, peto a tua Dominatione, et adeo ab universa hac Academia Heydelbergensi clarissima, eam mihi cum liberali debito et competenti salario (si modo nemini alii tradita est) conferri. Idque duas potissimum ob causas, quarum prior est, ut pro talento a Deo opt. max. mihi benigne collato, gloriae eiusdem, Ecclesiae Christi, politiae huius totius latissime patentis principatus, Universitatis, et adeo privatis omnium commodis Iuventutem in hac lingua maxime utili sedulo, diligenter, et exacte docendo, exercendo, acuendo quam plurimum prodesse valeam. Altera est haec, ut etiam meorum summorum laborum hactenus pro literarum et linguarum cognitione exhaustorum, tandem fructum aliquem liberalem, sicuti par est, consequar, et aliquam familiam honestis rationibus sustentare queam. De mea eruditione nihil hic in universum dicturus sum. Si quid enim est in me ingenii et doctrinae liberalis, hoc totum Deo acceptum refero, licet ingentibus meis sumptibus, vigiliis, sollicitudinibus, molestis peregrinationibus hoc donum Dei a me comparatum sit. Diligentiam autem meam in hac provincia scholastica administranda et gratitudinem in omni honestorum officiorum genere cum erga omnes huius academiae proceres, tum maxime erga tuam Dominationem, princeps clarissime Rectorque magnificentissime, ingenue polliceor, reipsa, Deo volente, praestiturus.

T. D. Addictissimus cliens, Ioães
Fabricius Bolandus, liberalium
Artium magister.

d.

[Fol. 297 r:] 19 Februarii congregato universitatis senatu hora 12 ad Collegium Ad litteras Domini Ioannis Sturmii eidem rescribendum esse censuit, Litteras suas universitati gratas fuisse eique pro animo in academiam propenso habere gratias quam maximas, certius autem et plausibilius fortassis accipere potuisset responsum, nisi princeps noster illustrissimus ad comitia Franckfordiana perrexisset. Ad cuius reditum velle nos curare vt plenius habeat responsum. Forma autem qua Sturmio rescriptum est habetur in prothocollo Syndici fol: ·1·10·

e.

[Fol. 308 r: 1558] Eodem die Iulii nono congregata universitate ad Collegium sequentia decreta sunt . . . . . 3° actum est cum M. Ioanne Fabritio [fol. 308 v:] ratione grece lecture vacantis iuxta rescriptum principis, ut aliquandiu legendi munus in se reciperet annuatim pro sexaginta florenis una cum mensa et habitatione, quam habet gratis in Collegio. At ille respuit hanc conditionem, sed petivit sibi dari centum cum uno plaustro vini. Ideo eius responsum ad consiliarios relatum est per supplicem libellum cum ceteris quibusdam.

f.

[Fol. 308 v:] Die 15 Augusti coacto Senatu Universitatis prelectum est scriptum ex Cancellaria ad Universitatem porrectum, in quo scripto super punctis quibusdam prius a senatu desideratis illustrissimus princeps animum suum clementissimum declarat in modum qui sequitur

[Fol. 309 r:] Den durchleuchtigsten Fursten Pfalzgraven Ottheinrichs Churfursten etc. Vnsers gnedigsten Herrn resolution auff des Herrn Rectors vnd gemeiner Vniversitet obreichte nachfolgende puncten . . . . Zum Andern. Die weil Meister Iohannes Fabricius sich vff das furgeschlagen mittel zur Griechischen Lection nit will gebrauchen lassen vnd ihre Churf gn eusserlich vernemmen, das der Xylander von gemeyner Vniversitet beschrieben. Who dan sich derselbig baldt zur Handt thet, Vnd mit ime vberkommen würde, mögen ihre Churfn gn wol geduldten, das derselbig Xylander zum versuch auff vnd angenommen werde.

2.

Kölner Universitätslehrer früher in Heidelberg.

Zwischen der 1360 gestifteten Heidelberger und der 1388 eröffneten Kölner Universität haben, wie ich aus Hautz' Gesch. der Universität Heidelberg ersehe, frühzeitige und mehrfache Beziehungen in Hinsicht auf hervorragende Lehrpersonen stattgefunden.

1. Ioannes Berswoert, mgr in artibus Parysiensis, canonicus sancti Cuniberti, erscheint an 14. Stelle in dem Verzeichnisse derjenigen Kölner Professoren, 'qui studium inchoaverunt et se illi primo in corporaverunt'. Vgl. Progr. des Kais.-Wilh.-Gymn. v. 1878, S. 7. Derselbe Berswoert war vorher [siehe Hautz I, 140] der dritte Rektor der Universität Heidelberg.

2. An der Spitze derjenigen Kölner Universitätslehrer und -Zuhörer, welche den durch Verhandlungen vom 7. und 28. Jan. und 5. Febr. 1390 zustande gekommenen und an den Pabst Bonifatius IX. abzusendenden 'Rotulus' unterzeichneten, steht Reginaldus de Buxeria, monachus conventus de Alna,*) ordinis Cisterciensium, mgr in theol., Leodiensis dioeesis. Vgl. Progr. v. 1878, S. 9. Auch dieser war vorher Professor in Heidelberg; denn er erscheint 1386 bei der Eröffnung der dortigen Universität als Amtsgenosse des Marsilius. S. Hautz, I, 130 ff.

3. In demselben Rotulus ist unter Nr. 22 [s. S. 10] aufgeführt: Bertoldus Snderdijc, mgr in artibus, Osnaburgensis dioc. Nach Hautz, I, 140 war er bis zum 15. Dez. 1388 Rektor in Heidelberg.

4. Zu den Unterzeichnern der Kölner Universitätsstatuten vom 6. Dez. 1392 gehört auch Dytmarus de Svveyrthe, mgr artium. Derselbe war 1386 aus Prag nach Heidelberg gekommen und daselbst als weiterer Lehrer in der Artisten-Fakultät angestellt worden. Gegen Ende des Jahres 1387 wählte ihn die Heidelberger Universität, um einen Rotulus nach Rom zu überbringen und die Erfüllung der ausgesprochenen Wünsche von dem Pabste zu erwirken. Zu seiner Hin- und Herreise sowie für einen dreimonatlichen Aufenthalt in Rom wurden ihm 180 fl. aus der Universitätskasse**) bewilligt und somit nicht, wie auf andern Universitäten, die Inrotulierten zur Zahlung des Kostenaufwandes angehalten. Die Summe selbst war um so bedeutender, als in jenen Zeiten die jährliche Besoldung eines Professors in der Regel 30—50 fl. betrug, das Honorar der Vorlesungen je nach ihrem Umfange 1—8 Groschen ausmachte, und der Student sein wöchentliches Kostgeld mit 3 Kr. bezahlte. ... Über Sweerthes Reise nach Rom findet sich in den Akten so zusammen: Pro ventibus et baculo XL. flor. Pro itinere, pro Johanns von Worms (gewählt am 10. Okt. 1387) zwar von Heidelberg abreiste, aber wegen der Kriegsunruhen von seiner Reise zurückgerufen wurde. Am 23. Juni 1388 wurde er in Heidelberg zum Rector gewählt. S. Hautz, I, 131. 175 ff.

---

*) Die Abtei Alna (nicht Alva, wie Hautz hat drucken lassen; s. auch oben S. 48, Nr. 15), eine Viertelstunde von Thuin im Hennegau an der Sambre gelegen, hatte ihren Namen von den vielen Erlen (alni), die dort wuchsen; gestiftet vom h. Landelinus, wurde sie zuerst von Klerikern des gemeinsamen Lebens, dann von Augustinern, seit 1148 von Cistertiensern bewohnt, welche der h. Bernhard von Clairvaux dorthin schickte. — Buxeria ist vielleicht Bontry oder Bomery, Boverium, ein Flecken im Stift Lottich an der Ourthe, unweit der Maas.

**) Die Summe setzte sich nach den Akten so zusammen: Pro ventibus et baculo XL. flor. Pro itinere, pro quovis die unum flor., faciunt XL., dies XX eundo et totidem redeundo summam XL. flor. Item pro duobus equis et famulo 30 flor. Item pro tribus mensibus, quibus debet esse in curia, XXXIX flor. Item pro hostiariis [Thürsteher] VI flor. Item pro bibalibus extraord. V flor. Item Universitas considerans diversa puncta, quibus eget, super addit sibi XX flor. In toto CLXXX flor. et non plus. Annall. F. 39 v.

Schulnachrichten.

I. Lehrverfassung im Unterrichtskursus 1881—82.

1. Ober- und Unterprima.

[Ordinarius: Gymnasiallehrer Dr. Wrede.]

Religionslehre. a) kath.; Wiederholungen aus der Lehre von der Heiligung. Eingehendere Besprechung der wichtigsten Wahrheiten aus der Lehre von der Schöpfung und Erlösung. Ausgewählte Abschnitte aus der Sittenlehre und aus der Kirchengeschichte. 2 St. Dr. Liessem.

b) evang.; Die wichtigsten Abschnitte aus der Kirchengeschichte im Anschluß an Noacks Hülfsbuch für den evang. Religionsunterricht §. 46—49. Die Hauptsachen aus der evang. Glaubens- und Sittenlehre nach Noack §. 96—127. Wiederholung einiger Kirchenlieder und bibl. Geschichten. Repetition der wichtigsten Abschnitte aus der Bibelkunde nach Noack §. 1—45. Lektüre: der Brief St. Pauli an die Galater im Urtext. 2 St. Moll.

Deutsch. Mitteilungen aus der Litteraturgeschichte von Opitz bis Goethe nebst begleitender Prosa- und Dichterlektüre aus Deycks-Kiesels Lesebuch. Die Elemente der Logik. Aufsätze. 3 St. Der Direktor.

Themata zu den Aufsätzen: Ἠθικὴ ἀρετὴ γίγνεται διδασκαλος. 2. In wiefern lässt sich die Metapher: 'Die Natur schläft im Winter' begründen? 3. (Kl.) Ἠγει νεω Ἡρόκλειτος, ὅτι πάντα χωρεῖ καὶ οὐδὲν μένει. [Platon.] 4. Ehrfurcht, Gottesfurcht und Freundschaft Triebfedern für Handlungen des homerischen Achilleus. 5. Der Mensch bedarf des Menschen. 6. Noch ist es Tag, da rühre sich der Mann: Die Nacht tritt ein, da Niemand wirken kann. [Goethe.] 7. Hektors Abschied von Andromache und Siegfrieds Abschied von Kriemhild 8. und 9. [Doppelte Bearbeitung.] Vor einem grauen Haupte sollst du aufstehen und die Person des Greises ehren. [3. Mos. 19, 32.] 10. Abiturienten-Arbeit.

Lateinisch. Cic. de off. mit Auswahl; Auswahl aus Sall. Catil.; Auswahl aus Liv. IV. und V. Allgemeine stilistische Regeln und Eigentümlichkeiten der lat. Sprache. Übersetzungen aus Hemmerlings Übungsbuch. Sprechübungen; Extemporalien. Wöchentlich ein Pensum; Aufsätze. 6 St. Dr. Wrede.

Aus Horaz: Auswahl aus Buch III und IV der Oden und Wiederholung früher gelesener Oden. Einige Episteln. Metrische Übungen. 2 St. Dr. Wrede.

Themata zu den Aufsätzen: 1. Septem Romanorum reges alius alia via civitatem auxerunt (Liv. 1). 2 Quo iure Cicero (de off. 3, 22, 87) C. Fabricium cum Aristide ita composuerit, ut diceret, illum talem Romae fuisse, qualis hic fuerit Athenis. 3. Horatii illud: „Nihil est ab omni parte beatum" exemplis quibusdam ab antiquitatis memoria petitis comprobetur. (Klassenarbeit.) 4. Quarum virtutum exemplar Ulixes ab Homero nobis propositus sit. 5. Quibus causis factum sit, ut mores Romanorum prorsus corrumperentur. 6. Horatianum illud: „Fortes creantur fortibus et bonis" exemplis quibusdam ex historia petitis illustretur. 7. Quid debeas, o Roma, Neroniibus Fustii Metaurum flumen. (Klassenarbeit für 1B.) 8. Quas virtutes Horatius carminibus libri tertii aequalibus commendaverit. 9. (Abiturienten-Arbeit) Quo iure Epaminondas apud Plutarchum Boeotiam appellaverit πόλεμου ὀρχήστραν.

Griechisch. Demosth. Olynthische Reden. Auswahl aus Teil I und Herod. I. Aus Kochs Gr. §. 130, 131. Gelegentliche gramm. Erörterungen. Übersetzungen aus Wendt und Schnelle I und II Extemporalien. Alle 14 Tage ein Pensum. 4 St. Dr. Wrede.

Hom. Il. XIII—XXIV. Soph. Philoktet. z. T. Metrische Übungen. 2 St. Der Direktor.

Hebräisch. Wiederholung der Formenlehre, insbesondere Wiederholung und Abschluſs der Lehre von den unregelmäſsigen Zeitwörtern, das Wichtigste aus der Syntax nach Vosens Leitfaden. Lektüre von Abschnitten aus den historischen Büchern des A. T. 2 St. Dr. Liessem.

Französisch. Lektüre: Michaud l° croisade. Mündliche Übersetzungen aus dem Deutschen ins Französische nach Ploetz Übungsbuch. Einiges über das französische Verbum. Alle 14 Tage ein Pensum. 2 St. Kaiser.

Geschichte und Geographie. Geschichte der Neuzeit nach Pütz' Grundriſs. Wiederholungen aus der Geschichte des Altertums und des Mittelalters. Geographische Übersichten und Wiederholungen über Europa. 3 St. Schrammen.

Mathematik und Rechnen. Gleichungen vom zweiten Grade mit einer und mit mehreren Unbekannten, Permutationen, Kombinationen, Variationen. binomischer Lehrsatz nach Schmidts Elementen der Algebra. Stereometrie nach Heymanns Lehrbuch der Mathematik, II. Theil. Wiederholungen aus der Planimetrie und Algebra. Durchschnittlich wöchentlich zwei Aufgaben. 4 St. Kaiser.

Naturkunde. Mechanik nach Müllers Grundriſs der Physik und Meteorologie. 2 St. Kaiser.

A. Prüfungsaufgaben der Abiturienten im Herbsttermine 1891. 1. Religionswissenschaftl. Aufsatz (kath.): Das Wesen und die Wirkungen der h. Taufe. 2. Deutscher Aufsatz: Alles Leben ist Kampf. 3. Lateinischer Aufsatz: Quanta religione sit servandum ius iurandum fidesque data, historia praecipue Romana edoceamur 4. 5. 6 Lateinisches, griechisches, französisches Skriptum nach einem Diktat. 7. Mathematische Aufgabe: a) In einen Kreis ein Dreieck zu zeichnen, von welchem ein Winkel und der Inhalt (q^2) gegeben sind. b) Durch eine Kugel sei ein ebener Schnitt gelegt, welcher den zu ihm senkrechten Radius im Verhältnis von $m : n$ teilt. Auf der Durchschnittsfläche seien zwei gerade Kegel konstruiert, deren Spitzen in der Oberfläche der Kugel liegen. Wie verhält sich der Inhalt des entstandenen Doppelkegels zu dem Inhalt der Kugel? Zahlenbeispiel: $m = 4$, $n = 3$. c) Die Differenz zweier ganzen, positiven Zahlen ist 7, die Differenz ihrer Kuben 5131. Wie heiſsen die Zahlen? d) Um die Entfernung eines feindlichen Festungswerkes A von dem Orte B zu bestimmen, ist eine Linie $BC = a$ nebst den Winkeln $ABC = \beta$ und $ACB = \gamma$ gemessen worden. Wie groſs ist AB? $a = 95{,}43m$; $\beta = 89° 40' 19''$; $\gamma = 85° 21' 20''$.

B. Prüfungsarbeiten der Abiturienten im Ostertermine 1892. 1. Religionswissenschaftl. Aufsatz. a) kath.: Das Wesen und die Eigenschaften der zum Empfange der h. Bussakramentes erforderlichen Reue. b) evang.: Der Gehorsam als Pflicht und Schmuck des Christen. 2. Deutscher Aufsatz: Οὐδὲν ἄνευ καμάτου πέλει ἀνθρώποισιν εὐπετὲς ἔργον. (Pseudo-Phokylides.) 3. Lateinischer Aufsatz: Quo iure Epaminondas apud Plutarchum Boeotiam appollaverit πολέμου ὀρχήστραν. 4. 5. 6. Lateinisches, griechisches, französisches Skriptum nach einem Diktat. 7. Hebräisch: Grammatische Analyse und Übersetzung von 1 Mos. 6, 9 14. 8. Mathematische Aufgaben: a) Durch einen festliegenden Kreis eine Sekante senkrecht zu einer festliegenden Geraden zu legen, so dass der innerhalb des Kreises liegende Teil der Sekante zu dem auſserhalb zwischen dem Kreis und der Geraden liegenden Teile derselben in einem gegebenen Verhältnis ($p : q$) steht. b) In einer Pyramide, deren Grundfläche ein Rechteck ist, seien die Grundkanten a und b, die Seitenkanten gleich c. In welchem Abstande von der Spitze muſs ein zur Grundfläche paralleler Schnitt gelegt werden, um den n^{ten} Teil an der Spitze abzuschneiden? Zahlenbeispiel: $a = 8m$; $b = 6m$; $c = 13m$; $n = 8$. c) Eine gewisse Summe soll unter fünf Personen derart verteilt werden, daſs die Anteile eine geometrische Progression bilden, in welcher die Summe des ersten und dritten Gliedes 10000 M., die Summe des zweiten und dritten Gliedes 8400 M. beträgt. Wie viel erhält jede der fünf Personen und welches ist die zu verteilende Summe? d) Ein Dreieck aufzulösen, von welchem eine Seite a mit ihrem Gegenwinkel α und die Höhe (h_a) zu einer der andern Seiten gegeben sind. $a = 533m$; $h = 309m$; $\alpha = 76° 18' 52''$.

2. Obersekunda.

[Ordinarius: Oberlehrer Dr. Scheins.]

Religionslehre. a) kath.: Die Lehre von der Kirche. Wiederholungen aus der Glaubens- und Sittenlehre. 2 St. Dr. Liessem.

b) evang.: Glaubens- und Sittenlehre nach Noack §. 90—127. Wiederholung der wichtigsten Kirchenlieder und bibl. Geschichten. Repetition des christl. Kirchenjahres, sowie der Geographie von Palästina. 2 St. Moll.

Deutsch. Die leichteren lyrischen Dichtungsarten. Bruchstücke aus Schillers Dramen mit Anleitung zur Lektüre derselben. Herders Cid. Lesen von Aufsätzen über Kunstwerke, Charaktere und Zustände. Aufsätze teils im Anschlufs an die Lektüre, teils allgemeine Sätze betreffend. Kanon von Gedichten. 2 St. Dr. Scheins.
Themata zu den Aufsätzen: 1. Man lebt nur einmal. 2. Ueber Schatzgräberei. 3. Erklärung zu Goethe's „Seefahrt". 4. Der Apfel fällt nicht weit vom Stamme. (Kl.) 5. Der Charakter des Cid nach Herder. 6. Der Neid der Götter. 7. Die Bufse und Läuterung der Jungfrau von Orleans. (Kl.) 8 Erkenne dich selbst! 9. Was ist zum Verständnis einer Dichtung erforderlich? 10. Die Rede ein Schwert. (Kl.)

Latein. Ciceros Rede für Murena und für Ligarius; Livius' Buch XXI und XXII. Wiederholung der Syntax des einfachen Satzes nach Moirings Grammatik §. 599-895. Übersetzungen aus Hemmerlings Übungsbuch; stilistische, phraseologische und synonymische Übungen. Anleitung zu Aufsätzen. Wöchentlich ein Pensum. 8 St. Dr. Scheins.

Virgils Aeneis; Buch V und VI. 2 St. Memorieren und metrische Übungen. 2 St. Dr. Scheins.
Themata zu den Aufsätzen: Hannibal in iugo Alpium milites adhortatur. 2. Quas ob causas Ligarius crimine liberandus fuisse videatur. 3. Quomodo Iunonis iram sonserit Aeneas. 4. De Arione. (Kl.)

Griechisch. Abschnitte aus Xenophons Memorabilien. Herodot Buch II mit Auswahl. Aus Kochs Grammatik §. 91-122. Übersetzungen aus Wendt und Schnelles Aufgaben-Sammlung I. Kursus. Alle 14 Tage ein Pensum. 4 St. Dr. Scheins.

Hom. Od. VI, VII, IX-XVI, XVII, 1-327; XIX, 306-507; XXI, 393-434; XXII, 1-41, 330-380; XXIII, 310-343 und XXIV z. T. Metrische Übungen. 2 St. Der Direktor.

Hebräisch. Die regelmäfsige Formenlehre; Einübung der unregelmäfsigen Zeitwörter; Übersetzung und Erklärung der entsprechenden Übungsstücke nach Vosens Leitfaden. 2 St. Dr. Wollmann.

Französisch. Aus Knebels Grammatik; 5. Kap. (vom Zeitwort) §. 94-110 und 6. Kap. (Inversion) §. 117-120. Übungen aus Propst 11. Lektüre: Lesebuch von Knebel, II. Abth. Alle 14 Tage ein Pensum. 2 St. Dr. Liessem.

Geschichte und Geographie. Römische Geschichte nach Pütz' Grundrifs. Geographische Wiederholungen über Amerika und Australien. 3 St. Schrammen.

Mathematik und Rechnen. Eigenschaften der Vielecke, insbesondere der regulären; Berechnung des Kreises, harmonische, polarische Beziehungen, Potenz- und Ähnlichkeits-Beziehungen der Kreise nach Reymans Lehrbuch der Mathematik, I. Theil, §. 85-103. Trigonometrie zum Teil.
Gleichungen vom zweiten Grade mit einer und mit mehreren Unbekannten. Logarithmen nach Schmidts Elementen der Algebra. 4 St. Kaiser.

Naturkunde. Allgemeine Eigenschaften der Körper, Wärmelehre nach Müllers Grundrifs der Physik und Meteorologie. 1 St. Kaiser.

3. Untersekunda.
[Ordinarius: Oberlehrer Dr. Wollmann.]

Religionslehre. a) kath.: Siehe IIA.
b) evang.: Siehe IIA.

Deutsch. Anleitung zur Anfertigung von Aufsätzen; stilistische Regeln. Aus Deycks-Kieseles Lesebuch: Schillersche Balladen und Aufsätze über Natur, Kunst und Sitte. Kanon von Gedichten, Epische und episch-lyrische Gattungen. Alle vier Wochen ein Aufsatz. 2 St. Dr. Wollmann.
Themata zu den Aufsätzen: 1. Über den Wert der Gesundheit. 2. Was erfahren wir von dem Leben des Archias aus der Verteidigungsrede Ciceros für ihn? 3. Wie verherrlicht Schiller in den Kranichen des Ibykus die Dichtkunst? 4. (Kl.) Welchen Einflufs üben die Götter auf das Schicksal des Aeneas bis zu seiner Ankunft in Karthago? 5. Arbeit und Vergnügen sind durch ein natürliches Band mit einander verknüpft. 6. Disposition und Gedankengang des zweiten Teiles der „Rede Ciceros für den Roscius. 7. (Kl.) Des Gajus Marius Erhebung und Fall. 8. Warum sagt man: „Die Natur schläft im Winter"? 9. Welche Bande der Natur und der Pflicht knüpfen uns an das Vaterland? 10. (Kl.) In welchem Lichte erscheinen die Griechen bei der Einnahme Trojas nach der Schilderung Virgils?

Latein. Ciceros Rede für Archias und für Sex. Roscius Amerinus. Die I. und IV. Catilinarische Rede, Ciceros Cato maior. Wiederholung der Casuslehre, der Lehre vom Indicativus und Coniunctivus (Meiring 414—731). Übersetzungen aus Hemmerlings Übungsbuch; stilistische, phraseologische und synonymische Übungen. Wöchentlich ein Pensum. 8 St. Dr. Wollmann.

Aus Virgils Aeneis: Buch I und II. Memorieren. Metrische Übungen. 2 St. Dr. Wollmann.

Griechisch. Xen. Hellenic. I und II. Aus Kochs Grammatik §. 69—90 inkl. Übersetzungen aus Wonelt und Schnelles Aufgaben-Sammlung. I. Kursus. Alle 14 Tage ein Pensum. 4 St. Dr. Wrede.

Odyss. I, II, V und VI. Metrische Übungen. 2 St. Dr. Wrede.

Französisch. Aus Knebels Grammatik §. 69—93 inkl. Aus Knebels Lesebuch II. Abt. ausgewählte Lesestücke. Übungen nach Plötz's Übungsbuch II. Alle 14 Tage ein Pensum. 2 St. Kaiser.

Geschichte und Geographie. Siehe IIA.

Mathematik und Rechnen. Die Lehre von den Proportionen, Ähnlichkeit der Figuren, Proportionalität ihrer Seiten und Flächen nach Reymans Lehrbuch der Mathematik, I. Teil, §. 66—83.

Gleichungen vom 1. Grade mit einer und mit mehreren Unbekannten, Gleichungen vom 2. Grade mit einer Unbekannten, arithmetische und geometrische Progressionen, imaginäre Größen nach Schmidts Elementen der Algebra. 4 St. Kaiser.

Naturkunde. Allgemeine Eigenschaften der Körper, Wärmelehre, nach Müllers Grundriß der Physik und Meteorologie. 1 St. Kaiser.

4. Obertertia.

[Ordinarius: Gymnasiallehrer Dr. Brüll.]

Religionslehre. a) kathol.: Die Lehre von der Gnade und den Gnadenmitteln. Die Glaubensartikel I—IV inkl. des apostol. Glaubensbekenntnisses. Das Wichtigste aus der Kirchengeschichte seit der Zeit Karls des Großen. Die Christianisierung Deutschlands. Einzelnes über das kath. Kirchenjahr und aus der Liturgik. 2 St. Dr. Liessem.

b) evang.: Siehe IIA.

Deutsch. Metrik mit Lektüre und Memorieren geeigneter Gedichte aus Pütz' Lesebuch. Geschichtliche Aufsätze, Naturschilderungen aus demselben Buche. Kanon von Gedichten. Alle 3 Wochen eine deutsche Arbeit. 2 St. Dr. Brüll.

Themata zu den Aufsätzen: 1. Frisch gewagt ist halb gewonnen. 2. Blinder Eifer schadet nur. 3. Armut ist die größte Plage, Reichtum ist das höchste Gut. 4. Hochmut kommt vor dem Fall (Kl.) 5. Der Schnee trägt. 6. Die Germanen vor Adustum! 7. Die Druiden. 8. Niobe in ihrer Demütigung 9. Welche Schwierigkeiten stellten sich dem Cäsar bei der Belagerung der Stadt Avaricum entgegen? (Kl.) 10. Auf welche Weise bewiegt Klearch den Ungehorsam seiner Soldaten? 11. Die Rede des Galliers Critognat im Kriegsrate zu Alesia 12. Die Einflüsse der natürlichen Beschaffenheit Hollands auf die Beschäftigung der Einwohner. 13 Der Marsch Cyrus des Jüngern und seines Heeres durch die arabische Wüste. (Kl.) 14. Die Bedeutung des Rheinstromes für die Stadt Köln.

Latein. Caesar de b. G. V, VI, VII. Ciceros Cato maior. Wiederholung der Syntax des Verbums und Erweiterung der Syntax des Nomens nach Silverti-Meirings Grammatik. Übersetzungen aus Meirings Übungsbuch. Phraseologische und synonymische Übungen. Wöchentlich ein Pensum. 8 St. Dr. Brüll.

Aus Ovid: Niobe, Ceres und Proserpina, Midas, Streit um die Waffen, Philemon und Baucis, die Griechen in Aulis. Memorieren. Metrische Übungen. 2 St. Dr. Brüll.

Griechisch. Wiederholung aus dem Pensum der IIIB und Abschluß der unregelmäßigen Konjugation. Übersetzungen aus Wesener's Elementarbuch II. Teil. Xenoph. Anab. I und II. Das Wichtigste aus der Syntax des Nomens und Verbums im Anschluß an die Lektüre. Einiges aus der homerischen Formenlehre. Alle 14 Tage ein Pensum. 6 St. Dr. Brüll.

— 5 —

Französisch. Aus Knebels Grammatik §. 35-48. (Zur Wiederholung §. 55.) Neu: §. 58, 59. Gründliche Wiederholung der unregelmäfsigen Zeitwörter in §. 60 und 61. Neu: §. 62—67 inkl. Lektüre aus Knebels Lesebuch von S. 16—27. Entsprechende Übungen aus Propets Übungsbuch Abt. I. Memorieren von Vokabeln und kleineren zusammenhängenden Stücken. Alle 14 Tage ein Pensum. 2 St. Dr. Wollmann.

Geschichte und Geographie. Geschichte der Deutschen von 1648—1871, die brandenburgisch-preufsische Geschichte nach Pütz' Lehrbuch. Geographie der aufserdeutschen Länder Europas, physisch und politisch nach Pütz' Lehrbuch. 3 St. Dr. Brüll.

Mathematik und Rechnen. Gleichheit gradliniger Figuren, Proportionen nach Boymans Lehrbuch. Gleichungen des I. Grades mit einer Unbekannten. Potenz- und Wurzellehre. Ausziehen der Quadrat- und Kubikwurzel nach Schmidts Elementen der Algebra. Aufgaben. 3 St. Dr. Velten.

Naturkunde. Mineralogie nach Schillings Grundrifs der Mineralogie. Thermometer und Barometer. 2 St. Dr. Velten.

5. Untertertia.

[Ordinarius: Gymnasiallehrer Schrammen.]

Religionslehre. a) kath.: Die Lehre von den Geboten, von der Tugend und von der Sünde. Die Glaubensartikel V—XII inkl. des apostolischen Glaubensbekenntnisses nach dem Diözesan-Katechismus. Wiederholungen aus der bibl. Geschichte und das Wichtigste aus der Kirchengeschichte bis auf die Zeit Karls des Grofsen. Erklärung und Memorieren einiger lateinischen Kirchenlieder. 2 St. Dr. Liessem.

b) evang.: Besprechung und Wiedererzählung der bibl. Geschichten des A. T. nach (liebe-Zahns biblischen Historien. 9 Kirchenlieder werden erläutert und gelernt. Geographie von Palästina. Die Hauptsachen aus dem christlichen Kirchenjahr. Einteilung der h. Schrift. Hauptstück I und III nach dem Katechismus Dr. M. Luthers ohne Erklärung. 2 St. Moll.

Deutsch. Die Lehre von den Zeiten und Modi (im Vergleich mit der lat. Tempus- und Moduslehre), von den Tropen und Figuren. Erzählende, didaktische und beschreibende Prosa; Fabeln, Märchen, poetische Erzählungen, Balladen und Romanzen. Kanon von Gedichten. Alle 3 Wochen ein Aufsatz. a) Zusammenfassungen aus Cäsar; b) Beschreibungen und Erzählungen. 2 St. Schrammen.

Themata zu den Aufsätzen: 1. Der Bau des Burgwalles um Asgard und der Münsterbau zu Aachen (vergl. Musterstück 10 in Pütz' Lesebuch). 2. Orgetorix (Caes. I, 2—5). 3. Disposition des Musterstückes „Die Krönung Ottos des Grofsen" und Vergleichung desselben mit dem Gedichte „Der Graf von Habsburg". 4. Krieg des Cäsar mit den Helvetiern. 5. (Kl.) Der Aeduer Dumnorix. 6. Der Schrecken der Römer vor Ariovistus und seinem Heere. (Caes. I, 30). 7. Ein deutscher Heerkönig im Kampfe mit dem Vernichter der römischen Republik. 8. Über den Zusammenhang der Barbarossa-Sage mit den german. Göttermythen. 9 Wie wurde der Graf von Limburg zum Schenken von Limburg? (Kl.) 10. Die Nerviernschlacht (Caes II, 16—28). 11. Das Unternehmen des Legaten Galba gegen die Alpenvölker (Cäs. III, 1—6). 12. Das Feuer, ein Freund und ein Feind der Menschen. 13. Cäsars Krieg mit den Venetern (Caes. III, 7—16).

Latein. Caesar de b. G. I—IV inkl. Übersetzungen aus Meirings Übungsbuch. Phraseologisches und Synonymisches im Anschlufs an die Lektüre. Lateinische Inhaltsangaben ausgewählter Kapitel aus Cäsar. Wiederholung der Syntax des Nomens, Fortsetzung und Abschlufs der Syntax des Verbums. Wöchentlich ein Pensum. Aus Ovids Verwandl.: Schöpfung, vier Zeitalter, Lykaon, Flut, Phaëthon. Metrische Übungen. 10 St. Schrammen.

Griechisch. Aus Kochs Schulgrammatik. Wiederholung der regelmäfsigen Deklination und Konjugation §. 1—51. Neu: §. 52-68 inkl. Aus Weseners Elementarbuch, II. Teil, S. 1—68. Memorieren von Vokabeln. Alle 14 Tage ein Pensum. 6 St. Schrammen.

Französisch. Aus Knobels Grammatik zur kursorischen Wiederholung §. 13—34 inkl. Neu: §. 55, 60 und 61. Aus Knebels Lesebuch 1—41, S. 1—16. Auswahl aus Propets Übungsbuch, I,

S. 58—82. Memorieren von Vokabeln und kleineren zusammenhängenden Stücken. Alle 14 Tage ein Pensum. 2 St. Dr. Wollmann.

Geschichte und Geographie. Deutsche Geschichte im Mittelalter bis 1648 nach Pütz' Lehrbuch. Geographie Deutschlands, insbesondere Preußens, physisch und politisch. 3 St. Dr. Scheins.

Mathematik und Rechnen. Die vier Rechnungsarten mit entgegengesetzten Zahlen und Buchstaben, Rechnen mit Summen, Differenzen, Produkten und Quotienten nach Schmidts Elementen der Algebra §. 1—90 inkl. Die merkwürdigen Punkte des Dreiecks, die Lehre von den Vierecken und vom Kreise nach Boymans Lehrbuch der Mathematik, I. Teil, §. 38—58. Aufgaben. 3 St. Dr. Velten.

Naturkunde. Übersicht über die Botanik und Einzelnes aus der Zoologie, besonders Säugetiere und Vögel. 2 St. Kaiser.

6. Quarta.

[Ordinarius: Gymnasiallehrer Dr. Weisweiler.]

Religionslehre. a) kathol.: Die Glaubenslehre nach dem Diözesan-Katechismus. Die Geschichte Jesu seit dem dritten Osterfeste in der Zeit seines öffentlichen Lehramtes, das Wichtigste aus der Apostelgeschichte nach Schusters bibl. Geschichte. Erklärung und Memorieren einiger lateinischer Kirchenlieder. 2 St. Dr. Liessem.
b) evang.: Siehe III B.

Deutsch. Unterricht und Übungen über Satzbildung, Satzverbindung und Wortstellung nach Linnigs Lesebuch, III. Abt., 16. Abschnitt. Aufsätze aus Linnigs Lesebuch, III. Abt. Kanon von Gedichten. Alle 3 Wochen eine schriftliche Arbeit: a) Zusammenfassung größerer Abschnitte aus Nepos, b) Schilderungen. 2 St. Dr. Weisweiler.

Latein. Aus Nepos 10 Lebensbeschreibungen. Nach kurzer Wiederholung der Formenlehre die Kasuslehre. Lehre von der Kongruenz, der Konstruktion der Fragesätze, Tempora, Acc. c. inf., Abl. abs. nach Siberti-Meirings Grammatik. Übersetzungen aus Meirings Übungsbuch für Quarta. Memorierübungen auch aus Meirings Vokabular (Stammwörter). 10 St. Dr. Weisweiler.

Griechisch. Die regelmäßige Formenlehre nach Kochs Grammatik. Übersetzungen aus Weseners Elementarbuch, I. Teil. Memorierübungen. Alle 14 Tage ein Pensum. 6 St. Dr. Weisweiler.

Französisch. Wiederholung des grammatischen Pensums der Quinta, Abschnitt IV und V des Elementarbuches von Ploetz. Memorieren von Vokabeln und einigen zusammenhängenden Stücken. Alle 14 Tage ein Pensum. 6 St. Dr. Brüll.

Geschichte und Geographie. Griechische Geschichte bis auf Alexander, römische Geschichte bis in die Kaiserzeit nach Pütz' Lehrbuch. Geographie der außereuropäischen Erdteile. 3 St. Dr. Liessem.

Mathematik und Rechnen. Wiederholung der Dezimalbrüche; Rabatt-, Gesellschafts- und Mischungsrechnung nach Schellens Rechenbuch, §. 21—24, II. Abt. Lehre von den Linien, Winkeln, Parallelen und Dreiecken nach Boymans Lehrbuch der Mathematik, §. 1—37. 3 St. Dr. Velten.

7. Quinta.

[Ordinarius: Gymnasiallehrer Dr. Velten.]

Religionslehre. a) kath.: Die Lehre von den Geboten, von der Tugend und von der Sünde nach dem Diözesan-Katechismus. Biblische Geschichte des A. T. von der Teilung des Reiches bis auf Christus, und des N. T. bis zum dritten Jahre in der öffentl. Wirksamkeit Christi. Wiederholungen aus der Geschichte des A. T. nach Schusters bibl. Geschichte. Bibl. Geographie. 3 St. Dr. Liessem.
b) evang.: Siehe III B.

Deutsch. Wiederholung der Lehre von der Deklination und Konjugation (starke, schwache; Umlaut, Ablaut); Partikeln, Lesen, Memorieren und Erzählen aus Linnigs Lesebuch, Abt. II. Kanon von Gedichten. Kleinere schriftliche Übungen. Alle 14 Tage eine häusliche schriftliche Arbeit (Anekdoten, Beschreibungen, Erzählungen). 2 St. Vins.

Latein. Wiederholung der regelmäfsigen Deklinationen, Fortsetzung und Abschlufs der regelmäfsigen Konjugationen, die unregelmäfsige Konjugation nach Siberti-Meirings Grammatik mit Übungen nach Meirings Übungsbuch für Quinta. Alle 8 Tage ein Pensum. 10 St. Vins.

Französisch. Abschnitt I, II, III des Elementarbuches von Plötz. Memorieren von Vokabeln. Alle 14 Tage ein Pensum. 3 St. Dr. Wollmann.

Geschichte und Geographie. Wiederholung des Pensums der Sexta; Geographie Europas mit besonderer Berücksichtigung Deutschlands nach Seydlitz' Grundzügen. 2 St. Dr. Weisweiler.

Mathematik und Rechnen. Wiederholung der Rechnung mit gewöhnlichen Brüchen, Dezimalbrüchen; einfache und zusammengesetzte Regel de Tri, allgemeine Rechnung mit Prozenten, Gewinn- und Verlustrechnung mit Prozenten, Zinsrechnung nach Schellens Rechenbuch, §. 23 – 31, I Abt. und §. 1 – 21, II. Abt. 3 St. Dr. Velten.

Naturkunde. Im Sommer Botanik, im Winter Naturgeschichte der Vögel, Amphibien und Fische nach Schillings Grundrifs der Naturgeschichte. 2 St. Dr. Velten.

8. Sexta.

[Ordinarius: Wissenschaftlicher Hülfslehrer Vins.]

Religionslehre. a) kath.: Einübung der gebräuchlichsten Gebete. Die Lehre von der Gnade, von den Sakramenten und dem Gebete mit besonderer Berücksichtigung des Bufssakramentes und des Wichtigsten aus der Lehre vom h. Altarssakrament nach dem Diöcesan-Katechismus. Bibl. Gesch. des A. T. bis zur Teilung des Reiches nach Schusters bibl. Geschichte. Biblische Geographie. 3 St. Dr. Lioussem.

b) evang.: Siehe III B.

Deutsch. Lesen, Memorieren und Erzählen aus Lüning Lesebuch, I. Abt., und kleinere schriftliche Übungen. Kanon von Gedichten. Alle 14 Tage eine schriftliche Arbeit (Erweiterung und Umbildung von Märchen, äsopischen Fabeln; klassische und germanische Sagen); orthographische Diktate. 2 St. Vins.

Latein. Nomen, Pronomen und regelmäfsiges Zeitwort nach Siberti-Meirings Grammatik, verbunden mit Übungen nach Meirings Übungsbuch. Memorieren von Vokabeln nach dem Vokabularium von Meiring. Wöchentlich ein Pensum. 10 St. Vins.

Geschichte und Geographie. Ozeanographie. Übersicht über die fünf Erdteile nach Seydlitz' Grundzügen. 2 St. Dr. Weisweiler.

Mathematik und Rechnen. Die vier Rechnungsarten mit unbenannten und benannten, mit ganzen und mit gebrochenen Zahlen und mit Dezimalbrüchen, Übungen im Kopfrechnen nach Schellens Rechenbuch, §. 1 – 23, I. Abt. 4 St. Dr. Velten.

Naturkunde. Einleitendes, Einzelnes aus der Organographie der Pflanzen und Übungen in deren Beschreibung. Einiges von dem menschlichen Körper. Naturgeschichte der Säugetiere nach Schillings Grundrifs der Naturgeschichte. 2 St. Dr. Velten.

9. Technischer Unterricht.

a) **Schreiben.** Quinta und Sexta je 3 St. Dienz.

b) **Zeichnen.** 1. Oberprima bis Untertertia inkl. kombiniert. 2 St. 2. Quarta bis Sexta inkl. je 2 St. Dienz.

c) **Gesang.** 1. Chorgesang 2 St. 2. Quinta und Sexta je 2 St. Eisenhuth.

d) **Turnen.** Im Sommer zweimal wöchentlich 1½ St.; im Winter je 1 St. für zwei, nach Klassen gebildete, in Riegen gesonderte Abteilungen, deren Vorturner besonders unterwiesen wurden. Frei-Ordnungs- und Geräteturnen. Moldenhauer.

10. Übersichtstabelle
über die Verteilung des Unterrichtes im Wintersemester 1881—82.

Lehrer.	I.	II A.	II B.	III A.	III B.	IV.	V.	VI.	Zahl der Stunden
1. Dr. Schmitz, Direktor.	3 Deutsch 2 Griech.	2 Homer							7
2. Kaiser, Oberlehrer.	4 Math. 2 Physik 2 Franz.	4 Math. 1 Physik	4 Math. 1 Physik 2 Franz.			2 Nat.			22
3. Dr. Wollmann, Oberlehrer, Ordinarius in II B.			2 Hebr.	10 Lat. 2 Deutsch	2 Franz.	2 Franz.		3 Franz.	21
4. Dr. Scheins, Oberl. Ordinarius in II A.			10 Lat. 4 Griech. 2 Deutsch			3 Gesch. 2 Ovid			21
5. Dr. Liessem, Oberlehrer und kath. Religionslehrer.	2 Rel. 2 Hebr.	2 Franz. 2 Religion		2 Rel.	2 Rel.	2 Rel. 3 Gesch. u. Geogr.	3 Rel.	3 Rel.	23
6. Schrammen, ordentl. Lehrer, Ordinarius in III B.	3 Gesch. u. Geogr.		3 Geschichte			8 Lat. 6 Griech. 2 Deutsch			22
7. Dr. Velten, ordentl. Lehrer, Ordinarius in V.				3 Math. 2 Nat.	3 Math	1 Rechn. 2 Math.	3 Rechn. 2 Nat.	4 Rechn. 2 Nat.	22
8. Dr. Wrede, ordentl. Lehrer, Ordinarius in I.	8 Lat. 4 Griech.	6 Griech.							18
9. Dr. Brüll, ordentl. Lehrer, Ordinarius in III A.				10 Lat. 6 Griech. 2 Deutsch 2 Gesch. 1 Geogr.		2 Franz.			23
10. Dr. Weisweiler, ordentl. Lehrer, Ord. in IV.						10 Lat. 6 Griech. 2 Deutsch	2 Geogr.	2 Geogr.	22
11. Vins, wissenschaftl. Hülfslehrer, Ord. in VI.							10 Lat. 2 Deutsch	10 Lat. 2 Deutsch	24
12. Moll, Divis.-Pfarror, evang. Religionslehrer.	2 Rel.		2 Religion			2 Religion			6
13. Diess, Schreib- und Zeichenlehrer.			2 Zeichnen			2 Zeichn.	2 Schreib. 2 Zeichn.	2 Schreib. 2 Zeichn.	14
14. Eisenhuth, Gesanglehrer.			2 Chor				2 Gesang	2 Gesang	6
15. Dr. Schmitz, Probekandidat.				(2 Gesch.)		(3 Gesch. u. Geogr.)	(2 Dtsch.)	(2 Geogr.)	9

11. Verfügungen des Königl. Prov.-Schulkollegiums.

1. Reskript vom 24. Januar 1882, wonach der Herr Minister der geistlichen Angelegenheiten nachfolgende Weisung erteilt hat: „Eine besondere Aufmerksamkeit seitens der einzelnen Lehrkollegien erheischt bei verdächtigen Schülern der Umgang derselben, sei es mit Mitschülern oder mit solchen jungen Leuten, die aufserhalb der Schule stehen, vielleicht aber früher die letztere besuchten. Ergibt sich in dem konkreten Falle die Gefahr einer nachteiligen Einwirkung von einer oder der anderen Seite, so ist den betreffenden Schülern ein solcher Umgang zu verbieten und für die Durchführung des Verbotes die Mitwirkung der Eltern oder deren Stellvertreter in Anspruch zu nehmen."
2. Verfügung vom 10. Februar 1882, dafs fortan über alle solche Disciplinarfälle, welche als wichtigere Angelegenheiten im Leben der Anstalt anzusehen sind, insbesondere aber über jeden Fall einer die Mafsnahme der stillen Entfernung überschreitenden Strafe sofort eingehender und von den bezüglichen Verhandlungen der Lehrerkonferenz begleiteter Bericht erstattet werde.
3. Verfügung vom 15. Februar 1882, betreffend die einheitliche Gestaltung des Censurwesens der höheren Lehranstalten der Rheinprovinz. Es wird u. a. bestimmt:
   1) In allen Klassen werden fortan jährlich dreimal Zeugnisse an alle Schüler erteilt und zwar vor den Herbstferien, vor den Weihnachtsferien und vor den Osterferien.
   2) Bei Beurteilung der Leistungen sind fortan nur die nachstehenden fünf Prädikate, unter Ausschlufs jeder Modifikation derselben, in Anwendung zu bringen: 1. Recht gut. 2. Gut. 3. Genügend. 4. Mangelhaft. 5. Ungenügend.
   Am Ende des Klassenkursus kann das vierte Prädikat die Versetzung ausschliefsen und schliefst sie namentlich dann aus, wenn es in mehreren Gegenständen erteilt werden mufs.

II. Chronik des Schuljahres 1881—82.

1. Nachdem am 23. April 1881 die Aufnahmeprüfungen stattgefunden hatten, begann der Unterricht am Montag den 25. April, vormittags 8 Uhr.
2. Am 22. Mai 1881 feierten 27 katholische Schüler das Fest ihrer ersten h. Kommunion.
3. Das Sommersemester 1881 wurde am 20. August geschlossen, der Unterricht des Wintersemesters 1881—82 am 26. September begonnen.
4. Am 21. März 1882 fand in der Aula der Anstalt eine Vorfeier des Geburtsfestes Sr. Majestät des Kaisers und Königs statt, bei welcher Gelegenheit der Oberlehrer Herr Dr. Scheins die Festrede „Über die Geschichte der Burg Hohenzollern" hielt. Am 22. März wurde feierlicher Gottesdienst in der Gymnasialkirche gehalten.
5. Über das Lehrerkollegium ist Folgendes zu berichten:
   a) Der Schulamtskandidat Herr Krekeler wurde behufs kommissarischer Beschäftigung und gleichzeitiger Fortsetzung seines Probejahres vom Beginne des Schuljahres 1881—82 ab dem Gymnasium zu Neufs überwiesen.
   b) Der Schulamtskandidat Herr Michael von Coellen, vorher in Münstereifel, trat zu Anfang des Schuljahres 1881—82 bei dem Kaiser-Wilhelm-Gymnasium zur Erteilung einiger Lehrstunden ein. Durch Verfügung vom 30. September 1881 wurde ihm vom 1. Oktober ab eine Hülfslehrerstelle am Gymnasium zu Essen übertragen.
   c) Der Gymnasiallehrer Herr Dr. Brüll rückte vom 1. April 1881 ab in die vorletzte ordentliche Lehrerstelle der Anstalt auf.
   d) Der Schulamtskandidat Herr Dr. Joseph Weisweiler aus Arnoldsweiler, vorher am Gymnasium zu Aachen beschäftigt, wurde vom 25. April 1881 ab zum ordentlichen Lehrer am Kaiser Wilhelm-Gymnasium ernannt. In Folge einer Erkrankung konnte derselbe erst am 16. Mai 1881 eintreten; bis dahin vertrat ihn der Schulamtskandidat Herr von Coellen.

— 10 —

e) Der Schulamtskandidat Herr Dr. Joseph Schmitz aus Düren trat am 23. Mai 1881 zur Abhaltung seines Probejahres ein.

f) Vom 20. bis 23. Juli 1881 beteiligte sich der Direktor an den Verhandlungen der ersten rheinischen Direktoren-Konferenz in Bonn.

g) Der Schulamtskandidat Herr Heinrich Füchtjohann aus Kaunitz in Westfalen, welcher sein Probejahr bereits im Schuljahre 1860—81 am Gymnasium zu Koesfeld abgehalten hatte, wurde dem Kaiser Wilhelm-Gymnasium zur Erteilung einiger Lehrstunden vom Wintersemester 1881—82 ab überwiesen und trat am 26. September 1881 ein. Durch Verfügung vom 9. Februar 1882 wurde derselbe behufs Übernahme einer kommissarischen Beschäftigung an das Gymnasium zu Neuwied versetzt.

h) Mittels Ministerialerlasses vom 5. November 1881 wurde der ordentliche Lehrer Herr Religionslehrer Dr. Liessem vom 1. Oktober 1881 ab zum Oberlehrer der Anstalt befördert.

6. Am 12. Dezember 1881 starb der Untertertianer Johann Fischenich aus Köln, ein braver Schüler, der zu den besten Hoffnungen berechtigte. Am 14. Dezember beteiligten sich Lehrer und Mitschüler an dem Begräbnisse. Am 20. Dezember wurden für den Verstorbenen in der Gymnasialkirche Exequien gehalten.

III. Statistik.

1. Frequenz im Schuljahre 1881—82.

1. Zum Sommersemester 1881 kehrten, nachdem 65 Schüler abgegangen waren, 202 zurück.
2. Hierzu wurden zum Sommersemester 1881 neu aufgenommen 77.
3. Demzufolge Bestand im Sommersemester 1881 = 279 Schüler, nämlich:

I	IIA	IIB	IIIA	IIIB	IV	V	VI	
29	23	25	19	34	56	37	56	[218 Kölner, 61 Auswärtige; 226 Kath., 45 Evang., 8 Isr.]

4. Abgang im Sommersemester 1881 aus:

I	IIA	IIB	IIIA	IIIB	IV	V	VI	
4	1	7	—	1	2	1	2	= 18

5. Bestand am Schlusse des Sommersemesters 1881:

I	IIA	IIB	IIIA	IIIB	IV	V	VI	
25 [11 + 14]	22	18	19	33	54	36	54	= 261.

6. Neu aufgenommen zum Wintersemester 1881—82:

I	IIA	IIB	IIIA	IIIB	IV	V	VI	
—	1	2	1	2	1	3	2	= 12.

7. Bestand im Wintersemester 1881—82:

I	IIA	IIB	IIIA	IIIB	IV	V	VI	
25 [11 + 14]	23	20	20	35	55	39	56	= 273 [218 Kölner, 55 Auswärt.; 220 Kath., 45 Evang., 8 Isr.]

8. Abgang während des Wintersemesters 1881—82:

I	IIA	IIB	IIIA	IIIB	IV	V	VI	
—	2	—	1	4	3	—	2	= 12.

9. Bestand gegen Ende des Wintersemesters 1881—82:

I	IIA	IIB	IIIA	IIIB	IV	V	VI	
25 [11 + 14]	21	20	19	31	52	39	54	= 261.

10. Im Ganzen wurde die Anstalt im Schuljahre 1881—82 von 291 Schülern besucht.
11. Das Durchschnittsalter der Schüler betrug am 1. Dezember 1881: in VI 11 J. 7 M.; in V 12 J. 5 M.; in IV 13 J. 7½ M.; in IIIB 15 J.; in IIIA bei den Einheimischen 16 J., bei den

— 11 —

Auswärtigen 15 J. 11 M.; in IIB 16 J. 8 M.; in IIA 18 J. 4½ M.; in IB bei den Einheimischen 18 J.; bei den Auswärtigen 17 J. 7 M.; in IA 19 J. 10 M.

12. Im vorigen Schuljahre (1880—81) haben 9 Schüler die Anstalt mit dem Zeugnisse der wissenschaftlichen Befähigung für den einjährig freiwilligen Militärdienst verlassen, um in das bürgerliche Leben einzutreten.

13. Von dem an der Anstalt erteilten Religionsunterricht waren im Schuljahre 1881—82 8 katholische und 2 evangelische Schüler dispensiert.

2. Abiturientenprüfung.

1. In der unter dem Vorsitze des unterzeichneten Direktors am 10. August 1881 abgehaltenen mündlichen Abiturientenprüfung erhielten, nachdem die schriftlichen Prüfungsarbeiten bereits zwischen dem 7. und 13. Juli 1881 angefertigt waren, drei Oberprimaner das Zeugnifs der Reife:

Namen.	Geburtsort.	Alter.	Konfession.	Berufsstudium.
1. Hugo Josten	Siegburg	18 Jahre.	katholisch	Philologie.
2. Andreas Keil	Langel	22 ,,	,,	Arzneiwissenschaft.
3. Heinrich Strobe	Köln	18 ,,	,,	Math. u. Naturwiss.

2. Unter dem Vorsitze des Königlichen Provinzial-Schulrates Herrn Dr. Vogt wurde am 15. und 16. März 1882 die mündliche Abiturientenprüfung abgehalten, nachdem die schriftlichen Arbeiten zwischen dem 3. und 9. Februar angefertigt worden waren. Die elf Oberprimaner der Anstalt erhielten sämtlich das Zeugnifs der Reife. Die besondere Nachweisung ist folgende:

Namen.	Geburtsort.	Alter.	Konfession.	Berufsfach.
1. Viktor van den Bosch	St. Vith	21 Jahre	katholisch	Rechtswissenschaft.
2. Bernhard Koch	Efferen	20 ,,	,,	Arzneiwissenschaft.
3. Anton Kroth	Andernach	21 ,,	,,	Philologie.
4. Ludwig Kux	Köln	21 ,,	,,	Arzneiwissenschaft.
5. Mathias Menn	Köln	21 ,,	,,	Philologie.
6. August Rahaus	Köln	19 ,,	evangelisch	Math. u. Naturw.
7. Gerhard Sandkuhl	Berlin	19 ,,	,,	Königl. Heeresdienst.
8. Joseph Schlinkhoven	Brück	20 ,,	katholisch	Theologie.
9. Kaspar Schmitz	Düren	19 ,,	,,	Rechtswissenschaft.
10. Oskar Schulze	Köln	18 ,,	,,	Rechtswissenschaft.
11. August Stryck	Köln	24 ,,	,,	Arzneiwissenschaft.

3. Lehrmittel.

a) Lehrerbibliothek.

1) Angeschafft wurden aus den etatsmäfsigen Mitteln:

Hermes, Zeitschrift für klassische Philologie. 16. Band, 1881. Müller-Pouillet, Lehrbuch der Physik und Meteorologie, bearbeitet von Pfaundler. 3. Band. Rheinisches Museum. Bd. 36, 1881. Grevens Adrefsbuch für Köln 1882. Fleckeisen und Masius, Jahrbücher für Philologie und Pädagogik, 123. und 124. Band, 1881. Dazu Supplement Band XII, 2 und 3. Zeitschrift für das Gymnasial-Wesen, herausgegeben von Hirschfelder und Kern. 35. Jahrg. 1881. Centralblatt für die gesamte Unterrichtsverwaltung in Preufsen 1881. Literarisches Centralblatt von Zarncke, 1881. Petermanns Mitteilungen, 27. Band, 1881. Hoffmann, Zeitschrift für mathematischen und naturwissenschaftlichen Unterricht. 13. Jahrg. 1882. Verhandlungen der Direktoren-Versammlungen in den Provinzen des Königreichs Preufsen seit dem Jahre 1879. Band 8 und 9. 1881. Grimm, deutsches Wörterbuch, IV. Band, 1. Abt, 2. Hälfte, 3. Lief. VI. Band, 7. und 8. Lief. VII. Band, 1. Lief. Corpus scriptorum ecclesiasticorum Latinorum, Vol. V. und Vol. VII. 1881. Teuffel, Geschichte der römischen Literatur, bearbeitet von Schwabe. 1. und 2. Lief. Lessings Leben von Düntzer.

Nettesheim, Geschichte der Schulen im alten Herzogthum Geldern. Lief. 6—8. Koberstein, Geschichte der deutschen Nationalliteratur, Band V, nebst General-Register zu Band I—V. Richter, Zeittafeln der deutschen Geschichte im Mittelalter. Retzlaff, griechische Exercitien. Behrens, Botanik Bernays, über das Phokylideische Gedicht. Bernays, Die Dialoge des Aristoteles. Bernays, Theophrastos' Schrift über Frömmigkeit. Bernays, Die Heraklitischen Briefe. Bernays, Aristoteles' Politik. Bernays, Phokion und seine neueren Beurteiler. Bernays, zwei Abhandlungen über die Aristotelische Theorie des Drama. Ameis, Homers Ilias, I. 4; II. 1 und 2. Anhang dazu Heft IV und V. Buchholz, Homerische Realien II. 1. Mohn, Meteorologie. Meissner, lateinische Phraseologie. Leuchtenberger, dispositive Inhaltsübersicht der drei Olynthischen Reden. Menge und Werneburg, antike Rechenaufgaben. Reidt, Aufgaben aus der Trigonometrie und Stereometrie. 1877. Bindel, Hilfsmittel für den deutschen Unterricht. 1881. Thucydides, ed. Classen VII und VIII. Thucydides, ed. Stahl, vol. II. Plautus ed. Ritschl. Portus.

2) An Geschenken

Von Sr. Excellenz dem Herrn Kultusminister:
Jahrbücher des Vereins von Altertumsfreunden im Rheinlande, Bonn. Heft 63.

Von dem Friedrichs-Werderschen Gymnasium zu Berlin:
Müller, Geschichte des Friedrichs-Werderschen Gymnasiums zu Berlin. Festschrift zu der zweiten Saecularfeier des Friedrichs-Werderschen Gymnasiums zu Berlin.

Von Herrn Oberlehrer Dr. Weinkauff:
18 Hefte der Sammlung „Gemeinnütziger Vorträge, herausgegeben vom deutschen Verein zur Verbreitung gemeinnütziger Kenntnisse in Prag."

Von dem Abiturienten Anton Kroth:
Plutarchi Chaeronensis Moralia ex recensione Rudolfi Hercheri. Vol. I. Fuss, poemata latina. Archiv für Landeskunde der Preufsischen Monarchie 1857 I.—IV. Band. 1858 I. und 1859, II.

b) **Schülerbibliothek.**

Angeschafft:
Hottinger, die Welt in Bildern. 1881. Xenophontis historia graeca ed. L. Dindorf. 10 Exemplare.

An Geschenken:
Von dem Sekundaner August von Othegraven:
Eine Anzahl Schulbücher.

IV. Schluss des Schuljahres.

Dinstag, den 4. April, nachmittags von 2 Uhr ab:
Verteilung der Zeugnisse; Entlassung der Abiturieuten durch den Direktor.

V. Anfang des neuen Schuljahres.

Das neue Schuljahr von Ostern 1882 bis Ostern 1883 beginnt Montag den 24. April, vormittags 8 Uhr. Die Aufnahmeprüfungen finden statt Freitag den 21. April, vormittags von 9 und nachmittags von 3 Uhr ab.

Anmeldungen

werden während der Osterferien im Gymnasialgebäude, Heinrichstrafse Nro. 2—4, entgegen genommen. Bei der Anmeldung ist 1) ein Geburtsschein, 2) ein Abgangszeugnis der zuletzt besuchten Anstalt und 3) ein Impfattest vorzulegen.

Köln, im März 1882.
Dr. Wilh. Schmitz,
Gymnasial-Direktor.

PROGRAMM

des

KAISER WILHELM-GYMNASIUMS

zu

KÖLN.

XV. SCHULJAHR:

VON OSTERN 1882 BIS OSTERN 1883.

VERÖFFENTLICHT

von

DEM DIREKTOR DES GYMNASIUMS

Dr. WILHELM SCHMITZ.

INHALT.

A. Mitteilungen aus Akten der Universität Köln. Dritte Fortsetzung.
   III. Die Aufzeichnungen der ersten Matrikel [1388—1425] über die Jahre 1400—1406. } Von dem Direktor.
B. Schulnachrichten.

Köln, 1883.
Gedruckt bei J. P. Bachem, Verlagsbuchhändler und Buchdrucker.

383. Progr. Nr. 394.

HARVARD COLLEGE LIBRARY
GIFT OF THE
GRADUATE SCHOOL OF EDUCATION
Feb. 11, 1932

Mitteilungen aus Akten der Universität Köln.

Die erste Matrikel.

[Dritte Fortsetzung.*)]

[*Fol. 34ᵃ:*] **1400.**

Anno domini MCCCC mensis Martii die vicesima quarta, videlicet in profesto annuntiationis beate virginis Marie electus est in rectorem universitatis studii Coloniensis concorditer per quatuor facultates Lambertus ter Hoeven de Arnhem, magister in artibus et doctor in medicina. In cuius rectoratu intitolati sunt infrascripti *1400, 24. Mart.*

1. Arnoldus ter Hoeven de Arnhem, Traiectensis dyocesis, ad artes, solvit
2. Iohannes Schämkessel de Sinthzich, dyocesis Coloniensis, ad iura, solvit
3. Iohannes de Nedenasu, Traiectensis diocesis, ad artes, solvit
4. Henricus Sophie de Heynsberghen, Leodiensis diocesis, ad artes, solvit
5. Iohannes Mathie Cropen de Wesalia, Treverensis dyocesis, ad artes, solvit
6. Bernardus Nysinch de Borken, Monasteriensis dyocesis, ad artes, solvit
7. Gobelinus de Remago, Coloniensis dyocesis, ad theologiam, solvit
8. Winandus de Amb, Coloniensis dyocesis, ad theologiam, solvit
9. Theodericus Reyneri de Daventria, dyocesis Traiectensis, ad artes, solvit
10. Conradus Stheynen, dyocesis Coloniensis, ad ius canonicum, solvit
11. Gotfridus Bochorn, canonicus ecclesie sancti Andree Coloniensis, ad iura canonica, solvit
12. Gherardus de Riga, dyocesis Rigensis, ad iura canonica. Non solvit***)
13. Iohannes Froytens de Atrio de Mylen super Aclst, Leodiensis dyocesis, ad iura canonica, solvit quinta die Iunij
14. Dominus Everhardus de Bilvelt Pfintrogghe (?), Padeburnensis diocesis ad ius canonicum
15. Iohannes de Arnhem, Traiectensis dyocesis, ad artes, solvit
16. Iohannes Damar de Andernaco, dyocesis Treverensis, ad artes, solvit
17. Iohannes Henseilini de Andernaco, Treverensis dyocesis, ad artes, solvit

[*Fol. 35ᵃ:*] Anno domini MCCCC, in vigilia beatorum apostolorum Petri et Pauli, electus fuit de novo in rectorem universitatis concorditer idem magister Lambertus ter Hoeven. Et sub eo intitulati fuerunt infrascripti *1400, 28. Iun.*

1. Henricus Molhen, filius Nycolai de Orten, dyocesis Leodiensis, ad artes .s.
2. Dominus Gotwinus Enghelberti de Hensberghe, Leodiensis dyocesis, ad theologiam, cui propter reverentiam persone remisi
3. Iohannes Enghelberti de Heynsberghe, Leodiensis dyocesis, ad artes .s.
4. Iohannes Weyr de Andernache, dyocesis Treverensis, ad artes .s.
5. Dominus Gotfridus Comy, dyocesis Leodiensis, ad theologiam .s.
6. Dominus Iohannes de Veussem, rector ecclesie de Ghostel, Leodiensis dyocesis, ad ius canonicum .s.
7. Iohannes de Gorichem, dyocesis Traiectensis, ad artes, pauper
8. Nicolaus de Rotterdam, Traiectensis dyocesis, ad artes, pauper
9. Anthonius de Roserio, presbiter dyocesis Vassatensis, ad artes, pauper
10. Henricus Zeleman de Borken, Monasteriensis dyocesis, ad iura canonica, pauper
11. Dominus Bruno Rasoris de Wartberghe, dyocesis Padeburnensis, ad theologiam .s.
12. Theodericus de Wesalia, dyocesis Coloniensis, ad medicinam .s.
13. Bruno de Ghellinchem, clericus Traiectensis dyocesis, scolaris in artibus. Non solvit.

*) Vgl. die Programme des Kaiser Wilhelm-Gymnasiums von den Jahren 1878, 1879 und 1882.
**) Vor Non solvit ist l (= nichil) solvit durchgestrichen; auf dem Rande links steht: gratis, quia servitor magistri Theoderici Dyutel.

[Fol. 35ᵛ:] **1400.**

1400,
9. Oct.

Anno domini millesimo quadringentesimo, nona die mensis Octobris, electus fuit in rectorem universitatis concorditer per quattuor facultates Theodericus Kerkerinch de Monasterio, magister in artibus et in sacra theologia licentiatus, in conventu fratrum Augustinensium. Et intitulati sunt infrascripti

1. Theodericus, filius Mathie Hetens de Weirt, clericus Leodiensis diocesis, ad artes
2. Hinricus de Arnem, clericus Traiectensis diocesis, filius Egidii de Arnem, ad artes. Solvit sex albos et unum pro bedello
3. Iacobus Mathie de Capella, clericus Traiectensis diocesis, ad artes, solvit quattuor albos
4. Theodericus Kirspe, diocesis Coloniensis, ad artes. Solvit sex albos et unum pro bedello
5. Iohannes de Bocholdia, clericus Monasteriensis diocesis, ad artes, solvit totum
6. Wilhelmus de Stocken, clericus Leodiensis diocesis, ad iura, solvit totum

7. Iohannes Scholer de Hruwilre, clericus Coloniensis diocesis, ad artes
8. Domicellus Iohaunes Stecke, illustris et canonicus ecclesie Coloniensis, ad artes, solvit duos albos bedello
9. Wyckerus Arnoldi de Leyda, clericus Traiectensis diocesis, ad iura
10. Iohannes Tunderen de Hamelen, clericus Mindensis diocesis, ad artes, solvit
11. Illustris Guntherus Comes de Swartzburgh, Dominus in Sundirhusen, prepositus ecclesie Iecheburgensis, Manguntinensis diocesis*).

[Fol. 36ʳ:] **1400.**

1400,
21. Dec.

Anno domini millesimo quadringentesimo, in die sancti Thome apostoli, electus fuit in Rectorem universitatis concorditer per singulas facultates Hinricus Sticliger de Bunna, decretorum doctor et baccalarius in legibus ac sacri apostolici consistorii advocatus nec non sancti Severini .. (?) prepositus et Sancti Andree Coloniensis ecclesiarum decanus**), in conventu fratrum predicatorum, sub quo intitulati sunt hij

1. Segebodo Berswort de Tremonia, clericus Coloniensis diocesis, ad leges, solvit totum
2. Mathias Worm (letzteres durchstrichen und darüber v. and. Hand: Meynkini) de Altendarn, clericus Coloniensis diocesis, ad leges, nichil solvit
3. Iohannes Neckel de Wedersdorp, clericus Coloniensis diocesis, ad artes, solvit
4. Arnoldus de Mokenborch, clericus Leodiensis, rector ecclesie de Peer, Leodiensis diocesis, ad iura · solvit
5. Iohannes Rummel, prepositus ecclesie Nydecgensis, Coloniensis diocesis, solvit
6. Rutgerus de Drove, prepositus ecclesie Wordensis, Coloniensis diocesis, non solvit

7. Hinricus de Tilia, clericus Coloniensis diocesis ⎫
8. Hermannus Olmytzern de Bunna, clericus Coloniensis diocesis ⎬ nichil quia familia rectoris
9. Iohannes de Sechtym de Bunna, clericus Coloniensis diocesis ⎭
10. Hinricus Süchger de Colonia
11. Wynandus de Mosa, canonicus ecclesie beate Marie Cennacensis, Leodiensis diocesis, ad iura
12. Tilmannus Walle de Tulpeto, clericus Coloniensis diocesis, ad iura
13. Daniel Persemart, Rector altaris beate Marie in veteri capella in Trisco opidi Thenensis, Leodiensis diocesis, ad iura .s.
14. Iohannes Syfridi de Meschede, canonicus Meschedensis, Coloniensis diocesis, ad theologiam
15. Rutgerus de Eylfke, dictus de Salice, clericus Coloniensis, ad iura, non solvit

1401,
24. Mart.

[Fol. 36ᵛ:] Anno domini millesimo quadringentesimo primo, in vigilia Aununtiationis

1. Iohannes de Gatzekau, decanus Lubicensis et prepositus Hamburgensis
2. Wolterus de Belrees, clericus Leodiensis diocesis, ad artes, solvit

---

*) Vgl. den Aufsatz von Crecelius: 'Aus der I. Matrikel der Universität Köln' in der 'Vierteljahrschrift für Heraldik, Sphragistik und Genealogie. Herausgegeben von dem Verein Herold zu Berlin', VII. Jahrg. (1879) p. 93 ff.: 'Dieser Günther von Schwarzburg ist wol der Erzbischof von Magdeburg (1403—1445)', a. a. O. p. 98.
**) Am Rande von derselben Hand: et male .. ?

3. Conradus Wynrave de Hamel, clericus Mindensis dioceais, ad artes
4. Iohannes de Poll, canonicus ecclesie sancti Cuniberti Coloniensis, ad iura *)
5. Herbordus Kukyn de Tremonia, clericus Coloniensis diocesis, ad theologiam
6. Iohannes Rarcbeke, clericus Coloniensis diocesis, ad iura, pauper
7. Nicolaus custos de Malberge, Traiectensis diocesis, ad artes, solvit medium
8. Theodericus Suderman de Tremonia, clericus Coloniensis diocesis, solvit
9. Albertus Troist, clericus Coloniensis dyocesis, nichil solvit.

[Fol. 37 v:] **1401.**

Anno domini millesimo quadringentesimo primo, in vigilia sanctorum apostolorum Petri et Pauli, apud Augustinenses post missam universitatis ibidem celebratam concorditer per quattuor facultates electus est in Rectorem Walbero de Caldenhove de Ghesike, in artibus magister et in medicina doctor, et iuravit ut moris est. Sub cuius rectoria intytulati sunt infrascripti. Recepi a praedecessore meo II marcas Colonienses.

1401, 29. Iun.

1. Primo dominus Hermannus de Nyem, canonicus ecclesie beatorum Petri et Andree Paderbornensis .s.
2. Magister Hermannus Geysinch de Wynterswich, decretorum doctor et magister artium, canonicus veteris ecclesie sancti Pauli Monasteriensis, iuravit complete, gratis transiit
3. Dominus Ewanus de Scholve, ordinis Premonstren., Monasterii Heylesinensis, dyocesis Leodiensis, ad theologiam, solvit
4. Dominus Robertus Colen, canonicus ecclesie beati Germani Thenensis, Leodiensis dyocesis, ad ius canonicum, solvit
5. Dominus Henricus Vormann, presbiter de Thenismonte, Leodiensis dyocesis, ad theologiam, solvit

6. Albertus Heyponis de Werdena, famulus M. Teoderici Distel, ad artes, gratis transiit propter dominum
7. Dominus Gerardus Wilde de Buscho ducis, cappellanus in ecclesia beate Marie Tungerensis, Leodicensis dyocesis, in iure canonico, solvit totum
8. Woltherus Kyvit de Arnheim, Traiectensis dyocesis, ad artes, solvit
9. Henricus de Zyrne, clericus Coloniensis, ad iura, solvit
10. Hermannus de Arnheim, clericus Traiectensis dyocesis, ad artes, solvit
11. Meynricus Deghen de Susato, clericus Coloniensis dyocesis, ad iura, solvit

[Fol. 37 v:] Item eodem anno, in profesto sancti Dyonisii, relectus fuit concorditer per facultates praedictus magister Walbero, artium magister et medicine doctor, in Rectorem universitatis, sub quo intytulati sunt infrascripti.

1401, 8. Oct.

1. Everhardus Goltsteyn de Braicht, presbiter, pastor ecclesie in Lovenich, ad theologiam, solvit
2. Item dominus Arnoldus de Dynslaken, pastor in Pyrne, iuravit complete, solvit
3. Item Magister Nycolaus Müntschaeman de Maguntia, doctor in medicina et magister in artibus, gratis transiit
4. Item dominus Nycolaus Hermanni de Dreseden, cappellanus sancte Katherine in Gretz Styria, Missenensis dyocesis, ad theologiam, solvit

5. Item Henricus de Koechberg, plebanus in Crolyp, Maguntinensis dyocesis, ad iura, solvit
6. Item Rryuerus de Leuwe, canonicus ecclesie beate Marie Traiectensis, Leodiensis dyocesis, ad artes s.
7. Item Henricus Crumhvoys de Vrankenberga, Maguntinensis dyocesis, ad iura, gratis quia servitor.

Computatis computandis et defalcatis, tradidi successori meo Iordano de Clivis IIII marcas et IIII solidos.

[Fol. 38 r:] **1401.**

Anno domini MCCCCI, in vigilia sancti Thome apostoli, facta congregatione universitatis in domo fratrum minorum ad eligendum rectorem, electus fuit concorditer in rectorem universitatis magister Iordanus Wanghe de Clivis. In cuius rectoria facta fuerunt que sequuntur.

1401, 20. Dec.

*) Am Rande steht und ist später wieder durchgestrichen: Nota periurum ac stellionem rifflanum, per universum orbem bene ubique cognitum: woru von späterer Hand der ebenfalls nachher durchgestrichene Zusatz: modeste, modeste, lieber zarter.

Primo. Prestitis per cum iuramentis consuetis, antecessor suus, s(cilicet) M. Wolbero tradidit ab sigillum rectorie cum libro statutorum et registro presenti.

Deinde post natale domini idem antecessor suus, summando recepta sua et exposita per eum in rectoria sua, tradidit eidem M. Iordano rectori IIII^{or} marcas Colonienses et IIfl. solidos de receptis per eum.

Sequuntur nomina intitulatorum in eadem rectoria iuratorum.

1. Primo. Iohannes Boghert de Bragis, Tornacensis dyocesis, pro facultate artium ⚹
2. Henricus de Egbelstorp, canonicus in Dusseldorp, Coloniensis d(yocesis), ad artes *) ⚹
3. Henricus Coppenbergh de Wulfhagen, canonicus sancti Georgii in Lymporch, Treverensis dyocesis, ad iura ⚹
4. Iohannes Doctli de Selendia in regno Dacie, Roskildensis dyocesis, ad artes ⚹
5. Baldewinus Iohannis de Steynberghen, Leodiensis dyocesis, ad artes, solvit
6. Petrus Iloa de Wylre, in ducatu Iuliacensi, Coloniensis dyocesis, ad artes, solvit
7. Rutgherus de Boetzlar, in comitatu Clivensi, Colniensis dyocesis, ad artes, solvit
8. Iohannes Ghibelini de Monasterio Eyflie, Coloniensis dyocesis, iuravit ad artes, solvit
9. Petrus Heymerici de Enskyrchen, Coloniensis diocesis ⚹
10. Dominus Richardus Salfordi, Abbas monasterii beate Marie Abendonensis, Saresbyriensis dyocesis in Anglia, solvit, ad iura
11. Dominus Iohannes Hentech, monachus eiusdem monasterii in Anglia, ad theologiam, solvit

12. Dominus Radulphus Hame, monachus eiusdem monasterii in Anglia, ad artes, solvit
13. Magister Galfridus Trotadan, licentiatus in legibus et bachalarius in decretis, Lyncolinensis dyocesis, solvit
14. Dominus Iohannes Archan, rector parrochialis (?) in Dombalton, Wygornensis dyocesis, ad iura, solvit
15. Henricus de Randenbergh, presbyter Paderburnensis dyocesis, ad theologiam ⚹
16. Arnoldus Sophie de Eyndhoven, pastor in Zeelst, Leodiensis diocesis, ad iura, solvit
17. Rumoldus de Vivartje de Hasselt, Leodiensis dyocesis, solvit
18. Tilmannus de Merchusen de Smalenburgh, Coloniensis diocesis, ad medicinam ⚹
19. Nicolaus Tayc de Embrica, Traiectensis diocesis, ad artes, solvit
20. Conradus de Werda, Coloniensis, ad artes ⚹
21. Iohannes de Resse prope Bekelynchusen, Coloniensis dyocesis, ad artes ⚹
22. Gerardus, filius Henrici de Ilensbeke, Coloniensis dyocesis, ad artes ⚹
23. Iohannes Custodis de Monasterio in Westfalia, ad iura ⚹

[Fol. 38v:] Item in Rectoria eiusdem M. Iordani facte sunt successive due congregationes. De quorum prima, quia nichil memoria dignum actum erat, nichil hic scribitur, quia erat de quadam contentione duorum doctorum postea sopita. Secunda autem congregatio celebrata fuit sollempniter et per iuramentum in domo predicatorum ipso die sancti Thome de Aquino, ubi statim post missam universitatis ibidem tunc celebratam inter alia proposita erat articulus iste per modum expedientis, scilicet, an expediret pro universitate et appositio eiusdem mittere Rotulum ad dominum papam, scilicet pro gratiis beneficialibus, privilegiis, dispensatis etc. Et ex concordi deliberatione trium facultatum, scilicet artium, iuristarum et theologorum, dme (deinde?) medicis etiam eodem momento aliis tribus facultatibus consentientibus et se conformantibus, et per consequens ex unanimi consensu totius universitatis ibidem conclusit Rector Rotulum mittendum esse ad dominum papam sicut in articulo proponebatur, et hoc ex certis et rationabilibus motivis, quorum aliqua in proponendo articulum erant tacta.

Deinde anno domini .1402., in vigilia annuntiationis beate Marie virginis, que per anticipationem servabatur die Veneris ante dominicam palmarum, facta congregatione universitatis ad eligendum Rectorem in domo capitulari maioris ecclesie propter sermonem universitatis ibidem tunc factum, reelectus seu continuatus fuit in Rectorem universitatis idem M. Iordanus de Clivis. In cuius Rectoria reelectoria intitulati sunt infrascripti et iurati

---

*) Oreceliua e. a. O. p. 96: 'Ein Heinrich von Tredendorp von Eigelstorp verkauft dem Capitel zu Düsseldorf den Hof zu Heckhsua zu Lohsusen am 26. Juli 1402. Vielleicht war dies der Vater des Canonicus zu Düsseldorf.'

1. Primo M. Iohannes de Monte de Buscoducis, Leodiensis dyocesis, ad facultatem medicine. ⚜
2. Nicolaus de Puteo Gaudensis, Tornacensis dyocesis, ad artes. ⚜
3. °Wolterus Duvel de Arnhem, Tralectensis dyocesis, ad artes, solvit
4. °Iohannes de Beka de Gandavo, Tornacensis dyocesis, ad artes, ⚜.
5. °Iohannes Iacobi de Gronynghen, Traiectensis dyocesis, ad artes, solvit
6. °Ludolphus Egberti de Gronynghen, Traiectensis dyocesis, ad artes, solvit

7. Gerardus de Ganghelt, dictus Duenre, Leodiensis dyocesis presbiter, ad Theologiam ⚜
8. °Henricus Gobelini up der Bach de Euskyrchen, Coloniensis dyocesis, ad artes, solvit
9. °Hermannus Vâghet, clericus Monasteriensis, ad iura, solvit
10. °Iohannes de Ryle extra muros Colon., pastor in Inferiori Bacheym, ad iura, solvit
11. °Rodulphus Terbrugghen de Gronynghen, Traiectensis dyocesis, ad iura, solvit.

Sequuntur Recepta dictarum duarum Rectoriarum.
Primo a Domino Rectore precedenti, scilicet M. Wolberono IIII^{or} marc. et IIII solid.
Item ab intitulatis in prima Rectoria. V marc. cum dimidia
Deinde ab intitulatis in 2^a Rectoria seu continuatoria. III. marc. cum media
Summa omnium Receptorum . XIII . marc. et IIII^{or} s.
[Fol. 39^r:] Exposita in prima harum Rectoriarum
Primo*) X. albos Predicatoribus pro oneribus misse universitatis in ecclesia corum celebrate
Item pro intimatione huius misse et scriptura cedularum . bedello . II . alb.
Item bedello . II . alb., in quibus antecessor meus in Rectoria mansit cidem obligatus ratione ultime misse sue pro (?) universitate
Summa . XIIII . alb.
Exposita in secunda Rectoria scilicet reelectoria
Primo , pro bedello ratione scripture Dni (bene?) . XV. cedularum valvis ecclesiarum et aliis locis publicis affixarum, pro Intimatione Rotuli per universitatem ad mittendum conclusi et exhortatione volentium inscribi, ut se presentarent Rectori iuxta consilium doctorum et magistrorum . IIII^{or} alb.
Item cidem Bedello pro cedulis intimatoriis ultime misse universitatis in ecclesia XI^m virginum . II . alb.
Item Custrici eiusdem ecclesie, quae nobis ministravit luminaria et cetera . IIII^{or} alb.
Item Campanario ibidem pro laboribus suis . II . alb.
Summa . II . marc.
Summa summarum expositorum . IIII^{or} marc. et IIII solid., qua subtracta a summa Receptorum supersunt . IX. marc. pro universitate, que successori in Rectoria, scilicet venerabili Anthonio de Volme, doctori in medicina**), tradite sunt et assignate per me Iordanum de Clivis.

[Fol. 39^v:] Anno Domini millesimo quadringentesimo secundo, invigilia Petri et Pauli apostolorum, facta congregatione universitatis ad eligendum rectorem, electus fuit in rectorem concorditer Anthonius de Volme, artium magister et medicine doctor, in domo fratrum minorum et iuravit ut moris est, et in continenti, iuramento prestito, tradidit sibi antecessor suus, scilicet M. Iordanus de Clivis, sigillum rectorie cum libro statutorum et registro presenti. Item in pecunia numerata IX. marcas, computatione sibi per dictum M. Iordanum ibidem successive facta.

1402, 28. Jun.

Sequuntur nomina intitulatorum in eadem rectoria inratorum
1. S. Dominus Wilhelmus de rupe, canonicus Leodiensis, solvit complete, in legibus .
2. S. Dominus Walterus Spirpen de Weüere, Leodiensis dyocesis, rector altaris beate Marie in Gyest, beate Marie nuncupati, in iure canonico scolaris

---

*) Am Rande eine wieder durchgestrichene Note späterer Hand: Nota, hic primo invenitur . . . universitatem habuisse bedellum.
**) Die Worte Anthonio bis medicina sind später eingesetzt.

3. S. Dominus Hermannus de Mercatze de Aquisgrani, canonicus Aquensis, in iure canonico scolaris
4. S. Dominus Enghelinus de Brilon, canonicus Zustiensis, scolaris in theologia
5. S. Domicellus Walterus Steck, canonicus ecclesie maioris Coloniensis, ad ius canonicum, XXI Iulii
6. pauper. Iohannes Soys de Gandavo, clericus Tornacensis dyocesis, ad artes
7. S. Iohannes, filius Engelberti Galli de Beka, canonicus Bekensis, ad ius canonicum
8. S. Dominus Iohannes Bedighe, canonicus sancti Plethelini Aldensaleū (?), ad ius canonicum
9. pauper. Andreas Laurencii de Medenhlich, ad artes
10. S. Dominus Thomas Orwell de Anglia, in legibus
11. nichil propter scolasticum Coloniensem ? } Dominus Iohannes de Hamersteyne, scolasticus Treverensis, in theologia

12. S. Swederus Tegginck de Reys, in artibus
13. fratres rectoris } Henricus de Velme
14. } Iohannes de Velme } fratres, in artibus
15. S. Dominus Theodericus Tholnere, perpetuus vicarius ecclesie Traiectensis, in iure
16. pauper. Dominus Iohannes Wenter, presbiter de Cassel, Maguntinensis dyocesis, ad theologiam
17. pauper. Petrus Gerardi de Wych, ad ius canonicum
18. S. Petrus de Biermerayngen. m. in artibus, in medicina licentiatus
19. propter reverentiam nichil. Dominus Rodericus, abbas de Palaciolo regni Portugalie, ad theologiam
20. nichil propter M. Ia. de Neomagio dominum etc. Henricus Wycrode, Leodiensis dyocesis, ad leges.

[Fol. 40 v:] **1402.**

1402, 7. Oct. Item eodem anno, mensis Octobris die septima, reelectus fuit concorditer per quattuor facultates ad domum Carmelitarum, post missam ibidem sollempniter celebratam predictus Mgr. Anthonius in Rectorem universitatis, sub quo intytulati sunt infrascripti

1. S. Dominus Symon de Hese, pastor parochialis ecclesie sancti Iohannis Traiectensis, Leodiensis dyocesis, in theologia
2.*) Ludolphus de Bachem, alias de Reckelinhusen, in artibus
3.**) Iohannes de frigida curia, Coloniensis dyocesis, in artibus
4. S. Dominus Henricus de Dullren, canonicus sancti Spiritus Rercmundensis, in iure canonico
5. S. Egidius de Hoye, in artibus

6. S. Iohannes Capron de Gandavo, in artibus
7. S. Ludolphus de Boxthehoden, in artibus
8. S. Wilhelmus Godelinchem, in artibus
9. pauper. Iohannes Beūer, in artibus
10. S. Franciscus de Yauro, Fratislaviensis dyocesis, in theologia
11. S. Dominus Theodericus Loef de Traiecto, Leodiensis dyocesis, in iure canonico
12. S. Henricus Bevermann de Terbaco, in artibus
13. S. Goswinus de Dursten, in artibus

1402, 20. Dec. [Fol. 40 v:] Anno domini MCCCCII°, in vigilia sancti Thome Apostoli, electus fuit in Rectorem universitatis concorditer per quatuor facultates, Rotgerus Overbarli du Tremonia, Mgr in Artibus, in conventu fratrum Augustinensium, post missam universitatis ibidem celebratam.

In cuius rectoratu intytulati sunt infrascripti

1. Primo Iohannes Boelhus de Lippia, Coloniensis dioccsis, ad artes, s.
2. Petrus Iacobi de Amsterdam, ad artes, s
3. Theodericus de Amsterdam, ad artes, s
4. Frater Henricus de Ryreldia, Ordinis predicatorum, mgr in Theologia, nichil s
5. Iohannes Lymbergh, Monasteriensis diocesis, ad canones, s
6.***) Helyas Spek de Sybergh, Coloniensis diocesis, ad artes, s

7. Godfridus de Dorsten, nichil
8. Mgr Henricus de Gherstcn de sancto Trudone, Leodiensis diocesis, ad leges, nichil
9. Rodolphus de Norden, Traiectensis diocesis, ad artes, nichil
10. Mgr Wilhelmus Wyllart, presbiter, rector alterius portionis parochialis ecclesie de Zoningen, Tornacensis diocesis, ad canones, s
11. Goiswinus, dictus Ioncher, presbiter, pastor ecclesie in Dryssen, Leodiensis diocesis, ad canones, s

1402, Mart. 1. In Rectoria huius magistri Rotgeri celebrata fuit sollempniter et per iuramentum congregatio universitatis ipsa prima die mensis Martii in refectorio fratrum minorum et ibidem ex concordi deliberatione et unanimi consensu tocius universitatis conclusum fuit, per Rectorem Rotulum mittendum esse

---
*) *Gleichzeitige Anm. derselben Hand:* propter decanum sancti Andree nichil.
**) *Ebenso:* propter scholasticum sancti Andree nichil.
***) *Am Rande dieser Eintragung die spätere Notiz:* postea pastor ibidem, vir hirsutus, ut si fuisset silvestris.

ad dominum papam, quia tunc volabat fama de Revocatione omnium gratiarum expoctativarum, que nondum fuerint sortite effectum.
[*Fol. 41 v*:] **1403.**

Deinde anno domini MCCCCIII, ipso die sancti Benedicti, reelectus fuit concorditer in Rectorem universitatis in conventu sancti Martini, post missam universitatis in monasterio eiusdem sollempniter celebratam, idem M. Rotgerus et intytulati sunt infrascripti

1. Primo Tylmannus Fermentatoris, presbiter Coloniensis diocesis et licentiatus in artibus, ad canones, solvit
2. Sthephanus Tepponis de Corvo, Coloniensis diocesis, ad artes, solvit
3. Iohannes de Rodmegen, Coloniensis diocesis, ad artes, nichil
4.*) Maximinus Leûs, Treverensis diocesis, ad canones, solvit
5. Petrus Caprûs de Gandavo, Tornacensis diocesis, ad artes, nichil
6. Iohannes Decani, Leodiensis diocesis, ad canones, solvit
7. 8. Godfridus et Lambertus fratres de Corterzhem de Hassaelts, Leodiensis diocesis, nichil
9. Iohannes de Pulmone, clericus Coloniensis, ad artes, solvit
10. Mathyas Symonis de Brylon, presbiter Coloniensis diocesis, ad theologiam, solvit
11. Iohannes Ydirs, Tornacensis diocesis, ad canones, solvit
12. Livinus Verbeelen, Cameracensis diocesis, ad artes, solvit
13. Petrus Bûse, Traiectensis diocesis, ad artes, solvit
14. Henricus de Dorsten, Coloniensis diocesis, nichil

15. Iacobus Lettel, alias Magistri, Tornacensis diocesis, ad canones, nichil
16. Fastrardus de Rosuto, Leodiensis diocesis, solvit
17. Arnoldus de Hachenbergh, ad artes, nichil
18. Gerwinus Wynkel, diocesis Rigensis, ad artes, solvit
19. Iohannes Trappe, Rigensis diocesis, ad artes, solvit
20. Thomas de Stenbergh, Leodiensis diocesis, ad artes, nichil
21. Gerardus Throderici de Iullaco, ad artes, solvit
22. Albertus de Herlyngen, Traiectensis diocesis, ad leges, solvit
23. Iohannes de Volmerswerde, Coloniensis diocesis, ad artes, solvit
24. Sybrandus de Harlingen, Traiectensis diocesis, ad canones, solvit
25. Bartholomeus, clericus Cesenensis diocesis, ad artes, nichil
26. Iohannes Iordani de Xanctis, Coloniensis diocesis, ad artes, solvit
27. Petrus Sthonre de Goch, Coloniensis diocesis, ad artes, solvit
28. Theodericus Snydewint de Clivis, Coloniensis diocesis, ad canones, solvit
29. 30. Arnoldus et Swederus fratres de Culenborgh, de genere baronum, ad artes, solverunt **).

Computatis computandis et defalcandis defalcatis, tradidi successori meo .. VI mar. cum III s(olidis), quas recepi a precessore meo, et VIII mar. minus II. s.

[*Fol. 41 v*:] Anno domini MCCCCtertio, in vigilia beatorum Petri et Pauli apostolorum, in refectorio fratrum minorum electus fuit concorditer in rectorem Iohannes de Vorborgh, decretorum doctor. In cuius rectoratu quarta die Iulii vel circa numerata et tradita fuit certa pecunia summa per prefatum rectorem et condepntatos domino Godefrido de Dynslaken, decretorum doctori, et magistro Gerardo Dass, ambaxiatoribus ab universitate stadii Coloniensis olectis ad deferendum rotulum predicte universitatis ad curiam Romanam. Qui ambaxiatores, recepta pecunia et rotulo predicto universitatis, ac delatis et prestitis per eos certis iuramentis, postea infra VIII dies sequentes iter arripuerunt versus curiam predictam.

Et in eius rectoria intitulati fuerunt infrascripti
1. Symon de Wintertuyr, presbiter Argentinensis, ad iura canonica, pauper, nichil solvit
2. Albertus Frilinck, ad iura canonica

3. D. Hermannus Eyels, canonicus Angaricensis, Osnabrugensis dioccsis, ad iura canonica
4. D. Hermannus Ilahnya, presbiter beneficiatus in ecclesia sancti Lamberti Monasteriensis, ad iura canonica

---

*) *Hierzu von spätererHand die Note:* postea pastor ecclesie indulgentiarum.
**) *Crecelius a. a. O. p. 98:* 'Es sind Söhne Gerhards I von Culemborg; Sweder wurde Bischof von Utrecht (1425—1433).'

5. D. Wilhelmus de Camenata, rector parochialis ecclesie in Swalmen, Leodiensis diocesis, ad iura canonica
6. D. Paulus de Cloetingen, licentiatus in utroque iure, gratis propter reverentiam persone
7. Petrus de Herlingh
8. Hesselinus de districtu Vroeniker, studentes in iure canonico
9. Wibrandus de Bertghem
10. D. Egbertus, presbiter de Eemdha, Monasteriensis diocesis, in iure canonico
11. Gotscalcus Randenbergh, in artibus, pauper, nichil
12. D. Olframus de Frisia, Bremensis diocesis, in legibus
13. D. Guilhelmus de Berseyss, canonicus Leodiensis, in legibus
14. M. Fr. Theodericus de Delf, ordinis predicatorum, sacre theologie professor, gratis ob reverentiam persone
15. D. Iohannes de Attenhoven, in utroque iure licentiatus, gratis ob reverentiam persone
16. Matheus de Glano, canonicus sancte Crucis Leodiensis
17. D. Fastrardus Bareit, canonicus Leodiensis
18. D. Arnoldus Chabot, canonicus Leodiensis
19. Iohannes over die Vecht, canonicus Tudimensis
20. Iohannes Geulet, clericus Leodiensis
21. Walterus de Abiete, Leodiensis diocesis, in artibus, gratis propter deum
22. Gobelinus Iohannis de Berchem, in artibus
23. D. Hermannus Wyroge, canonicus Dalmensis, Monasteriensis diocesis, ius canonicum
24. Vincentius de Duwaco, Gandensis
25. Iohannes Marescalli de Cewis, Leodiensis diocesis, in artibus
26. Wilhelmus Vanmin (?), in artibus
27. Henricus Ilaghens, Leodiensis diocesis, in iure canonico, gratis
28. Iohannes de Berxes, canonicus sancti Martini Leodiensis
29. Iacobus de Berenshein de Andernaco, Treverensis diocesis.

[Fol. 42 r:] **1403.**

1403, 28. Dec.

Anno domini M CCCC tertio, in vigilia beati Thome apostoli, in domo fratrum predicatorum electus fuit concorditer in rectorem Cristianus de Erpil, legum doctor, et recepta computatione a rectore precedente, quam in quadam cedula conscripta misit eidem Christiano, defalcatis defalcandis in prapta (?) pecunia assignavit eidem Cristiano rectori VII Flor. Geir. ot IIII s(olidos), facientes XIIII marcas et III solidos.

Sub eodem Cristiano rectorio (sic) intitulati sunt infrascripti

1. Primo Sanderus de Bodelswert, ad iura canonica
2. D. Iohannes de Wyhtem, ad iura canonica } Traiectensis dyocesis 2 Fl.
3. D. Henricus de Parochia beati Nicolalj, ad iura canonica
4. D. Arboldus Greyg de Assendis, Coloniensis dyocesis, ad artes
5. D. Nycolaus Roessele, canonicus Leodiensis, ad iura canonica
6. D. Iohannes Roessele, canonicus sancti Iohannis ewangeliste, Leodiensis dyocesis, ad artes
7. D. Iohannes de Baex, Leodiensis dyocesis, ad iura canonica
8. D. Henricus Iohannis Bocolt, Coloniensis dyocesis, ad artes
9. D. Iohannes de Spul*), magister in artibus et baccularius (sic?) in iure canonico, Leodiensis dyocesis
10. D. Hermannus Bleyg de Susato, Coloniensis dyocesis, studens in medicina
11. D. Henricus Houberg, Coriepiscopus Traiectensis, ad canones, gratis ob reverentiam persone
12. D. Hupertus de Berghe, canonicus in Zitter, Leodiensis dyocesis, ad medicinam
13. D. Iohannes de Pasghym, Monasteriensis dyocesis, ad canones
14. D. Gerardus de Plettenbracht, presbiter Coloniensis dyocesis, ad artes
15. D. Gerardus de Sokre, prepositus Zefficensis nec non canonicus ecclesie sanctorum apostolorum Coloniensis
16. D. Nicolaus de Struys, Leodiensis dyocesis, ad artes
17. D. Martinus de Houue (Ilonne?), Tornacensis dyocesis, ad artes
18. D. Henricus de Heylmoyst, canonicus sancti Martini Leodiensis, ad artes
19. D. Iohannes Bochem de Hammone, Coloniensis dyocesis, ad iura canonica
20. Iohannes Lynse, alias Coppelis, de Nussia, scolaris magistri Iacobs de Novomagro, ad leges, gratis propter deum

*) Am Rande von späterer Hand: Pater D. Io. Spul, scolastici sancti Gereonis.

21. Wilhelmus Groyt de Durathen, Coloniensis dyocesis, ad leges, gratis, quia pauper

22. Iohannes Sympernel, Leodiensis dyocesis, ad iura canonica, gratis propter deum.

[*Fol. 42 v:*] Deinde anno domini M° CCCCIIII°, in vigilia annuntiationis beate Marie virginis, que per anticipationem servabatur die sabbati ante dominicam palmarum, facta congregatione universitatis ad eligendum rectorem in domo capitulari maioris ecclesie propter sermonem universitatis ibidem factum (?), reelectus seu continatus fuit in rectorem universitatis per tres facultates, una scilicet medicine absente, idem dominus Cristianus de Erpil, legum doctor. In cuius rectoria reelectoria intitulati fuerunt infrascripti

1404, 24. Mart.

1. D. Henricus Hagen, Coloniensis dyocesis, ad iura canonica
2. D. Nycolaus de Meerlen, Traiectensis dyocesis, ad artes
3. D. Iohannes Pyner, decanus ecclesie sancti Victoris extra muros, Maguntinensis dyocesis, ad canones
4. D. Goswinus Kot (Koc?), canonicus Davindriensis ac pastor Davindriensis, Traiectensis dyocesis, ad canones
5. D. Iohannes de Caster, Coloniensis dyocesis, ad iura canonica
6. D. Henricus van der Mayssen de Aquisgrani, Leodiensis dyocesis, ad artes
7. D. Iohannes Emenroyd*), Coloniensis dyocesis, ad artes, gratis propter deum, quia pauper
8. D. Wilhelmus Segher de Berka, Coloniensis dyocesis, ad a(rtes)
9. D. Iohannes de Indagino, Maguntinensis dyocesis, ad artes
10. D. Theodericus Simonis Rog de Algmaria, Traiectensis dyocesis, ad artes, gratis quia pauper
11. D. Iohannes Scheffoyt de Warborch, Paderburnensis dyocesis, ad iura canonica
12. D. Detmarus Santberch de Corbeke, Padeburnensis dyocesis
13. D. Gerardus Henrici de Nussia, ad iura canonica
14. D. Adam Gysberti de Dordraco, Leodiensis dyocesis, ad artes.

Recepta in officio meo sunt ista. Primo a domino rectore precedente, domino Iohanne Vorborch, XIIII. marc. III. s(olidi). Item in prima rectoria fuerunt intitulati XXII persone, que omnes complete iuraverunt. Et a XVIII pecunias recepi, aliis inpotentibus gratis intitulatis, de quibus teneor universitati .IX. marc. Item in secunda rectoria reelectoria intitulati fuerunt XIIII persona, que similiter omnes complete inraverunt et XII solverunt, de quibus teneor universitati VI marc.

Summa receptorum XXIX marc. III s(olidi)

Exposita sunt ista qne sequuntur. Primo pro oneribus misse universitatis habite aput Augustinenses 1 flor. Gelren.

Ito.n pro intimatione huius misse et scriptura cedularum bedello IIII s.

Item pro intimatione misse celebrate in ecclesia fratrum minorum pro exequiis magistri Theoderici Distel pie memorie peragendis bedello .IIII. s.

Item pro intimatione alterius misse habite in ecclesia Karmelitarum pro exequiis bone memorie magistri Iohannis Polwinck bedollo pro laboribus suis IIII s.

Item pro oneribus misse universitatis celebrate in ecclesia fratrum predicatorum II marc.

Item bedello pro scriptura cedularum IIII s.

Summa expositorum .V. marc. III . s.

Subtracta igitur summa expositorum a summa receptorum, supersunt XXIIII marc.

Item unus flor. Rinensis, qui non fuit datus Waltero, nuntio universitatis, quod non fuit requisitus.

[*Fol. 43 r:*] **1404.**

Anno domini millesimo quadringentesimo quarto, in vigilia beatorum apostolorum Petri et Pauli, in couventu fratrum predicatorum electus fuit concorditer in rectorem Mathias de Eversbergh**), magister in artibus, statim post missam universitatis ibidem celebratam. Et eodem die recepit a predecessore suo XXIIII marc. et unum flor. Renen. per Symonem bedellum sibi nnmeratas et

1404, 28. Iun.

---

*) Am Rande von späterer Hand: Postea canonicus sancti Andree.
**) Bei Bianco I, 820 irrtümlich: Ensbergh.

2

assignatas, que superfuerunt de receptis expositis per eundem compntatis. In cuius rectoria intitulati fuerunt infrascripti

1. Dominus Petrus Royavelt de Weert, presbiter Leodiensis dyocesis, ad theologiam et ad iura canonica, solvit
2. 3. Item illustres domicelli Gerardus de Clivis, et Iohannes de Perweys*) recepti sunt in vera membra dicte universitatis secundum formam statuti concernentis filios ducum et comitum, non iuraverunt nec de . . runt.
4. Item Iohannes uten Venne, de familia domicellorum, iuravit incomplete, non solvit.
5. Dominus Arnoldus de Ticbel, de Xanctis, magister in artibus, solvit
6. Richwinus de Enskirchen, ad artes, solvit
7. D. Henricus de Boythoven, pastor in Buchtenhorn, Leodiensis dyocesis, ad iura canonica, solvit
8. Tilmannus Pictoris de Marchborgh, vicarius in ecclesia Andernacensi, diocesis Treverensis, ad theologiam, solvit
9. Iohannes de Capella, de Theniemonte, presbiter diocesis Leodiensis, ad iura canonica, solvit

10. Mathias Dobbe, ad artes, solvit
11. Sthephanus de Auden, Cameracensis diocesis, ad leges, solvit
12. Sanderus de Esschebergh, presbiter Maguntinensis dyocesis, ad theologiam, iuravit, solvit,
13. Iohannes de Calceata, Leodiensis, ad artes, solvit, iuravit
14. Ingebrandus do Werdorff, ad artes, Treverensis diocesis, solvit
15. Amandus de Ghereyers, de Hogestrate, Cameracensis diocesis, ad artes, pauper
16. Wulfardus Stür, diocesis Lubicensis, ad artes, non solvit, quia pauper
17. Albertus de Lechede, pastor in Melle, Osnaburgensis diocesis, ad theologiam, solvit
18. Gerhardus Wilhelmij de Leydis, Traiectensis diocesis, ad artes, solvit
19. Theodericus Leydis, eiusdem diocesis Traiectensis, ad artes, pauper
20. Gerhardus Arnoldi de Hachgenberg, ad artes, pauper

Summa receptorum XXIIII marc. et flor. Renensis a predecessore meo. Et postea in rectoria mea VI marc. recepi. De quibus exposui 1 flor. Gelr. pro oneribus misse celebrate apud minores in die sancti Dyonisii et duos alb. bedello pro scriptura cedularum et intimatione eiusdem consueta.

9. Oct. 1404.

Item anno domini quo supra, missa celebrata de qua mentio statim est facta, in refectorio fratrum minorum fuit concorditer reelectus per quatuor facultates Mathias prescriptus. In cuius rectoria reelectoria fuerunt intitulati infrascripti

1. Cristianus Unna de Tremonia, ad artes, pauper
2. Godefridus Ulmanni Vetcoper, canonicus ecclesie sancti Martini Leodiensis, ad iura canonica, solvit
3. Arnoldus Leygenbergh, pastor in Gammeren, Traiectensis dyocesis, ad iura canonica, solvit
4. [Fol. 43 v:] Ludolphus Lulle de Borchen, Monasteriensis diocesis, ad iura et ad artes, contra statuta pauper
5. Petrus Thome de Amsterdam, ad iura canonica. Dedit III alb., quia non multum habundans.
6. Iohannes de Hoddegoym, Cameracensis diocesis presbiter, ad theologiam, solvit.
7. Iacobus Hoytkappe, Coloniensis diocesis, ad artes, pauper

8. Albertus Nacke de Susato, Coloniensis diocesis, ad iura canonica, pauper.
9. D. Giselbertus de Puteo, ordinis Premonstratensis monachus, Cameracensis diocesis, ad theologiam, solvit
10. M. Hugo Francoois de Leyden, magister in artibus, licentiatus in medicina, Traiectensis diocesis, gratis ob reverentiam persone.
11. Henricus de Loychem, Traiectensis diocesis, ad leges, servitor domini Jo. de novo lapide, gratis
12. Karsilius Palant**), canonicus ad gradus sancte Marie Coloniensis, ad iura, solvit

---

*) Crecelius a. a. O. p. 58: 'Gerhard ist der 2. Sohn des Grafen Adolf VI. von Cleve und jüngerer Bruder des ersten Herzogs Adolfs I. Iohannes von Perweys († 1448) ist der Sohn Heinrichs Herren von Perweys aus dem Hause der Grafen von Horn.'

**) Crecelius brieflich: 'Ueber die Genealogie der Herrn v. Pallant vgl. Vierteljahrschrift für Heraldik, Sphragistik und Genealogie, I. Jahrg., Berlin 1873, S. 159 ff. Der obige Karsilius P. ist wahrscheinlich ein jüngerer Sohn von Carsilius II. v. Pallant Herrn zu Breidenbend (vgl. a. a. O. S. 165) und ein Bruder von Werner II. v. P., seit 1426 Amtmann zu Randerath († 1456). Nach einer Vermutung des Verfassers obenerwähnter Geschlechtsbeschreibung (a. a. O. S. 165, Note 6) hat ein Bruder Werners II., namens Carsilius, sich 1420 mit einem Fräulein v. Schönforst verheiratet. Wenn dies richtig ist, müsste der Canonicus in den weltlichen Stand vor empfangener Weihe zurückgetreten sein, oder es hätten zwei Brüder den gleichen Vornamen geführt, was im Mittelalter und auch noch später häufig vorkam.'

13. Gerardus Sconover, canonicus Daventriensis, ad theologiam, solvit
14. Theodericus de Mass, Traiectensis diocesis, ad medicinam. Dedit IIII alb., quia non multum habundans
15. Arnoldus Loderinck de Neyde, Monasteriensis diocesis, ad artes, solvit
16. Gerhardus Iohannis de Heymstcyde, Traiectensis diocesis, ad iura, pauper
17. Arnoldus Krane, presbiter, vicarius ecclesie beate Lebuwini Daventriensis, Traiectensis diocesis, ad theologiam, solvit
18. Iohannes Stroywange de Susato, ad leges, pauper
19. Giselbertus Hole de Westhoven, Coloniensis diocesis, ad theologiam, solvit
20. Iohannes de Kochroe, Treverensis diocesis, ad artes, solvit
21. Hugo de novo lapide, Cameracensis diocesis, ad leges, solvit
22. Syfridus de Brinke, canonicus ecclesie Marie in Duseldorp, Coloniensis diocesis, ad theologiam, solvit
23. Richwinus de Grevenebroyke, pastor in Milrenhusen, Coloniensis diocesis, notarius domini Ducis Geir, ad artes, solvit
24. Nycolaus Gotscalci de Werda, servitor M. Theoderici de Monasterio, gratis
25. Wynandus Conradi de Vlytsteden, Coloniensis diocesis, ad artes, solvit
26. Henricus Borgardi de Rekelinchusen, ad artes, solvit
27. Henricus Gerlaci dicti Veinbyich (?), clericus Coloniensis, ad artes, pauper
28. Iohannes Kostert de Smalenbergh, Coloniensis diocesis, servitor M. Pauli de Gelria, gratis

29. Iohannes Iacobi de Breda, diocesis Leodiensis, ad leges, pauper, servitor M. Gerhardi de Heere
30. Franciscus Sneyckis de Frisia, Traiectensis diocesis, ad artes. Dedit IIII alb. propter defectum et paupertatem
31. Henricus Roystorp de Gotingen, diocesis Maguntinensis, ad artes, solvit
32. Godefridus Gerardi de Bichnem, M. in artibus, licentiatus in legibus, diocesis Leodiensis, solvit
33. Arnoldus Hugonis de Clotingen, Traiectensis diocesis, servitor domini Pauli de eadem villa, licentiati in utroque
34. 35. Wilhelmus et Iohannes, fratres Wilhelmi Wal, clerici, Coloniensis diocesis, solverunt, ad artes
36. Nycolaus Tector de Leodio, ad artes, solvit
37. Gerhardus Holdermann de Bocholdia, ad iura, solvit
38. Henricus de Reno de Hayraelt, ad artes, pauper
39. Everhardus, filius Henrici uff dem Velde, provisoris studii huius, gratis, ad artes
40. 41. Iohannes et Wolbero fratres Bardeman de Geucke, ad artes, solverunt
42. Conradus Bere de Lippia, presbiter Coloniensis diocesis, ad iura, solvit
43. Bernardus Sarinck de Hervordia, Paderbornensis diocesis, ad iura canonica, solvit
44. Henricus Brinynensen de Mescheda, Coloniensis diocesis, ad artes et iura, pauper
45. Illustris Domicellus Theodericus de Hoym, filius de Perweys*), ad leges, gratis ob reverentiam persone, qui est archidyaconus Leodiensis Hasbanie. Qui postea electus per populum in episcopum Leodiensem una cum populo in bello interemptus est.

[Fol. 44 v.] **1404.** *19 et 20 Nov.*

In rectoria Mathie prefati fuit per totam universitatem concorditer conclusum decima nona die mensis Novembris rotulum mittendum ad dominum nostrum papam tunc noviter electum **), in refectorio fratrum minorum. In quo refectorio penultima die eiusdem mensis fuerunt quatuor inrotulatores electi de quatuor facultatibus, qui supplicationes deberent recipere a volentibus inrotulari et a quolibet volente inrotulari capere et recipere II flor. Renenses et duos albos denarios Colonienses pro primo etc.

Item fuit in eadem rectoria missa universitatis celebrata apud Augustinenses, et expositus fuit pro laboribus fratrum et candelis unus florenus Gelren.

Item Symoni dati fuerunt pro laboribus suis, scribendo et intimando ad valvas ecclesiarum de Rotulo mittendo et etiam missa celebrata .VI. albi denarii Colonienses. Omnibus computatis de receptis et expositis, tradidi successori meo .XLII. march. pagamenti Coloniensis.

Anno domini millesimo quadringentesimo quarto, in vigilia beati Thome apostoli, in conventu fratrum minorum electus fuit concorditer in rectorem Iohannes de Corvo, legum doctor, et recepit a predecessore suo XLII^as marchas pagamenti Coloniensis. In eius rectoria intitulati fuerunt isti

1404, 20. Dec.

*) *Crecelius a. a. O, p. 98*: 'Dietrich, ein jüngerer Bruder von Johannes (s. oben), war Praetendent des Bistums Lüttich, unterlag aber 1408.'
**) *Innocentius VII*, 1404—1406.

1. Iohannes Weidesheim, Coloniensis diocesis, in facultate artium, solvit
2. Philippus de Eroh, Coloniensis diocesis, in facultate artium, solvit.
3. Henricus de Dursten, Coloniensis diocesis, in facultate artium, solvit.
4. Iacobus Sanders, presbiter, bacalarius in decretis, Traiectensis diocesis, in facultate iuris canonici, solvit.
5. Gobelinus de Krevelt, Coloniensis diocesis, ad leges. Solvit III albos, quia famuliaris domini Mije, pauper
6. Gerardus Mije de Novimagio, ad leges, solvit
7. Mgr Franco de Inghen, magister in artibus, ad iura canonica, solvit
8. M. Gwalterus Tinctoris de Turnoet, magister in artibus Parisiensis, ad iura canonica, solvit
9. Iohannes de Rota, clericus Coloniensis, ad artes, solvit
10. Iohannes Mengeler de Balve, clericus Coloniensis diocesis, ad artes, solvit.

11. Iohannes Oestervelt, clericus Coloniensis diocesis, ad artes, solvit.
12. Iohannes de Reys, Coloniensis diocesis, ad artes, solvit.
13. Symon de Hogentwonde, clericus Traiectensis diocesis, ad iura canonica, solvit.
14. Wilhelmus de Her:en Coloniensis, ad artes, s.
15. Henricus de Loe } clerici Coloniensis diocesis, s.
16. Wennarus Zolbe }
17. Hermannus Stöcker, clericus Coloniensis, ad artes, s.
18. Iohannes de Engelshum, de Goch, presbiter, ad iura canonica, s.
19. Iacobus de Rijle, clericus Coloniensis, ad iura canonica
20. D. Iohannes Bendmann, clericus Monasteriensis, ad iura canonica
21. Henricus de Rivo, canonicus ecclesie beate Marie Cennacensis, Leodiensis diocesis, ad artes, s.
22. Henricus Doelsleger, Leodiensis diocesis, in iure canonico
23. Tilmannus de Zudendorp, Coloniensis diocesis, ad artes

} s.

Summa receptorum XI marc. III s.
Exposui flor. Gelr. pro laboribus misso ad fratres Carmelitas.
Item dedi Simoni pro laboribus IIII alb.
Item dedi Henzchino nuncio, qui laboravit in redemptionem (?) nuncii universitatis I. florenum Rynen. Item pro salario advocatis in causa universitatis contra dominum Gotfridum de Dinslaken, decretorum doctorem, .II. flor. Rynen.

1404, 24. Mart.

[Fol. 44v:] Eodem anno, in vigilia annunciationis virginis gloriose, reelectus fuit idem Iohannes de Cervo, legum doctor, concorditer in rectorem, in conventu fratrum ordinis beate Marie Carmelitarum Coloniensium.

In tempore huius rectorie inceptus fuit rotulus et conscriptus ac ambassiatores post longas et multas difficultates electi, ac rotulus ipse conclusus fuit et ambassiatores missi et destinati, videlicet venerabilis M. Paulus de Cloetingen, licentiatus in utroque iure, et M. Henricus Mengwater de Nusela, mgr in artibus et bacalarius in sacra theologia. Inrotulati*) vero tempore huius rectorie sunt subsequentes

1. Hermannus Strowang de Susato, Coloniensis diocesis, ad iura canonica, gratis propter deum, quia pauper.
2. Arnoldus Swelm, Coloniensis diocesis }
3. Hugo de Sande, Traiectensis diocesis } ad artes
4. M. Conradus, dictus Smecke, de Hachenberch, Coloniensis diocesis, pastor in Reyd, mgr. in artibus Pragensis, ad iura canonica.
5. Bartholomeus Oelen, clericus Coloniensis, ad iura canonica, gratis ob deum, quia pauper.
6. Wynandus de Oversteyhe, presbiter Traiectensis diocesis, secunda die mensis Aprilis, ad theologiam.
7. Gherardus, filius quondam Henrici Hoenen, clericus Coloniensis, ad artes.

8. Wilhelmus de Antija, canonicus sancte crucis Leodiensis }
9. Iohannes Henrici de parvo Ooye, Leodiensis diocesis } ad artes.
10. D. Iohannes de Cotthem de Bruxella, presbiter Cameracensis dioc., ad iura canonica.
11. Arnoldus de Hagenbeck, alias dictus Gruter, Traiectensis diocesis, ad artes.
12. Iacobus, filius Iacobi Schirbe civis Coloniensis, clericus Coloniensis, ad iura canonica.
13. Nobilis Domicellus Rodolphus de Deypholt**), canonicus Coloniensis, ad artes, anno M° quadringentesimo quinto, die sexta Iunii et iuravit incomplete. Nichil solvit ob reverentiam eiusdem persone et dignitatis.
14 Henricus Vent, presbiter, vicarius hospitalis sancte Wicen (?), Traiectensis diocesis, in iure canonico.

*) Irrtümlich statt Intitulati.
**) Crecelius a. a. O. p. 98: 'Rudolf von Diepholz war 1433—1455 Bischof von Utrecht.'

Exposui pro laboribus misse ad minores flor. Geir. Item Symoni duos albos.
Summa receptorum V. marc. et VI s.   Summa omnium receptorum LVIII marc. IX s.
Summa omnium expositorum XIIII marc. IX s. Restant, quas debeo universitati, XLIII marc. VIII s.

Anno domini millesimo quadringentesimo quinto, mensis Iunii die ultima, in conventu fratrum minorum electus fuit concorditer in rectorem huius alme universitatis studii Coloniensis Gerardus de Heere, mgr in artibus, qui recepit a predecessore, scilicet domino Io. de Cervo, legum doctore et (?) in presencia magistrorum et dominorum domini Io. Bau, legum magistri et Anthonio *(sic!)* de Velme, medicine doctoribus, magistro Io. de Goch in artibus, decanis dictarum facultatum quadringinta *(sic)* tres marcas et octo solidos pagamenti Coloniensis.

1405, 30. Iun.

1. Iohannes Peelegrym de Zusato, Coloniensis dioecesis, ad iura canonica, solvit VI. alb.
2. Iohannes Mathie de Wercappellis, diocesis Traiectensis, ad artes, solvit VI. alb.
3. Walterus de Dydkerchen, Treverensis diocesis, ad artes, p
4. Dns Iohannes de Luyde, pastor hospitalis sancti Iacobi Tongrensis, Leodiensis dioecesis, ad iura canonica, solvit.

Item quinta die mensis Iulii congregata universitate sub pena iuramenti ad audiendum ambasciatores universitatis Parisiensis, scilicet magistros Petrum Perioes (?), sacre theologie, et dominum Abbatem sancti Michaelis, decretorum doctores, de materia unionis; concorditer fuit conclusum, quod prefatis ambasciatoribus deberet fieri propina de summa quatuor florenorum renensium, pro quibus fuerunt eis propinata hec que sequntur. Primo species pro VI. marcis. Item vinum simplex pro X alb. Item pro Malevasia pro quatuor marcis. Item pro nunciis, qui portaverunt propinam, .II. alb.

1405, 5. Iul.

5. Item dominus Arnoldus de Elteren, ordinis Premonstraten., ad artes, solvit .VI. alb.
6. Item Andreas Theoderici de Egmunda, clericus Traiectensis diocesis, pauper, scolaris mgri Io. Vorborgh.
7. Item Henricus consul de Arscot, ad artes, solvit VI. alb.
8. Item Fr. Nicolaus Aleyn, ordinis Cistercien., ad theologiam, et monach. in sanctorum Fabiani et Sebastiani ad cathacumbas prope Urbem, solvit VI. alb.
9. Item Iacobus Gijsken, famulus decani de Zuzato, ad artes, pauper.
10. Item dns Io. Bernart, canonicus sancti Dionisii Leodiensis et beate Marie Tongrensis, Leodiensis diocesis, ad iura canonica, solvit
11. Item Leonardus de Beersem, Leodiensis diocesis, ad iura canonica, solvit
12. [*Fol. 45 r.:*] Item Wilhelmus Tericens de Clivia, clericus Coloniensis diocesis, pastor in Husen, ad artes, solvit
13. Item Iohannes Lewewes, filius Iacobi Lewewes, Leodiensis diocesis, ad artes, solvit
14. Item Mgr Iacobus de Bussto, ordinis predicatorum, sacre theologie professor ac heretice praevitatis inquisitor, nichil solvit propter eminentiam persone et gradus.
15. Item dns Io. de Pyetershem, canonicus ecclesie sancti Servatii Traiectensis, solvit
16. Item Nicolaus de Egmunda } Traiectensis diocesis, ad artes { sol.
17. Item Petrus de Alcmaria } { sol.
18. Item Ut (?) de Reverwijch } { sol.
19. Item Iohannes Mullenaerr, ad artes, Coloniensis diocesis, sol.
20. Item Nicolaus Dorre de Aquis, rector altaris sancti Georgii in capella sancti Io. Bapt., ad artes, sol.
21. Item Winoldus de Emeda, Monasteriensis diocesis, ad iura canonica, sol.
22. Item Henricus de Iapidea via, presbiter Camerecensis diocesis, ad iura canonica, solvit
23. Item Ladolphus de Uden, altarista in Breda, ad artes, solvit
24. Item Gerardus Wilhelmi de Harlem, pauper
25. Item Adam Taverreel de Gandavo, Tornacensis diocesis, solvit
26. Item Petrus Symonis de Zyerixe, solvit
27. Item Heuselians de Hertinghen, solvit

Item anno domini .M. CCCCquinto, mensis Octobris die octava, in conventu fratrum minorum reelectus fuit idem Gerardus de Heere, mgr in artibus, et intitulavit subscriptos

1405, 8. Oct.

1. Item dns Hermannus de Pavone, presbiter canonicus sanctorum apostolorum Coloniens., solvit
2. Item dns Winandus Velich de Aeryen, vicarius sancti Salvatoris ecclesie Traiectensis, solvit
3. Item Wilhelmus Wals, vicarius ecclesie Traiectensis, solvit
4. Item Engelbertus de Goechem, ad iura canonica, canonicus sancti Bartholomei Leodiensis, solvit
5. Item Ditmarus de Buryhenrijke, ad iura canonica, solvit .IIII. alb.
6. Item Iohannes Alardi de Hamalia, canonicus sancti Petri Leodiensis et beate Marie Ceusacensis, Leodiensis diocesis, solvit
7. Item Syfridus, filius magistri Nabedonis Latomi, monachus Campensis, solvit
8. Item Io. Hukelheym, canonicus Zusatiensis, solvit .VI. alb.
9. Item Iohannes Saello de Zuzato, solvit
10. Item de Orcena de Zuzato, solvit
11. Item Nicolaus de Meerlo, ad medicinam, solvit
12. Item Wilhelmus de Boerholdia, ad artes, solvit
13. Hermannus de Dinslaken, solvit
14. Item Petrus de antiquo morte, promisit solvere in LXIII. 2 s. festo nativitatis proximo
15. Item Iohannes Walingi de Alcmaria, pauper
16. Item Winmarus Vos de Essendia, solvit
17. Item Mgr Arnoldus Ioacher, canonicus sancti Trudonis, Leodiensis diocesis, solvit
18. Item Bertoldus Quadetanghe, clericus Osnaburgensis, baccalarius in artibus Pragensis, solvit

19. Item Dns Henricus Spruycken de Stralen, presbiter Coloniensis diocesis, solvit
20. Item Dns Iacobus Pollart de Amavio, ad artes, clericus Leodiensis diocesis, solvit
21. Item Egidius de littore de Nussia, Coloniensis diocesis, solv.
22. Item Iohannes Pier de Tremonia, Coloniensis diocesis p.

1405, 27. Dec.

[*Fol. 45ʳ:*] Subsequenter de anno domini millesimo quadringentesimo quinto, in sabbato ante vigiliam beati Thome apostoli, Ego Iohannes Vogel electus fui in rectorem apud predicatores Colonie, et die Martis post nativitatem Christi recepi compntationem a meo predecessore immediate precedente. Defalcatis defalcandis, ab eodem recepi . XXV . marc . Colouiensis pagamenti minus uno solido. Et sunt infrascripti tempore meo intitulati, qui iuraverunt sub forma statuta et solverunt ut sequitur

1. Primo Gobelinus Keppel, Coloniensis diocesis, ad iura canonica
2. Item dns Petrus van d'Praest, canonicus Traiectensis, ad iura
3. Item Iohannes Milsongben, Maguntinensis diocesis, ad iura canonica
4. Item Hartongus de Argentina, presbiter ad theologiam . . pauper est

5. Item Ioh. Sethoper de Novimagio, ad artes
6. Item Io. Vetwyck de Leodio, ad artes
7. Item Bartoldus Laagen, presbiter Paderburnensis, ad iura canonica
8. Item Io. Treroes, Paderburnensis dyocesis, ad iura canonica
9. Item Henricus Rupes, presbiter Coloniensis dyocesis, ad iura canonica.

De premissis receptis exposui pro missa celebranda apud Carmelitas .I. flor. Gelren. et pro Symone bedello . II . albos.

1405, 24. Mart.

Advertendum, quod de anno predicto, die XXIIII mensis Martii, celebrata missa apud Carmelitas, fui iterato electus in rectorem.

1. Primo Dns Ieronimus de Praga*), magister in artibus Parysiensis, solvit medium, de quo Symon bedellus habuit unum album et sic remanserunt duo penes me.
2. Item Conradus van der Lynden, Coloniensis, ad artes, solvit
3. Item Iohannes Nicolai de Leyden, Traiectensis diocesis, ad artes, solvit
4. Item Walterus Knops de Hasselt, Leodiensis diocesis, pauper, nichil dedit
5. Item Io. de Weda, Treverensis diocesis, ad artes, iuravit et solvit
6. Item Henricus Ulner de Essendia, ad artes, iuravit et solvit
7. Item Rutgerus Starkenhagen, diocesis Myndensis, ad iura canonica, iuravit et solvit
8. Item Allexander de Saraneo, canonicus Leodiensis
9. Item Io. de Castro, canonicus ecclesie sancte crucis Leodiensis } ad iura canonica.
10. Item Nicolaus de Barsilh, diocesis Leodiensis

11. Item Io. Tijck, filius Petri de monte sancte Gertrudis, Leodiensis diocesis, iuravit et solvit me dietatem, quia pauper
12. Item Io. de Ilario, alias de Ilrede, Leodiensis diocesis
13. Item Michael de Ilario, eiusdem diocesis } fratres sunt.
14. Item Herbrandus de Medenblick, presbiter Traiectensis diocesis.
15. Item Dns Ioh. Deewen, monachus monasterii sancti Martini Coloniensis iuravit de licentia (?) abbatis sui.
16. Item Nicolaus de Praga Dohemus, iuravit et nichil dedit, quia totus pauper, amore Magistri Andree de Werdena (?), cuius famulus extitit, intitulatus.
17. Item Nicolaus Walyngi de Castarken (?), diocesis Traiectensis, nichil solvit propter Symonem bedellum, cuius est consanguineus, et pauper,

De premissis receptis exposui in vigilia Petri et Pauli, pro missa apud minores celebrata .I. flor. Gelr. Item Symoni bedello pro suo labore .II. albos.

[*Fol. 46ʳ:*] **1406.**

1406, 28. Iun.

Anno domini Mᵒ. CCCCᵒsexto, in vigilia apostolorum Petri et Pauli, electus fuit in rectorem universitatis Theodericus de Monasterio, sacre theologie professor.

Ego Theodericus recepi a rectore immediate me precedente, scilicet venerabili viro domino Io. Voghel, XXV marc. Coloniensis pagamenti minus .I. solido. Item recepi ab eodem VI marc. minus .I. solido.

1. Frater Bertramus de Dorsten, bacc. formatus in sacra theologia, ord. fr. minorum
2. Frater Narcissus Spistr (?), bacc. formatus in sacra pagina, ord. predicatorum
3. Frater Bernardus de Wesalia, bacc. sententiarius, de ordine predicatorum
4. Frater Iohannes Millenbergh, bacc. biblicus, ordinis predicatorum

5. Frater Rumoldus de Mechilinia, bacc. formatus, ordinis fratrum beati Augustini
6. Frater Iohannes de Moneta, bacc. biblicus, ordinis fratrum beati Augustini
7. D. Conradus Hrazatoris de Korbech, presbiter Paderburnensis diocesis, ad theologiam, solvit
8. D. Conradus Vrychof, de Hallenbergh, presbiter Coloniensis diocesis, pauper

---

*) Nach *Hauts, Gesch. der Univ. Heidelberg*, I, 231, wurde *Hieronymus von Prag* am 7. April 1406 in die Heidelberger Artistenfakultät aufgenommen; er ist nicht identisch mit *Hieronymus Faulfisch von Prag*.

9. Henricus Dusse de Almelo, Monasteriensis diocesis, ad iura canouica, solvit 3° albos
10. Iohannes Rosemünt, de Buscodncis, clericus Leodiensis diocesis, ad iura, solvit
11. D. Volmarus de Dyck, pastor in Kerberch, Coloniensis dioces's, ad theologiam, solvit. XIII. Augusti
12. D. Iohannes Gemelli de Iloyo, investitus ecclesie parochialis in Yvia, Leodiensis diocesis, ad iura, solvit
13. D. Wolbrandus Sanderi de Schagen, presbiter, pastor parochialis ecclesie sancti Galderici Bruxellensis, ad iura, solvit
14. Iohannes Sifridi de prope Gronyngben, clericus Traiectensis diocesis, ad iura canonica, solvit
15. Iohannes Bürberch, de Vrankenberg, clericus Maguntinensis diocesis, ad artes, pauper
16. Theodericus de Boextel, canonicus Leodiensis, ad artes, solvit
17. D. Nicolaus de Boextel, presbiter, rector parochialis ecclesie de Ghemunden, Leodiensis diocesis, ad iura, solvit.
18. D. Lambertus Velkener, presbiter, pastor in Dychden, Leodiensis diocesis, ad iura, solvit
19. Reynarus de Harlinghe, clericus Traiectensis diocesis, ad iura, solvit

20. Iohannes Bere de Unna, clericus Coloniensis diocesis, ad artes, solvit
21. Nicolaus de Alcmaria, clericus Traiectensis diocesis, ad artes, pauper
22. Henricus Severini de Leodio, custos sancti Albani Namurcensis, Leodiensis diocesis, ad artes, solvit
23. Godefridus Hake, clericus Coloniensis diocesis, baccal. in artibus, ad medicinam, solvit
24. D. Henricus Klâte, alias de Ladynchusen, presbiter Monasteriensis, ad artes, solvit
25. Hermannus Ressynck, clericus Osnabargensis diocesis, ad artes, solvit
26. Ecbertus Lyne, clericus Monasteriensis, ad artes, gratis, quia pauper
27. Henricus Wydinchusen de Smalenbergh, clericus Coloniensis, pauper, ad artes
28. Petrus de Erkelens, clericus Leodiensis diocesis, ad artes, gratis
29. Everardus Reynwalt de Clivis, clericus Coloniensis, ad artes, solvit
30. .D. Wilhelmus de Baerle, canonicus in Düsseldorp, Coloniensis diocesis, ad theologiam, solvit
31. Robertus Wysseler, de Buscoducis, canonicus in Endoven, Leodiensis diocesis, ad artes, solvit

Summa debitorum universitati IX marc. VI s.

Missa istius rectorie fuit apud Augustinenses, pro qua propinavi conventui duas marc., item propinavi Symoni bedello duos albos, item .I. album in domo domini Io. Voghel; summa expositorum XV. albi, et sic romanent septem marce, praeter III s.

[*Fol. 46*:] Anno domini MCCCCsexto, ipso die beati Dyonisij continuatus fuit in rectorem universitatis M. Theodericus de Monasterio, sacre theologie professor.

1406, 9 Oct.

1. Iohannes Rodolphi, pastor in Dypporg, Maguntinensis diocesis, ad iura, solvit flor. Renen.
2. Iohannes Hoern, clericus Traiectensis diocesis, ad artes, solvit
3. Henricus Walkemolen, clericus Coloniensis diocesis, ad artes, solvit
4. Iohannes de Wachtendônch, clericus Coloniensis diocesis, ad artes, pauper*)
5. Iohannes Valke, clericus Traiectensis diocesis, ad artes, solvit
6. Mgr Iohannes Falkonarij de Novimagio, clericus coniugatus Coloniensis diocesis, ad theologiam. s.
7. Io. de Staures, clericus Traiectensis diocesis, ad iura canonica, solvit
8. Düs Lambertus Meisterman, presbiter investitus ecclesie parochialis de Sprimont, Leodiensis diocesis, ad theologiam, solvit
9. Baldewinus de Beileûr, magr in artibus Parisiensis, Leodiensis, ad iura canonica, solvit
10. Theodericus Herchem, rector capelle in Vorstenberch, Coloniensis diocesis, ad artes, solvit

11. Gotfridus de Hachenberch, clericus Coloniensis diocesis, ad artes, solvit
12. Iohannes Asse, alias de Hassia, presbiter Maguntinensis diocesis, ad iura canonica, solvit
13. Everhardus Snelle de Lippia, clericus Coloniensis diocesis, ad artes, solvit
14. Iohannes Quintini, canonicus in ecclesia beate Marie in Ardenbergh, Tornacensis diocesis, ad artes, solvit 3° albos
15. Hupertus Grote, clericus Traiectensis diocesis, ad iura canonica, solvit 3° albos
16. Mgr Petrus in Curia de Marborch **), canonicus ecclesie beate Marie ad gradus Maguntinensis, ad theologiam, solvit
17. Düs Iohannes de Varesbech ***), canonicus ecclesie Oziliensis, ad artes, solvit
18. Heribertus de Monasterio, clericus Monasteriensis, ad artes, solvit
19. Iohannes Iohannis de Paderbôrne, ad artes, gratis
20. Bernardus de Loen, clericus Monasteriensis diocesis, ad artes, solvit.

---

*) *Hierzu zwei spätere Randbemerkungen von verschiedenen Händen; links:* prepositus sancti .... (?) et canonicus sancti Servacii in Aar ... ; *rechts:* postea licentiatus in artibus et venerabilis correpiscopus.
**) *Crecelius a. a. O. p. 96:* 'Über die Marburger Scheffenfamilie in Hobe vgl. W. Böcking, Beiträge zur Geschichte der Stadt Marburg (in der Zeitschrift des Vereins für hessische Geschichte und Landeskunde 1878)'.
***) *Crecelius brieflich:* 'Stammt wol aus derselben Familie, wie der „Wynricus de Vacisbech militaris", der zw. 20 Dec. 1390 und 23. März 1397 immatriculiert wurde (S. 2. Forts. p. 42). Es gab ein hergisches Rittergeschlecht v. Varensbeck od. Varesbeck, das seinen Namen von dem Hof Varreisbeck (jetzt in der Bürgermeisterei Elberfeld gelegen) führte. Vgl. über dasselbe Zeitschrift des Bergischen Geschichtsvereins, IV, 241.'

Summa debitorum IX marc., V s. Missa istius rectorie fuit apud predicatores, ubi exposui pro conventu duas marcas et 2os albos pro bedello. Item in eadem rectoria fuit missa apud minores pro bono statu venerabilis ecclesie, ubi exposui pro conventu duas marcas et duos albos pro bedello.

Summa expositorum quatuor marc., VIII s. et sic remanent quatuor marc. et duo s. Nota, quod venerabilis vir, dns Io. Voghel, decretorum doctor, concessit universitati nostre .X. fl. Rem., et honorabilis vir dns Albertus Wynken XII fl., qui XXII fl., conversi fuerunt in rescriptionem et remissionem rotuli, quia ro nlus universitatis, qui missus fuerat tempore creationis Innocentii VII, perditus fuit, uti per nostros eiusdem rotuli nuncios intelleximus. Qui XXII fl. soluti fuerunt predict s dominis per hunc modum, quod facultas artium liberaliter et ex gratia plus quam ipsam contingebat solvendo dedit et contribuit XII fl., facultas iuris canonici et civilis VI fl., facultas medicine duos et facultas theologie duos flor.

[Fol. 47r.] Electio Dñi Io. Vorborgh fuit facta in vigilia Thome apostoli.

In vigilia annuntiationis beate Marie virginis reelectus fuit idem Iohannes.

1399, [Fol. 47v.]*) Anno a nat.vitate domini MCCCXCIX, mensis Februarii die XX, inravit hora prime vel cir-
20. 21. Febr. citer, que fuit pro tunc feria quinta post Invocavit, in domo domini Godefridi (?) de Stummel (?), canonici sancti Andree Coloniensis, frater Iasperinus de Mantua. Die sequenti in sacra theologia licentiandus ordinis fratrum minorum iuravit in manus mei Io. Byre, rectoris pro tempore universitatis studii Coloniensis, quod, si contingat universitatem predictam litigare contra magistrum II. de Aquis, ministrum provincie Coloniensis, ipse Iasperinus universitati predicte in sua iustitia contra dictum ministrum et sibi adherentes adherebit, ut in forma. Scriptum per manum mei Io, supradicti.

1399, Anno a nativitate domini Mmo CCCmo XCIX, mensis Martii die XXprima, que fuit protunc vigilia annun-
21. Mart. ciationis secundum temporis anticipationem, et fuit dies Benedicti, per vive vocis oraculum mgri Io. de novo lapide pronunciatum fuit, nemini dominorum, scilicet nec Io. Arwitre nec Bertoldo de Zugen, ius competere etc. Et statim in continenti universitas Coloniensis per plenam concordiam omnium facultatum dictum Bertoldum a lectura et a singulis actibus suspendit ut in forma, in domo capitulari ecclesie maioris.

1399, Anno a nativitate domini Mmo CCCmo XCIX, mensis Iunii die nona, in plena congregatione universitatis in
9. Jun. domo capitulari ecclesie maioris Coloniensis celebrata, conclusi fuerunt concorditer articuli infrascripti.

Primo*), quod magistri Ilenricus de Aquis, minister provincie Coloniensis, Tylmannus de Bunna et Wilhelmus de Duysborch, sacre theologie professores, ac expurgare deberent mediis suis iuramentis, quod in facto Bertoldi non fecerint partiales pro Bertoldo et contra universitatem. Quam purgationem predicti tres magri coram tota universitate fecerunt. Iuraverunt, quod nunquam fuerint partiales contra universitatem, addentes, quo.l, si contingeret oriri litem, non astabant Bertoldo contra universitatem, quin potius assistent universitati, ut in forma. Addidit etiam prefatus provincialis minister, quod Bertoldus sine licentia sua non posset contra universitatem seu quemlibet aliem litigare, quam licentiam ab ipso ministro, ut idem minister asseruit, nunquam obtinebit contra universitatem prelibatam.

Secundo, quod Io. Byre, rector pro tempore, illud instrumentum, quod Bertoldus ab ipso petivit, in domo seu refectorio fratrum minorum, conficere non teneatur et per consequens nec sibi dare.

Tertio, quod Bertoldo dicatur tamquam supposito universitatis, quod non detrahat universitati aut personis eiusdem.

Quarto, quod universitas volt remanere in conclusione et suspensione facta in vigilia annunciationis et quarum supra fit mentio, donec alias de contrario fuerit informata.

Item sciendum, quod ultra premissa addidit facultas medicine per vive vocis oraculum magistri Ghid (Ghisberti?) de monte, dicto facultatis decani, quod, licet contingeret dictum Bertoldum acquirere, procurare aut impetrare ius novum super materiam supra dictam, non esset tamen intentionis dicte facultatis medicine, quod ipse B. aliquo modo in posteris admittatur, nisi prius emendaverit et satis fecerit de offensa, per quam universitatem gravavit etc. Io. de Rivo, bacall. in legibus fuit requisitus in notarium super premissis.

S. 38, 18 ist zu lesen Drossate statt Diessate; S. 40, 20 Remberti (de durchstrichen) Persove Basilo statt Remberti de Persove Vasclo; S. 45, 18, unten, Wetflariesi. statt Wetflaneu.; S. 46, 19 Hertenevelt statt Hertenfelt; S. 47, 7 Gogreven statt Gogreve; daselbst unter Nr. 4 Mengotus de Mayborgh statt Mengocus de Maraborgh; das. 9 Corbeke statt Torbeke; das. 10 Stune statt Stime; S. 48, 6 dyuc. statt dius.; das. 23, unten, Stauria statt Scanna.

*) Die auf dieser Rückseite von Fol. 47 stehenden Notizen bilden nicht die Forts. von Fol. 46v und 47r, sondern betreffen, wie die Datierung und die gleiche Handschrift zeigen, Vorgänge, die sich während der Amtszeit des zweimal (1399, 20. Dec. und 1399, 21. März) zum Rektor gewählten Io. Byre [bei Bianco, I, p. 819: Bye] zutrugen. Vgl. vorher S. 47 Anm.** Offenbar ist das jetzige Fol. 47 ein loses, von der Hand des Io. Byre für die Aufzeichnung der erwähnten Vorgänge benutztes Blatt, dessen auf der jetzigen Rückseite, 47v, stehender Inhalt auf Fol. 33r hätte verzeichnet werden müssen, das aber irrtümlicher Weise als Fol. 47 an zu später Stelle eingeschoben worden ist. Fol. 47r [s. o.] enthält nur eine vorläufige Notiz über das doppelte Rektorat des Io. Vorborgh, worüber das Nähere sich erst auf Fol. 48v befindet.

**) Auf dem Rande von späterer Hand: Nota

Schulnachrichten.

I. Lehrverfassung im Unterrichtskursus 1882—83.

1. Ober- und Unterprima.

[Ordinarius: Oberlehrer Dr. Scheins.]

Religionslehre. a) kath.: Die Lehre von dem Glauben. Eingehendere Besprechung der wichtigsten Wahrheiten aus den Glaubensartikeln I—III des apost. Glaubensbekenntnisses. Wiederholungen aus der Lehre von der Gnade und den Gnadenmitteln. Ausgewählte Abschnitte aus der Lehre von den Geboten und aus der Kirchengeschichte. 2 St. Dr. Liessem.

b) evang.: Wiederholung der wichtigsten Abschnitte aus der Kirchengeschichte im Anschlufs an Noacks Hülfsbuch §. 46—49 mit besonderer Berücksichtigung des Zeitalters der Reformation. Die Hauptsachen aus der evang. Glaubens- und Sittenlehre nach Noack §. 96—127. Wiederholung einiger Kirchenlieder und bibl. Geschichten. Repetition der wichtigsten Abschnitte aus der Bibelkunde nach Noack §. 1—45. Lektüre: Apostelgeschichte. 2 St. Moll.

Deutsch. Mitteilungen aus der älteren Litteraturgeschichte bis Opitz nebst begleitender Prosa- und Dichterlektüre aus Deycks-Kiesels Lesebuch. Kanon von Gedichten. Die Elemente der Psychologie. Aufsätze. 3 St. Dr. Scheins.

Themata zu den Aufsätzen: 1. Die Exposition in Schillers „Jungfrau von Orleans". 2. Das Jahr übt eine heiligende Kraft. (Schiller.) 3. Wer am Wege baut, findet viele Meister. 4. Der Einflufs des Christentums auf die deutsche Litteratur. (Klassenarbeit.) 5. Treu dem Zweck auch auf dem schiefen Wege. [Goethe.] 6. Die Entwickelung der Katastrophe in Schillers „Braut von Messina". 7. Was rastet, das rostet. (Klassenarbeit.) 8. a) Ja, Herz Europens sollst du, o Deutschland, sein! b) Undeutscher ist der blinde Bewundrer nicht des Fremden, als des Fremden Verächter. [Stolberg.] 9. Wer zur Höhe will, scheue die Stufen nicht. (Abiturienten-Aufsatz.) 10. Die Reproduktion der Vorstellungen. (Klassenarbeit.)

Lateinisch. Aus Ciceros Tuskulanen I u. V. Sallusts Jugurtha. Aus Livius' Buch I, II, III. Allgemeine stilistische Regeln und Eigentümlichkeiten der lat. Sprache Übersetzungen aus Hemmerlings Übungsbuch. Sprechübungen; Extemporalien. Wöchentlich ein Pensum; Aufsätze. 6 St. Dr. Scheins.

Aus Horaz: Auswahl aus Buch I u. II der Oden und Wiederholung früher gelesener Oden; einige Episteln. Memorieren. Metrische Übungen. 2 St. Dr. Scheins.

Themata zu den Aufsätzen: 1. Explanetur Horatii carmen tertium libri primi. 2. Quod apud Livium in procemio est, nullam unquam rem publicam Romanam nec maiorem nec sanctiorem nec bonis exemplis ditiorem fuisse, quam vero dictum sit, paucis exponatur. 3. Quorum potissimum virorum opera opes Atheniensium auctae sint. (Klassenarbeit.) 4. Exhibeantur argumenta. quibus Cicero (Tusc. I) probare studet, animos hominum esse immortales. 5 Negat Cicero leniendum esse illud Stoicorum, virtutem ad beate vivendam se ipsa esse contentam. 6. Quibus rebus Sallustius ad historiam scribendam adductus sit. (Klassenarbeit) 7. Quibus rebus factum sit, ut Iugurtha Romanorum opibus tam diu resisteret. (Abiturienten-Aufsatz.) 8. Qui sit sententiarum ordo et nexus in Horatii epist. I 1. 9. Perfidia quid valuerit in bello Iugurthino. (Klassenarbeit.)

Griechisch. Platons Euthyphron, Kriton, Menon; Herodots Buch III u. IV. Grammatische Erörterungen. Übersetzungen aus Wendt und Schnelles Aufgabensammlung. Extemporalien. Alle 14 Tage ein Pensum. Der Direktor.

Hom. Il. I—XII. Soph. Elektra. Memorieren. Metrische Übungen. 6 St. Der Direktor.

— 2 —

Hebräisch. Wiederholung der Formenlehre, insbesondere Wiederholung und Abschluſs der Lehre von den unregelmäſsigen Zeitwörtern, das Wichtigste aus der Syntax nach Vosens Leitfaden. Lektüre aus den historischen Büchern des A. T. 2 St. Dr. Liessem.

Französisch. Lektüre: Michaud, troisième croisade. Mündliche Übersetzungen aus Probst' Übungsbuch II. Einiges über den französischen Versbau. Alle 14 Tage ein Pensum. 2 St. Kaiser.

Geschichte und Geographie. Geschichte des Mittelalters nach Pütz' Grundriſs. Wiederholungen aus der alten und neuen Geschichte. Geographische Übersichten und Wiederholungen über Europa. 3 St. Schrammen.

Mathematik. Trigonometrie nach Boymans Lehrbuch der Mathematik, II. Teil. Gleichungen vom zweiten Grade mit mehreren Unbekannten, Diophantische Gleichungen, Zinseszins- und Renten-Rechnung nach Schmidts Elementen der Algebra. Wiederholungen aus der Algebra und Planimetrie. Einiges aus der mathematischen Geographie. Durchschnittlich wöchentlich zwei häusliche Aufgaben. 4 St. Kaiser.

Physik. Akustik und Optik nach Müllers Grundriſs der Physik und Meteorologie. 2 St. Kaiser.

Prüfungsaufgaben der Abiturienten im Ostertermine 1888: 1. Deutscher Aufsatz: Wer zur Höhe will, scheue die Stufen nicht! 2. Lateinischer Aufsatz: Quibus rebus factum sit, ut Iugurtha Romanorum opibus tam diu resisteret. 3. Lateinisches Skriptum. 4. Übersetzung aus dem Griechischen. 5. Mathematische Aufgaben: a) Ein dem Ecken nach centrischen Viereck zu beschreiben, wenn von demselben das Verhältnis dreier Seiten, der von zweien dieser Seiten eingeschlossene Winkel und der Radius des umgeschriebenen Kreises gegeben sind. b) Ein leuchtender Punkt hat die Entfernung a von der Oberfläche einer Kugel, deren Radius r ist; wie groſs ist die beleuchtete Fläche derselben? Zahlenbeispiel: a = 8,4 m, r = 2,5 m. c) $1 x^2 - y^2 + x - y = 26$. $11 (x^2-y^2)$ $(x — y) = 48$. d) Eine Kraft R ist in zwei Seitenkräfte P und Q zerlegt; welche Gröſse hat P, und welchen Winkel bildet es mit R, wenn R = 8,54, Q = 6,39, und der Winkel γ, den R mit Q bildet, $= 12^0$ 55' 8" ist?

2. Obersekunda.

[Ordinarius: Oberlehrer Dr. Wollmann.]

Religionslehre. a) kath.: Die Lehre von der Religion, von der natürlichen und von der übernatürlichen geoffenbarten Religion. Die Offenbarungs-Urkunden. Wiederholungen aus der Glaubens- und Sittenlehre. 2 St. Dr. Liessem.

b) evang.: Wiederholung und Beendigung der Glaubens- und Sittenlehre nach Noack §. 96—127. Wiederholung der wichtigsten Kirchenlieder und bibl. Geschichten. Repetition des christl. Kirchenjahres, sowie der Geographie von Palästina. 2 St. Moll.

Deutsch. Die leichteren lyrischen Dichtungsarten. Lektüre: „Tell" und „Hermann und Dorothea"; aus Deycks-Kiessels Lesebuch: Aufsätze über Kunstwerke, Charaktere und Zustände. Aufsätze teils im Anschluſs an die Lektüre, teils allgemeine Sätze betreffend. Kanon von Gedichten. 2 St. Dr. Wollmann.

Themata zu den Aufsätzen: 1. Der Mensch als Herr der Natur. 2. Krieg und Gewitter. Ein Vergleich. 3. Was erschwerte die gehorsame Unterwerfung des Ritters unter den Spruch des Meisters in Schillers Gedicht „Der Kampf mit dem Drachen"? 4. Wie rechtfertigt Cicero in der Rede für den Sestius seine freiwillige Verbannung? (Kl.) 5. Der Einfluſs der Not auf den Menschen nach den Sprichwörtern „Not bricht Eisen", „Not macht erfinderisch", „Not lehrt beten". 6. Disposition und Gedankengang der Episode über die Optimaten in Ciceros Rede für den Sestius. 7. Wie wird im „Tell" die Erhebung der Eidgenossen gegen die Tyrannei der Vögte begründet? (Kl.) 8. Welche Gründe hätten Geisler bestimmen sollen, von der Forderung des Apfelschusses abzustehen? 9. Was trug dazu bei, den Löwenwirt mit seinem Sohne zu versöhnen? 10. Wie verbindet der Dichter die Schilderung von Haus, Garten und Feld des Löwenwirtes mit der Handlung des Gedichtes? (Kl.)

Lateinisch. Ciceros Rede für Sestius; einzelne Briefe; Livius' Buch IX und X mit Auswahl. Wiederholung der Syntax des einfachen Satzes nach Meirings Grammatik §. 599—895. Übersetzungen aus Hemmerlings Übungsbuch; stilistische, phraseologische und synonymische Übungen. Anleitung zu Aufsätzen. Wöchentlich ein Pensum. 7 St. Dr. Wollmann.

Virgils Aeneis' Buch III, VI, VIII 608--731, IX 176—818, XI 532—915. Memorieren und metrische Übungen. 2 St. Der Direktor. [Dr. Chambalu.]
Themata zu den Aufsätzen: 1. Cur Romani, si cum Alexandro bellatum foret, victores evasuri fuerint, Livio duce exponatur. 2. Quid Cicero in oratione pro P. Sestio habita de optimatibus censuerit.
Griechisch. Xenophons Hellenika Buch III und IV, Herodot Buch III mit Auswahl und IV privatim. Aus Kochs Grammatik §. 91—122. · Übersetzungen aus Wendt und Schnelles Aufgabensammlung I. Kursus. Alle 14 Tage ein Pensum. 4 St. Dr. Scheins.
Hom. Odyss. VII—XII mit Auswahl und kursorische Übersicht über XIII—XXIV. Memorieren. Metrische Übungen. 2 St. Dr. Scheins.
Hebräisch. Die regelmäfsige Formenlehre. Einübung der unregelmäfsigen Zeitwörter; Übersetzung und Erklärung der entsprechenden Übungsstücke nach Vosens Leitfaden. 2 St. Dr. Wollmann.
Französisch. Aus Knebels Grammatik 5. Kap. (vom Zeitwort) §. 94—116 und 6. Kap. (Inversion) §. 117—120. Übungen aus Probst Übungsbuch II. Lektüre: Lesebuch von Knebel, II. Abtlg und Souvestre: au coin du feu. Alle 14 Tage ein Pensum. 2 St. Dr. Liessem.
Geschichte und Geographie. Die antiken Staaten in Asien und Afrika; griech. Geschichte nach Pütz' Lehrbuch. Geographische Wiederholungen über Asien und Afrika. 3 St. Schrammen.
Mathematik. Geometrische Örter. Eigenschaften der Vielecke, insbesondere der regulären, Berechnung des Kreises, harmonische Beziehungen nach Boymans Lehrbuch der Mathematik I §. 85—97. Gleichungen vom zweiten Grade mit einer und mit mehreren Unbekannten, Logarithmen, Exponential-Gleichungen nach Schmidts Elementen der Algebra. Trigonometrie zum Teil. Wöchentlich durchschnittlich zwei häusliche Aufgaben. 4 St. Kaiser.
Physik. Die Lehre vom Magnetismus und der Elektrizität nach Müllers Grundrifs der Physik und Meteorologie. 2 St. Kaiser.

3. Untersekunda.
[Ordinarius: Gymnasiallehrer Bausch.]

Religionslehre. a) kath.: Siehe II A.
b) evang.: siehe II A.
Deutsch. Anleitung zur Anfertigung von Aufsätzen. Stilistische Regeln. Aus Deycks-Kiesels Lesebuch: Schillersche Balladen, Aufsätze über Natur, Kunst und Sitte. Kanon von Gedichten Epische und episch-lyrische Gattungen. Alle vier Wochen ein Aufsatz. 2 St. Bausch.
Themata zu den Aufsätzen: 1. Gedanken bei dem Besuche einer Burgruine. 2. Saure Wochen! Frohe Feste! 3. Wie widerlegt Cicero die Einwürfe gegen den Gesetzesvorschlag des Manilius? 4. Die Strafsen des Verkehrs. (Kl.) 5. Die Bedeutung der olympischen Spiele für die Griechen. 6. Wie bewährte sich Xenophon als Führer der Zehntausend? 7. Der Kreislauf des Wassers. (Kl.) 8. Die Bedeutung der Reise des Telemach in der Odyssee. 9. „Der fromme Dichter wird gerochen; Der Sänger steht in heil'ger Hut." 10. Lob des Ackerbaus. (Kl.)
Lateinisch. Ciceros Rede für das imperium des Pompejus, für Milo. — Wiederholung der Kasuslehre, der Lehre vom Indikativ und Conjunktiv nach Meirings Grammatik. Übersetzungen aus Hemmerlings Übungsbuch; stilistische, phraseologische und synonymische Übungen. Wöchentlich ein Pensum. 7 St. Bausch.
Aus Virgils Aeneis Buch III u. IX. Memorieren. Metrische Übungen. 2 St. Dr. Brüll.
Griechisch. Xenoph. Anab. III—VII. Aus Kochs Grammatik §. 60—91. Übersetzungen aus Wendt und Schnelles Aufgabensammlung I. Kursus. Alle 14 Tage ein Pensum. 4 St. Bausch.
Hom. Odyss. Buch I, II, IX, X. Memorieren. Metrische Übungen. 2 St. Bausch.
Französisch. Aus Knebels Grammatik §. 60—93 inkl. Aus Knebels Lesebuch II. Abt. ausgewählte Lesestücke. Übungen nach Probst' Übungsbuch II. Alle 14 Tage ein Pensum. 2 St. Dr. Liessem.
Geschichte und Geographie. Siehe Obersekunda.
Mathematik. Die Lehre von den Proportionen, Ähnlichkeit der Figuren, Proportionalität ihrer Seiten und Flächen nach Boymans Lehrbuch der Mathematik I. Gleichungen vom ersten Grade

— 4 —

mit einer und mit mehreren Unbekannten, Gleichungen vom zweiten Grade mit einer Unbekannten. arithmetische und geometrische Progressionen, imaginäre Größen nach Schmidts Elementen der Algebra. Durchschnittlich wöchentlich zwei häusliche Arbeiten. 4 St. Kaiser.

Naturkunde. Allgemeine Eigenschaften der Körper und Wärmelehre nach Müllers Grundrifs der Physik und Meteorologie. 2 St. Kaiser.

4. Obertertia.
[Ordinarius: Gymnasiallehrer Schrammen.]

Religionslehre. a) kathol.: Die Lehre von der Gnade und den Gnadenmitteln. Die Glaubensartikel I—IV des apostolischen Glaubensbekenntnisses. Das Wichtigste aus der Kirchengeschichte seit der Zeit Karls des Grofsen. Die Christianisierung Deutschlands. Einzelnes über das kath. Kirchenjahr und aus der Liturgik. 2 St. Dr. Liessem.
b) evang.: Siehe II A.

Deutsch. Metrik mit Lektüre und Memorieren geeigneter Gedichte, geschichtliche Aufsätze, Naturschilderungen aus Pütz' Lesebuch. Kanon von Gedichten. Alle drei Wochen ein Aufsatz. (Inhalt wie in III B.) 2 St. Schrammen.

Themata zu den Aufsätzen: 1. Deutsche Treue (nach dem gleichnamigen Gedichte von Schiller). 2) Die Heerfahrt der Usipeten u. Tenchteren (Cäs IV, 1—15). 3. Zu welchem Zwecke, in welcher Weise und mit welchem Erfolge ging Cäsar über den Rhein in das rechtsrheinische Germanien? (Cäsar IV, 16—20.) 4. Der Hund (Nachbildung des Musterstückes: das Pferd). 5. Das Gold in der deutschen Götter- und Heldensage. 6. In welcher Weise schildert Cäsar die Britannier, und welche Umstände verzögerten die Unterwerfung derselben durch die Römer? (Cäsar V, 14—23.) 7. Über die Parteiverhältnisse in Gallien und über das Ansehen der einzelnen Stände in den Staaten (Cäsar VI, 11—16). 8. Was erzählt uns Cäsar von den religiösen Verhältnissen der Germanen, und wie unterscheiden sich dieselben von denen der Gallier? (Cäs. VI, 21 ff.) 9. Die Würde und die Macht des Sängers (nach den in der Klasse gelesenen berüglichen Gedichten von Goethe, Schiller, Uhland). 10. Über die staatlichen und gesellschaftlichen Verhältnisse Germaniens (Cäs. VI, 21—25). 11. Die Elemente hassen das Gebild der Menschenhand. (Ein Brief.) 12. Lobe den Tag nicht vor dem Abend! 13. Rede des Critognatus an die in Alesia Eingeschlossenen (Übersetzung von Cäs. VII, 77). 14. Cyrus der Jüngern Leben und Charakter (Xenoph. Anab. I, 8).

Lateinisch. Caes. de bello Gall. V—VII einschl.; Ciceros Laelius. Wiederholung der Syntax des Verbums und Erweiterung der Syntax des Nomens nach Siborti-Meirings Grammatik. Übersetzungen aus Siberti-Meirings Übungsbuch. Phraseologische und synonymische Übungen. Wöchentlich ein Pensum. 8 St. Schrammen.

Aus Ovids Verwandlungen: die kalydon. Jagd, Meleager, Erysichthon, Nessus, Tod des Herkules, Untergang Trojas, Hekuba. Memorieren. Metrische Übungen. 2 St. Dr. Brüll.

Griechisch. Wiederholung aus dem Pensum der Untertertia. Abschlufs der unregelmäfsigen Konjugation. Übersetzungen aus Weseners Elementarbuch II. Teil. Xenoph. Anab. I u. II. Das Wichtigste aus der Syntax des Nomens und Verbums im Anschlufs an die Lektüre. Einiges aus der homer. Formenlehre. Alle 14 Tage ein Pensum. 6 St. Bausch.

Französisch. Aus Knebels Grammatik §. 35—48, 55, 58, 59. Wiederholung der unregelmäfsigen Zeitwörter in §. 60 u. 61. Neu §. 62—67 inkl. Lektüre aus Knebels Lehrbuch S. 16—27. Entsprechende Übungen aus Probst' Übungsbuch, Abteil. I. Memorieren von Vokabeln und kleinen zusammenhangenden Stücken. Alle 14 Tage ein Pensum. 2 St. Dr. Wollmann.

Geschichte und Geographie. Deutsche Geschichte von 1648—1871 einschl., die brandenburgischpreufsische Geschichte nach Pütz' Lehrbuch. Geogr. der aufserdeutschen Länder Europas, physisch und politisch. 3 St. Dr. Scheins. [Dr. Schmitz.]

Mathematik und Rechnen. Gleichungen vom ersten Grade mit einer Unbekannten, Ausziehen der Quadrat- und Kubikwurzel, Potenz- und Wurzellehre nach Schmidts Elementen der Algebra. Gleichheit gradliniger Figuren, Proportionen nach Boymans Lehrbuch der Mathematik, 1. Teil. Aufgaben. 3 St. Dr. Velten. [Lassalle.]

Naturkunde. Mineralogie nach Schillings Grundrifs der Mineralogie. Thermometer und Barometer. 2 St. Kaiser.

5. Untertertia.

[Ordinarius: Gymnasiallehrer Dr. Weisweiler.]

Religionslehre. a) kathol.: Die Lehre von den Geboten, von der Tugend und von der Sünde. Die Glaubensartikel V—XII des apostolischen Glaubensbekenntnisses nach dem Diözesan-Katechismus. Wiederholungen aus der bibl. Geschichte und das Wichtigste aus der Kirchengeschichte bis auf die Zeit Karls des Grofsen. Erklärung und Memorieren einiger latein. Kirchenlieder. 2 St. Dr. Liessem.
b) evang.: Besprechung u. Wiedererzählung der bibl. Geschichten des N. T. nach Giebe-Zahns biblischen Historien. 9 Kirchenlieder wurden erläutert und gelernt. Geographie von Palästina. Die Hauptsachen aus dem christlichen Kirchenjahr. Einteilung der h. Schrift. Hauptstück I und III nach dem Katechismus Dr. M. Luthers ohne Erklärung. 2 St. Moll.

Deutsch. Die Lehre von den Zeiten und Modis (im Vergleich mit der lat. Tempus- und Moduslehre), von den Tropen und Figuren. Lektüre aus Pütz' Lesebuch: Erzählende, didaktische und beschreibende Prosa; Fabeln, Märchen, poetische Erzählungen, Balladen und Romanzen. Kanon von Gedichten. Alle drei Wochen eine schriftliche Arbeit (Zusammenfassungen aus Cäsar und Ovid; Beschreibungen und Erzählungen; Erklärungen leichter Sprichwörter). Dispositionsübungen; einzelne Briefe (Einladungen, Benachrichtigungen). 2 St. Dr. Weisweiler.
Themata zu den Aufsätzen: 1. Leben und Tod. (Parabel von Rückert.) 2. Dädalus und Ikarus. (Nach Ovid.) 3. Die Heuernte vor dem Gewitter (Landschaftsgemälde). 4. Ein Sommermorgen im Freien. (Kl.) 5. Der Regenbogen. 6. Der Rheinstrom. 7. Das goldene Zeitalter. (Nach Ovid.) 8. Cäsars Krieg mit Ariovist. (Kl.) 9. Das erste Zusammentreffen Cäsars mit den Belgiern. 10. Der Sänger. (Von Goethe.) 11. Die Rheinüberschwemmung bei Köln. 12. Die Elemente hassen das Gebild der Menschenhand. (Klassenarbeit.) 13. Eine schriftliche Uebung zur Interpunktionslehre.

Lateinisch. Caesar de bello Gall. I—IV einschl. Übersetzungen aus Meirings Übungsbuch. Phraseologische und synonymische Übungen im Anschlufs an die Lektüre. Lateinische Inhaltsangaben ausgewählter Kapitel aus Cäsar. Wiederholung der Syntax des Nomens, Fortsetzung und Abschlufs der Syntax des Verbums nach Siberti-Meirings Grammatik. Wöchentlich ein Pensum. 8 St. Dr. Weisweiler.
Aus Ovids Verwandlungen: Schöpfung, vier Zeitalter, Lykaon, Flut, Phaëthon. Memorieren. Metrische Übungen. 2 St. Dr. Weisweiler.

Griechisch. Wiederholung der regelmäfsigen Deklination und Konjugation nach Kochs Schulgrammatik (§. 1—51 einschl.); neu §. 52—68 einschl. Übersetzungen aus Wesseners Elementarbuch, II. Teil. Memorierübungen. Alle 14 Tage ein Pensum. 6 St. Dr. Weisweiler.

Französisch. Aus Knebels Grammatik zur Wiederholung §. 13—34 einschl.; neu §. 55, 60 u. 61. Aus Knebels Lesebuch S. 1—16. Auswahl aus Probst' Übungsbuch I. S. 58—82. Memorieren von Vokabeln und kleinen zusammenhangenden Stücken. Alle 14 Tage ein Pensum. 2 St. Dr. Brüll.

Geschichte und Geographie. Deutsche Geschichte im Mittelalter bis 1648 nach Pütz' Lehrbuch. Geographie Deutschlands, insbesondere Preufsens, physisch und politisch. 3 St. Dr. Brüll. [Dr. Schmitz.]

Mathematik und Rechnen. Die vier Rechnungsarten mit entgegengesetzten Zahlen und Buchstaben, Rechnen mit Summen, Differenzen, Produkten und Quotienten nach Schmidts Elementen der Algebra §. 1—90. Die merkwürdigen Punkte des Dreiecks, die Lehre von den Vierecken und vom Kreise nach Boymans Lehrbuch der Mathematik, I. Teil §. 38—57 einschl. Aufgaben. 3 St. Dr. Velten. [Lassalle.]

Naturkunde. Übersicht über die Botanik und Zoologie nach Schillings Grundrifs der Naturgeschichte. Der menschliche Körper. 2 St. Dr. Velten. [Lassalle.]

6. Quarta.

[Ordinarius: Gymnasiallehrer Dr. Brüll.]

Religionslehre. a) kath.: Die Glaubenslehre nach dem Diözesan-Katechismus. Die Geschichte des seit dem dritten Osterfeste in der Zeit seines öffentlichen Lehramtes, das Wichtigste aus der Apostelgeschichte nach Schusters bibl. Geschichte. Erklärung und Memorieren einiger lateinischen Kirchenlieder. 2 St. Dr. Liessem.
b) evang.: siehe III B.

Deutsch. Unterricht und Übungen über Satzbildung, Satzverbindung und Wortstellung nach Linnigs Lesebuch, III. Abt., 16. Abschn. Aufsätze aus Linnigs Lesebuch, III. Abt. Kanon von Gedichten. Alle drei Wochen eine schriftliche Arbeit (Zusammenfassung gröfserer Abschnitte aus Nepos; Schilderungen). 2 St. Schrammen.

Lateinisch. Aus Nepos zehn Lebensbeschreibungen. Nach kurzer Wiederholung der Formenlehre die Kasuslehre, Lehre von der Kongruenz, der Konstruktion der Fragesätze, Tempora, Acc. c. Inf, Abl. abs, nach Siberti-Meirings Grammatik. Übersetzungen aus Meirings Übungsbuch. Memorierübungen. Wöchentlich ein Pensum. 9 St. Dr. Brüll.

Französisch. Die regelmäfsigen Konjugationen und ein Teil der unregelmäfsigen Verba; die Pronomina nach Knebels Grammatik. Entsprechende Übungen aus Knobels Lesebuch und aus Probst Übungsbuch, Teil I. 5 St. Dr. Wollmann.

Geschichte u. Geographie. Griechische Geschichte bis auf Alexander, Römische Geschichte bis in die Kaiserzeit nach Pütz' Lehrbuch. Geographie der aufsereuropäischen Erdteile nach Seydlitz' kl. Schulgeographie. 4 St. Schrammen. [Dr. Chambalu.]

Mathematik und Rechnen. Wiederholung der Dezimalbrüche, Rabatt-, Gesellschafts- und Mischungsrechnung nach Schellens Rechenbuch §. 21—24 II. Abt. Lehre von den Linien, Winkeln, Parallelen und vom Dreieck nach Boymans Lehrbuch der Math. §. 1—37. 4 St. Dr. Velten. [Lassalle.]

Naturkunde. Wiederholung des Linné'schen Systems, Grundzüge der Anatomie und Physiologie der Pflanzen, die wichtigsten einheimischen Baumarten, wirbellose Tiere nach Schillings Grundrifs der Naturgeschichte. 2 St. Dr. Velten. [Lassalle.]

7. Quinta.

[Ordinarius: Gymnasiallehrer Dr. Velten.]

Religionslehre. a) kathol.: Die Lehre von den Geboten, von der Tugend und von den Sünden nach dem Diözesan-Katechismus. Bibl. Geschichte d. A. T. von der Teilung des Reiches bis auf Christus und des N. T. bis zum dritten Jahre in der öffentlichen Wirksamkeit Christi nach Schusters bibl. Geschichte. Bibl. Geographie. 2 St. Dr. Liessem.
b) evang.: siehe III B.

Deutsch. Wiederholung der Lehre von der Deklination und Konjugation, Partikeln, Lesen. Memorieren und Erzählen aus Linnigs Lesebuch, II. Abt. Kanon von Gedichten. Alle 14 Tage eine schriftliche Arbeit (Anekdoten, Beschreibungen und Erzählungen). 2 St. Dr. Brüll.

Lateinisch. Wiederholung der regelmäfsigen Deklinationen, Fortsetzung und Abschlufs der regelmäfsigen Conjugationen, die unregelmäfsige Konjugation nach Siberti-Meirings Grammatik mit Übungen nach Meirings Übungsbuch. Wöchentlich ein Pensum. 9 St. Vin a.

Französisch. Abschnitt I, II, III und IV des Elementarbuches von Ploetz, Memorieren von Vokabeln. Alle 14 Tage ein Pensum. 4 St. Dr. Wollmann.

Geschichte und Geographie. Wiederholung des Pensums der Sexta, Geographie Europas mit besonderer Berücksichtigung Deutschlands nach Seydlitz' Grundzügen. Sagengeschichtliches. 3 St. Vin a. [Dr. Schmitz.]

Mathematik und Rechnen. Wiederholung der Rechnung mit gewöhnlichen Brüchen, Dezimalbrüche, einfache und zusammengesetzte Regel de Tri, allgemeine Rechnung mit Prozenten, Gewinn- und Verlustrechnung mit Prozenten, Zinsrechnung nach Schellens Rechenbuch §. 23-31 I. Abt. u. §. 1—21 II. Abt. Zeichnen von Figuren mit Lineal und Zirkel. 4 St. Dr. Velten. [Lassalle.]

Naturkunde. Beschreibung von Pflanzen mit besonderer Berücksichtigung einiger wichtigen natürlichen Familien, das Linné'sche System, Naturgeschichte der Vögel, Amphibien und Fische nach Schillings Grundriß der Naturgeschichte. 2 St. Dr. Velten. [Lassalle.]

8. Sexta.

[Ordinarius: Wissenschaftlicher Hülfslehrer Vins.]

Religionslehre. a) kathol.: Einübung der gebräuchlichsten Gebete. Die Lehre von der Gnade, von den h. Sakramenten und dem Gebete, mit besonderer Berücksichtigung des h. Bußsakramentes und des Wichtigsten aus der Lehre vom h. Altarssakrament nach dem Diözesan-Katechismus. Bibl. Gesch. des Alten Testamentes bis zur Teilung des Reiches nach Schusters bibl. Geschichte. Bibl. Geographie. 3 St. Dr. Liessem.
b) evang.: Siehe III B.

Deutsch. Deklination und Konjugation (starke, schwache, Umlaut, Ablaut). Orthographische Übungen, Lesen, Memorieren und Erzählen aus Linnigs Lesebuch, I. Abt. Kanon von Gedichten. Alle 14 Tage eine schriftliche Arbeit (Erweiterung und Umbildung von Märchen und äsopischen Fabeln; klassische und germanische Sagen). 3 St. Vins.

Lateinisch. Nomen, Pronomen und regelmäßiges Zeitwort nach Siberti-Meirings Grammatik, verbunden mit Übungen nach Meirings Übungsbuch. Wöchentlich ein Pensum. 9 St. Vins.

Geschichte und Geographie. Ozeanographie, Übersicht über die fünf Erdteile nach Seydlitz' Grundzügen. Sagengeschichtliches. 3 St. Bröll.

Mathematik und Rechnen. Die vier Rechnungsarten mit unbenannten und benannten, mit ganzen und gebrochenen Zahlen und mit Dezimalbrüchen, Übungen im Kopfrechnen nach Schellens Rechenbuch §. 1—23 I. Abt. 4 St. Dr. Weisweiler.

Naturkunde. Einleitendes, Einzelnes aus der Organographie der Pflanzen und Anleitung zu deren Beschreibung, Einiges von dem menschlichen Körper, Naturgeschichte der Säugetiere nach Schillings Grundriß der Naturgeschichte. 2 St. Dr. Velten. [Lassalle.]

9. Technischer Unterricht.

a) **Schreiben.** Quinta und Sexta je 3 St. Dienz.
b) **Zeichnen.** 1. Oberprima bis Untertertia einschl. kombiniert. 2 St. (25 Teilnehmer.) 2. Quarta bis Sexta je 2 St. Dienz.
c) **Gesang.** 1. Chorgesang 2 St. 2. Quinta und Sexta je 2 St. Eisenhuth.
d) **Turnen.** Je 1 St. wöchentlich für 3 in Riegen gesonderte Abteilungen (I—III A, III B—IV, V—VI), deren Vorturner besonders unterwiesen wurden. Frei-, Ordnungs- und Gerätturnen. (40 Schüler unter 297 dispensiert.) Moldenhauer.

10. Übersichtstabelle

über die Verteilung des Unterrichts im Wintersemester 1882—83.

Lehrer.	I.	II A.	II B.	III A.	III B.	IV.	V.	VI.	Zahl d. Stunden
1. Dr. Schmitz, Direktor.	6 Griech. [2 Virg.]								6 [9]
2. Kaiser, Oberlehrer.	4 Math. 2 Physik 2 Franz.	4 Math. 2 Phys.	4 Math. 2 Phys.	2 Naturk.					22
3. Dr. Wellmann, Oberlehrer, Ordinarius in II A.		7 Latein 2 Deutsch 2 Hebr.		2 Franz.		5 Franz.	4 Franz.		21
4. Dr. Scheins, Oberl., Ordinarius in I.	8 Latein 3 Deutsch	6 Griech.		[3 Gesch.]					17 [3]
5. Dr. Liessem, Oberl. und kath. Religionslehrer.	2 Relig. 2 Hebr.	2 Franz.	2 Franz. 2 Religion	2 Relig.	2 Relig.	2 Relig.	2 Relig.	3 Relig.	21
6. Schrammen, ordentl. Lehrer, Ordinarius in III A.	3 Gesch.		3 Geschichte	6 Latein 2 Deutsch		2 Deutsch [4 Gesch.]			22 [4]
7. Dr. Velten, ordentl. Lehrer, Ordinarius in V.				3 Math.	3 Math. 2 Naturk.	4 Math. 2 Nat.	4 Rechn. 2 Nat.	2 Nat.	22
8. Bausch, ord. Lehrer, Ordinarius in II B.			7 Latein 6 Griech. 2 Deutsch	6 Griech.					21
9. Dr. Brüll, ordentl. Lehrer, Ordinarius in IV.			2 Virg.		2 Ovid	2 Franz. [3 Gesch.]	9 Latein	2 Deutsch	3 Geogr.	20 [3]
10. Dr. Wetsweiler, ordentl. Lehrer, Ord. in III B.					10 Lat. 6 Griech. 2 Deutsch			4 Rechn.	22
11. Vins, wissenschaftl. Hilfslehrer, Ord. in VI.						9 Lat. [3 Gesch. u. Geogr.]	9 Latein 3 Deutsch	21 [3]
12. Moll, Divis.-Pfarrer, evang. Religionslehrer.	2 Relig.		2 Religion		2 Religion				6
13. Dr. Schmitz, Schulamts-Kandidat.				[3 Gesch.]	[3 Gesch.]		[3 Gesch. u. Geogr.]		[9]
14. Lassalle, Probekandidat.				[3 Math.]	[3 Math.] [2 Nat.]	[4 Math.] [2 Nat.]	[4 Rechn.] [2 Nat.]	[2 Nat.]	[22]
15. Dr. Chambain, Probekandidat.		[2 Virg.]				[4 Gesch. u. Geogr.]			[6]
16. Diess, Zeichen- u. Schreiblehrer.			2 Zeichnen		2 Zeichn.	2 Schreib. 2 Zeichn.	2 Schreib. 2 Zeichn.		12
17. Eisenhuth, Gesanglehrer.			2 Chorgesang			2 Gesang	2 Gesang		6

11. Verfügungen.

1. Lehrplan der Gymnasien gemäſs der ministeriellen Cirkularverfügung vom 31. März 1882:

	VI	V	IV	IIIb	IIIa	IIb	IIa	Ib	Ia	Sa.	bisher	Änderung
Christliche Religionslehre	3	2	2	2	2	2	2	2	2	19	20	— 1
Deutsch	3	2	2	2	2	2	2	3	3	21	20	+ 1
Lateinisch	9	9	9	9	9	8	8	8	8	77	86	— 9
Griechisch [1])	—	—	—	7	7	7	7	6	6	40	42	— 2
Französisch	—	4	5	2	2	2	2	2	2	21	17	+ 4
Geschichte und Geographie . . .	3	3	4	3	3	3	3	3	3	28	25	+ 3
Rechnen und Mathematik [1]) . . .	4	4	4	3	3	4	4	4	4	34	32	+ 2
Naturbeschreibung	2	2	2	2	2	—	—	—	—	10	8	+ 2
Physik . . .	—	—	—	—	—	2	2	2	2	8	6	+ 2
Schreiben	2	2	—	—	—	—	—	—	—	4	6	— 2
Zeichnen	2	2	2	—	—	—	—	—	—	6	6	
Summa . .	28	30	30	30	30	30	30	30	30			

Bemerkungen.

[1]) Wenn die beiden Tertien gemeinschaftlich unterrichtet werden, so müssen sie doch jedenfalls im Griechischen und in der Mathematik getrennt werden.

Der Unterricht im Turnen ist für alle Schüler obligatorisch; Befreiung davon hat der Direktor auf Grund ärztlichen Zeugnisses, in der Regel nur auf die Dauer eines Halbjahres, zu erteilen. Die Schule hat darauf Bedacht zu nehmen, daſs jeder Schüler wöchentlich zwei Turnstunden hat.

Der Unterricht im Zeichnen ist für die drei untern Klassen obligatorisch, für die drei obern fakultativ. Die Schule hat dafür zu sorgen, daſs jeder Schüler der oberen Klassen, welcher es wünscht, an zwei Zeichenstunden teilnehmen kann, ohne daſs dafür eine besondere Zahlung ausser dem Schulgelde erhoben werden darf. Der Eintritt in den fakultativen Zeichenunterricht verpflichtet den betreffenden Schüler zur Teilnahme für die Dauer eines Semesters. Wenn aus der Tertia eine ausreichende Anzahl von Schülern an dem fakultativen Zeichenunterrichte teilnimmt, so ist aus denselben eine abgesondert zu unterrichtende Abteilung zu bilden.

Der Unterricht im Singen ist für die zwei untersten Klassen mit je zwei wöchentlichen Stunden obligatorisch; Befreiung davon hat der Direktor auf Grund ärztlichen Zeugnisses, in der Regel nur auf die Dauer eines Semesters, zu erteilen; diese erstreckt sich jedoch nicht auf den die theoretischen Elementarkenntnisse enthaltenden Teil des Unterrichtes. Auch in den Klassen von Quarta an aufwärts sind die Schüler zur Teilnahme an dem von der Schule dargebotenen Gesangunterrichte verpflichtet; doch hat der Direktor diejenigen Schüler von der Teilnahme zu befreien, deren Eltern auf Grund eines ärztlichen Zeugnisses um die Dispensation nachsuchen oder deren Mangel an Befähigung zum Singen von dem Gesanglehrer constatirt wird.

a. Aus der Ordnung der Entlassungsprüfungen an den Gymnasien, vom 27. März 1882:

§. 1. Zweck der Prüfung.

Zweck der Entlassungsprüfung ist, zu ermitteln, ob der Schüler diejenige Maſs der Schulbildung erlangt hat, welches Ziel des Gymnasiums ist.

§. 3. Maſsstab zur Erteilung des Zeugnisses der Reife.

Um das Zeugnis der Reife zu erwerben, muſs der Schüler in den einzelnen Gegenständen den nachstehenden Forderungen entsprechen; dieselben bilden den Maſsstab für die Beurteilung der schriftlichen und mündlichen Leistungen.

1. In der christlichen Religionslehre muſs der Schüler von dem Inhalt und dem Zusammenhang der heiligen Schrift, von den Grundlehren der kirchlichen Konfession, welcher er angehört, und von den Hauptepochen der Kirchengeschichte eine genügende Kenntnis erlangt haben.

2. In der deutschen Sprache muſs der Schüler ein in seinem Gedankenkreise liegendes Thema richtig aufzufassen und mit eigenem Urteil in logischer Ordnung und fehlerfreier Schreibart zu bearbeiten imstande sein. Beim mündlichen Gebrauche der Muttersprache hat derselbe Geübtheit in sprachrichtiger, klarer und zusammenhängender Darstellung zu beweisen. Ferner muſs er mit den wichtigsten Epochen des Entwickelungsganges der deutschen Litteraturgeschichte und mit einigen klassischen Werken der Nationallitteratur bekannt sein.

3. In der lateinischen Sprache muſs der Schüler die leichtern Reden und philosophischen Schriften Ciceros, den Sallustius und Livius, die Aeneide Vergils, die Oden und Episteln des Horaz verstehen und ohne erhebliche Nachhilfe übersetzen, auch über die am häufigsten vorkommenden Versmaſse sichere Kenntnis besitzen. Seine schriftlichen Prüfungsarbeiten müssen von Fehlern, welche eine grobe grammatische Unsicherheit zeigen, und von Germanismen im wesentlichen frei sein und einen Anfang stilistischer Gewandtheit erkennen lassen.

4. In der griechischen Sprache muſs der Schüler den Homer, den Xenophon, die kleinern Staatsreden des Demosthenes und die leichtern Dialoge Platons verstehen und ohne erhebliche Nachhilfe zu übersetzen vermögen, ferner in der griechischen Formenlehre und den Hauptpunkten der Syntax Sicherheit beweisen.

5. In der französischen Sprache wird grammatikalisch und lexikalisch sicheres Verständnis und geläufiges Uebersetzen prosaischer und poetischer Schriften von nicht besonderer Schwierigkeit, sowie eine ausreichende Sicherheit in der Formenlehre und den Grundregeln der Syntax für den schriftlichen Gebrauch der französischen Sprache erfordert.

6. In der Geschichte und Geographie muſs der Schüler die epochemachenden Begebenheiten der Weltgeschichte, namentlich der griechischen, römischen und deutschen sowie der preuſsischen Geschichte, im Zusammenhange ihrer Ursachen und Wirkungen kennen und über Zeit und Ort der Begebenheiten sicher orientirt sein. Er muſs von den Grundlehren der mathematischen Geographie, von den wichtigsten topischen Verhältnissen und der politischen Einteilung der Erdoberfläche, unter besonderer Berücksichtigung von Mittel-Europa, genügende Kenntnis besitzen.

7. In der Mathematik hat der Schüler nachzuweisen, daſs er in der Arithmetik bis zur Entwickelung des binomischen Lehrsatzes und in der Algebra bis zu den Gleichungen zweiten Grades einschlieſslich, ferner in der ebenen und körperlichen Geometrie und in der ebenen Trigonometrie sichere, geordnete und wissenschaftlich begründete Kenntnisse besitzt, und daſs er sich ausreichende Uebung in der Anwendung seiner Kenntnisse zur Lösung von einfachen Aufgaben erworben hat.

8. In der Physik muſs der Schüler eine klare Einsicht in die Hauptlehren von den Gesetzen des Gleichgewichts und der Bewegung der Körper, von der Wärme, dem Magnetismus und der Elektricität, dem Schall und dem Licht gewonnen haben.

9. In der hebräischen Sprache (vergl. §. 6, 2) wird geläufiges Lesen, Bekanntschaft mit der Formenlehre und die Fähigkeit erfordert, leichtere Stellen des alten Testamentes ohne erhebliche Nachhilfe ins Deutsche zu übersetzen.

§. 5. Meldung und Zulassung zur Prüfung.

1. Im dritten Halbjahre dieser Lehrzeit kann die Zulassung nur ausnahmsweise auf den einstimmigen Antrag der der Prüfungskommission angehörenden Lehrer seitens des Königlichen Provinzial-Schulkollegiums genehmigt werden.

Unbedingt erforderlich für die Zulassung eines Schülers zur Entlassungsprüfung ist, dafs derselbe in dem Halbjahre der Meldung der Oberprima angehört.

2. Wenn ein Primaner im Disciplinarwege von einem Gymnasium entfernt worden ist, oder dasselbe verlassen hat, um sich einer Schulstrafe zu entziehen, oder in willkürlicher, durch die Verhältnisse nicht genügend gerechtfertigter Weise, so darf ihm an dem Gymnasium, an welches er übergegangen ist, bei seiner Meldung zur Entlassungsprüfung das Halbjahr, in welches oder an dessen Schlufs der Wechsel der Anstalt fällt, nicht auf die zweijährige Lehrzeit der Prima angerechnet werden.

Ob in dem letztbezeichneten Falle der Wechsel der Anstalt als ein gerechtfertigter zu betrachten und demnach das fragliche Semester auf die zweijährige Lehrzeit der Prima anzurechnen ist, entscheidet auf den Vortrag des Direktors, bezw. des Direktors und der der Prüfungskommission angehörenden Lehrer, das königliche Provinzial-Schulkollegium. Falls die Eltern oder deren Stellvertreter es beantragen, erfolgt diese Entscheidung unmittelbar beim Eintritte des Schülers in die neue Schule.

3. Die Meldung zur Entlassungsprüfung ist drei Monate vor dem Schlusse des betreffenden Schulsemesters dem Direktor schriftlich einzureichen.

4. In einer Konferenz, welche von dem Direktor mit den der Prüfungskommission angehörenden Lehrern zu halten ist werden die Meldungen vorgelegt und auf Grund der in der Prima den betreffenden Schülern erteilten Zeugnisse Gutachten (Nr. 6 und §. 12, 2) darüber festgestellt, ob diese Schüler nach ihren wissenschaftlichen Leistungen und nach ihrer sittlichen Haltung als den Zielforderungen des Gymnasiums entsprechend anzuerkennen sind.

5. Wenn ein Schüler nach dem einstimmigen Urteil der Konferenz die erforderliche Reife in wissenschaftlicher oder sittlicher Hinsicht noch nicht erreicht hat, ist der Direktor verpflichtet, ihm von dem Eintritt in die Prüfung abzurathen und seinen Eltern oder deren Stellvertreter entsprechende Vorstellungen zu machen. Bleiben diese Vorstellungen erfolglos, so kann die Uebermittelung der Meldung an das Königliche Provinzial-Schulkollegium nicht verweigert werden; dass die Abmahnung stattgefunden hat, ist dabei ausdrücklich zu vermerken.

6. Das Verzeichnis der Schüler, welche sich zur Prüfung gemeldet haben, nebst den erforderlichen näheren Angaben über ihre Person und dem Gutachten über ihre Reife (Nr. 4), eventuell eine Vakatanzeige hat der Direktor dem Königlichen Provinzial-Schulkollegium spätestens $2\frac{1}{2}$ Monat vor dem Schlusse des betreffenden Semesters einzureichen.

7. Das Königliche Provinzial-Schulkollegium prüft, ob die für die Entlassungsprüfung geltenden Erfordernisse (Nr. 1 und 2) erfüllt sind, und entscheidet hiernach über die Zulassung zur Prüfung.

§. 6. Art und Gegenstände der Prüfung.

1. Die Entlassungsprüfung ist eine schriftliche und mündliche.

2. Zur schriftlichen Prüfung gehören: ein deutscher und ein lateinischer Aufsatz, eine Uebersetzung aus dem Deutschen in das Lateinische, eine Uebersetzung aus dem Griechischen in das Deutsche und in der Mathematik vier Aufgaben, und zwar je eine aus der Planimetrie, Stereometrie, Trigonometrie und Algebra. Es wird empfohlen, die mathematischen Aufgaben so zu wählen, dafs sie den Schülern Gelegenheit giebt, ihre Bekanntschaft mit physikalischen Gesetzen darzulegen.

Diejenigen Schüler, welche sich einer Prüfung im Hebräischen unterziehen wollen, haben die deutsche Uebersetzung eines leichten Abschnittes aus dem Alten Testamente nebst grammatischer Analyse zu liefern. An denjenigen Gymnasien, an welchen die polnische Sprache einen lehrplanmäfsigen Teil des Unterrichts bildet, tritt fakultativ hinzu eine Uebersetzung aus dem Deutschen in das Polnische.

3. Die mündliche Prüfung erstreckt sich auf die christliche Religionslehre, die lateinische, griechische und französische Sprache, die Geschichte und Geographie, und die Mathematik, fakultativ (Nr. 2) auf die hebräische Sprache.

§. 8. Bearbeitung der schriftlichen Arbeiten.

1. Die Bearbeitung der Aufgaben geschieht in einem geeigneten Zimmer des Gymnasiums unter der beständigen, durch den Direktor anzuordnenden Aufsicht von Lehrern, welche der Prüfungskommission angehören.

2. Für jeden der beiden Aufsätze und für die mathematische Arbeit sind fünf Vormittagsstunden zu bestimmen; die Frist darf bei den Aufsätzen nöthigenfalls um eine halbe Stunde überschritten werden. Zu der Anfertigung der Uebersetzung aus dem Griechischen werden, ausschliefslich der für das Diktieren des Textes erforderlichen Zeit, drei Stunden, zur Anfertigung der Uebersetzung in das Lateinische (bezw. Polnische) werden, ausschliefslich der für das Diktieren des Textes erforderlichen Zeit, ferner für die Uebersetzung aus dem Hebräischen je zwei Stunden bestimmt.

3. Keine Arbeitszeit (Nr. 1 und 2) darf durch eine Pause unterbrochen werden. Doch ist es zulässig, die für die mathematische Arbeit bestimmte Zeit in zwei durch eine Erholungspause getrennte Hälften zu teilen, am Beginne einer jeden die Hälfte der Aufgaben zu stellen und deren Bearbeitung am Schlusse jeder der beiden halben Arbeitszeiten abliefern zu lassen.

4. Andere Hülfsmittel in das Arbeitszimmer mitzubringen, als für den lateinischen Aufsatz ein lateinisch-deutsches, für die Uebersetzung aus dem Griechischen ein griechisches, für die Uebersetzung aus dem Hebräischen ein hebräisches Lexikon und für die mathematische Arbeit Logarithmentafeln, ist nicht erlaubt.

5. Wer mit seiner Arbeit fertig ist, hat sie dem beaufsichtigenden Lehrer abzugeben und das Arbeitszimmer zu verlassen.

Wer nach Ablauf der vorschriftsmäfsigen Zeit mit seiner Arbeit nicht fertig ist, hat sie unvollendet abzugeben.

In jedem Falle ist von den fertigen wie von den unvollendeten Arbeiten aufser der Reinschrift das Konzept mit abzugeben.

6. Wer bei der schriftlichen Prüfung sich die Benutzung unerlaubter Hülfsmittel, einer Täuschung oder eines Täuschungsversuches schuldig macht, oder anderen zur Benutzung unerlaubter Hülfsmittel, zu einer Täuschung oder einem Täuschungsversuche behülflich ist, wird mit Ausschlufs von der weiteren Prüfung und, wenn die Entdeckung erst nach Vollendung derselben erfolgt, mit Vorenthaltung des Prüfungszeugnisses bestraft. Die in solcher Weise Bestraften sind hinsichtlich der Wiederholung der Prüfung denjenigen gleichzustellen, welche die Prüfung nicht bestanden haben. Wer sich einer Täuschung oder eines Täuschungsversuches auch bei der Wiederholung der Prüfung schuldig macht, kann von der Zulassung zur Reifeprüfung überhaupt ausgeschlossen werden. In jedem Falle einer Täuschung oder eines Täuschungsversuches ordnet zunächst der Direktor mit den von der Prüfungskommission angehörenden Lehrern das Erforderliche an, die schliefsliche Entscheidung trifft die gesamte Kommission vor der mündlichen Prüfung. Für die Fälle, in denen ein Schüler von der Zulassung zur Reifeprüfung überhaupt ausgeschlossen werden soll, ist die Entscheidung des Ministers einzuholen.

Auf diese Vorschriften hat der Direktor bei Beginn der ersten schriftlichen Prüfungsarbeit die Schüler ausdrücklich aufmerksam zu machen.

§. 9. Beurteilung der schriftlichen Arbeiten.

1. Es wird über den Werth der Arbeit im Verhältnis zu den Prüfungsforderungen (§. 3) ein Urteil abgegeben, welches ausschliefslich in eines der vier Prädikate: sehr gut, gut, genügend, nicht genügend, zusammenzufassen ist. Hinzuzufügen ist die Angabe über die Beschaffenheit der betreffenden Klassenleistungen; es darf jedoch dem Urteile über die Klassenleistungen kein Einflufs auf das der Prüfungsarbeit zuzuerkennende Prädikat gegeben werden.

§. 10. Mündliche Prüfung.

3. Ein Schüler, dessen schriftliche Prüfungsarbeiten sämtlich oder der Mehrzahl nach das Prädikat „nicht genügend" erhalten haben, ist von der mündlichen Prüfung auszuschliefsen, wenn bereits in der auf Anlafs der Meldung aufgestellten Beurteilung (§. 5, 6) der Zweifel an der Reife desselben Ausdruck gefunden hat. Ist ein solcher Zweifel nicht ausgedrückt worden, so wird der Erwägung der Kommission anheimgestellt, ob der Rath zum Rücktritte vor der mündlichen Prüfung erteilt werden soll.

4. Wenn die Leistungen eines Schülers während der Lehrzeit der Prima nach dem einstimmigen Urteil der Lehrer befriedigt haben und die schriftlichen Arbeiten der Entlassungsprüfung sämtlich genügend, einige darunter besser ausgefallen sind, so kann derselbe von der mündlichen Prüfung befreit werden. Ein dahin gehender Beschlufs mufs einstimmig gefafst sein.

Bei Anwendung dieser Bestimmung ist auf die sittliche Führung des betreffenden Schülers während seiner Lehrzeit in der Prima entsprechende Rücksicht zu nehmen.

§. 11. 3. Die Schüler dürfen keine Bücher zur Prüfung mitbringen.

4. In Betreff etwaiger Täuschungen oder Täuschungsversuche bei der mündlichen Prüfung gelten die Bestimmungen des §. 8, 6.

§. 16. Verfahren bei denjenigen, welche die Entlassungsprüfung nicht bestanden haben.

1. Wer die Entlassungsprüfung ein Mal nicht bestanden hat, darf zur Wiederholung derselben, mag er ferner ein Gymnasium besuchen oder nicht, höchstens zwei Mal zugelassen werden.

§. 17. Reifeprüfung derjenigen, welche nicht Schüler eines Gymnasiums sind.

1. Wer, ohne Schüler eines Gymnasiums zu sein, die an die Entlassungsprüfung desselben geknüpften Rechte erwerben will, hat unter Nachweisung seines Bildungsganges und seines sittlichen Verhaltens das Gesuch um Zulassung zur Prüfung an das Königliche Provinzial-Schulkollegium zu richten, dessen Amtsbereiche er durch den Wohnort der Eltern oder durch den Ort seiner letzten Schulbildung angehört, und wird von demselben, sofern die Nachweisungen als ausreichend befunden sind, einem Gymnasium zur Prüfung überwiesen.

Wenn jemand bereits die Universität bezogen hat, bevor er das für vollberechtigte Zulassung zu dem betreffenden Fakultätsstudium erforderliche Reifezeugnis erworben hat, und nachträglich die Reifeprüfung abzulegen wünscht, so hat er hierzu die besondere Bewilligung des Ministers nachzusuchen. Wenn derselbe nach erhaltener Erlaubnis die Prüfung nicht besteht, so kann er nur noch ein Mal zur Prüfung zugelassen werden.

2. Das Gesuch um Zulassung zur Prüfung ist drei Monate vor dem Schlusse des Schulhalbjahres einzureichen.

Der Nachweisung des Bildungsganges sind die letzten Schul- oder Privatzeugnisse über den empfangenen Unterricht beizufügen.

4. Junge Leute, welche früher ein Gymnasium besucht haben, dürfen zur Prüfung nur zugelassen werden, wenn mit Ablauf des Halbjahres, in welchem sie sich melden, von dem Eintritte in die Prima an gerechnet, zwei Jahre und, falls sie schon aus Obersekunda abgegangen, aufserdem noch diejenige Zeit verflossen ist, welche sie normalmäfsig in dieser Klasse noch hätten zurücklegen müssen, um in die Prima versetzt zu werden. Hierbei bleiben bezüglich der Anrechnung des Besuches der Prima die Bedingungen des §. 5, 2 in Kraft.

5. Für die Prüfung sind die §§. 3 und 16 mit folgenden näheren Bestimmungen mafsgebend.

Für die schriftlichen Prüfungsarbeiten sind andere Aufgaben zu stellen, als die Schüler des betreffenden Gymnasiums erhalten.

Aufser den § 6, 2 bezeichneten Aufgaben haben die Examinanden, sofern sie nicht bereits der Prima eines Gymnasiums angehört haben und das bei der Versetzung in diese Klasse erhaltene Zeugnis vorlegen, eine Uebersetzung aus dem Deutschen ins Griechische und eine aus dem Deutschen in das Französische zu fertigen, welche bestimmt sind, ihre Sicherheit in der Formenlehre und in den Elementen der Syntax zu ermitteln.

Eine Ausschliefsung oder Befreiung von der mündlichen Prüfung findet nicht statt.

Die mündliche Prüfung ist getrennt von derjenigen der Schüler des Gymnasiums abzuhalten. Zu der Prüfung in den §. 6, 3 bezeichneten Gegenständen tritt die in der deutschen Litteratur und in der Physik behufs Ermittelung des durch §. 3, 2 und 8 erforderten Mafses der Kenntnisse hinzu.

7. Wird die Prüfung nicht bestanden, so ist die Kommission berechtigt, nach Befinden zu bestimmen, ob die Wiederholung erst nach Verlauf eines Jahres erfolgen darf.

8. Die Prüfungsgebühren betragen dreifsig Mark. Sie sind vor dem Beginn der schriftlichen Prüfung zu entrichten.

§. 18. Bestimmung über die Prüfung der Schüler, welche das Reifezeugnis an einem Realgymnasium oder einer Ober-Realschule erworben haben.

1. Die Bestimmungen des §. 17 finden auch auf diejenigen jungen Leute sinnentsprechende Anwendung, welche die Entlassungsprüfung an einem Realgymnasium oder einer Ober-Realschule bestanden haben und sich die mit dem Reifezeugnis eines Gymnasiums verbundenen Rechte erwerben wollen. Haben dieselben bereits die Universität bezogen, so haben sie für die Zulassung zur Gymnasial-Reifeprüfung die ministerielle Genehmigung nachzusuchen (§. 17, 1. Abs. 2).

2. Wenn diesen Bewerbern durch das Reifezeugnis der Realanstalt im Deutschen, im Französischen und in der Mathematik das Prädikat genügend ohne jede Einschränkung erteilt ist, so wird ihre schriftliche Prüfung auf den lateinischen Aufsatz, eine Uebersetzung ins Lateinische, eine Uebersetzung aus dem Griechischen und eine Uebersetzung ins Griechische (§. 17, 5), ihre mündliche Prüfung auf die lateinische und die griechische Sprache und die alte Geschichte beschränkt.

Ob das von dem Realgymnasium, bezw. der Ober-Realschule erteilte Reifezeugnis diese Beschränkung der Prüfung begründet, hat das Königliche Provinzial-Schulkollegium zu entscheiden.

3. Die Prüfungsgebühren betragen dreifsig Mark. Sie sind vor dem Beginn der schriftlichen Prüfung zu entrichten.

II. Chronik des Schuljahres 1882—83.

1. Nachdem am 21. und 22. April 1882 die Aufnahmeprüfungen stattgefunden, begann am Montag den 24. April, vormittags 8 Uhr, der Unterricht.
2. Am 14. Mai 1882 feierten 26 Schüler der Anstalt das Fest ihrer ersten h. Kommunion.
3. Am Mittwoch den 9. August Schauturnen.
4. Schlufs des Sommersemesters 1882, am 19 August; Beginn des Wintersemesters 1882—83 am 25. September.
5. Am 17. März, vormittags 10 Uhr, in der Aula der Anstalt Feier des Geburtsfestes Sr. Majestät des Kaisers und Königs; Festrede des ordentlichen Lehrers Herrn Dr. Weifsweiler; am Sonntag, don 18. März, vormittags 8 Uhr, feierlicher Gottesdienst mit Te Deum in der Gymnasialkirche.
6. Über das Lehrerkollegium ist Folgendes zu berichten:
    a) Der Schulamtskandidat Herr Dr. Schmitz aus Düren wurde nach Beendigung des Probejahres auf sein Ersuchen an der Anstalt weiter beschäftigt.
    b) Der Schulamtskandidat Herr Joh. Hammelrath aus Mosolsürsch wurde der Anstalt zur Abhaltung seines Probejahres überwiesen und trat am 1. Mai 1882 ein. Durch Verfügung vom 6. Oktober wurde ihm eine kommissarische Beschäftigung am Progymnasium zu Siegburg übertragen.

c) Der Schulamtskandidat Herr Norbert Schunk aus Aachen wurde der Anstalt zur Abhaltung des Probejahres überwiesen und trat am 25. Juli 1882 ein. Mit Genehmigung des Provinzial-Schulkollegiums zu Koblenz vom 19. September 1882 schied derselbe auf seinen Antrag aus dem Verwaltungsbezirke des rheinischen Provinzial-Schulkollegiums zu Michaelis 1882 aus.
d) Der Schulamtskandidat Herr Dr. August Chambalu aus Köln trat am 25. September 1882 zur Abhaltung des Probejahres ein.
e) Der ordentliche Lehrer Herr Dr. Wrede, welcher seit Ostern 1875 am Kaiser Wilhelm-Gymnasium in sehr erfolgreicher Weise thätig war, wurde durch Verfügung vom 2. Oktober 1882 als Oberlehrer an das hiesige Gymnasium an der Apostelkirche vom 1. Oktober 1882 ab berufen. Zu seiner Vertretung wurde der bis dahin beim Gymnasium zu Düsseldorf beschäftigte Schulamtskandidat Herr Theodor Büsch dem Kaiser Wilhelm-Gymnasium überwiesen. Derselbe trat am 6. Oktober 1882 ein.
f) Durch Verfügung vom 31. Oktober 1882 wurde in die von dem ordentlichen Lehrer Dr. Wrede bis zum 1. Oktober verwaltete Stelle der kommissarische Kreis-Schulinspektor Herr Jak. Bausch in Rheda, Kreis Wiedenbrück, früher ordentlicher Lehrer am Gymnasium in Kreuznach, vom 16. November 1882 ab berufen. Der kommissarisch beschäftigte Lehrer Herr Büsch ging zu gleicher Verwendung an das Progymnasium zu Malmedy über.
g) Vor Weihnachten 1882 erkrankte der Gymnasiallehrer Herr Dr. Velten an einer heftigen Lungenentzündung. Mit seiner Vertretung wurde für die Zeit vom 7. Januar bis 21. März 1883 der Schulamtskandidat Herr Lassalle, vorher in Düsseldorf, beauftragt.

III. Statistik.

1. Frequenz im Schuljahre 1882—83.

1. Zum Sommersemester 1882 kehrten 211 Schüler zurück.
2. Hierzu wurden 78 Schüler neu aufgenommen.
3. Demzufolge Bestand im Sommersemester 1882 = 289 Schüler (223 Kölner, 63 Auswärtige, 3 Ausländer; 230 Katholiken, 52 Evangelische, 11 Israeliten), nämlich in

I	IIA	IIB	IIIA	IIIB	IV	V	VI	
36 [13 in IA, 23 in IB]	17	22	18	48	43	48	57	= 289.

4. Abgang im Sommersemester 1882:

I	IIA	IIB	IIIA	IIIB	IV	V	VI	
—	2	—	—	4	1	5	3	= 15.

5. Also Bestand am Schlusse des Sommersemesters 1882 = 274, nämlich in

I	IIA	IIB	IIIA	IIIB	IV	V	VI	
36	15	22	18	44	42	43	54	= 274.

6. Hierzu wurden 8 Schüler neu aufgenommen: 2 in IIIB, 1 in V und 5 in VI.
7. Demzufolge Bestand im Wintersemester 1882—83 = 282 Schüler [210 Kölner, 69 Auswärtige, 3 Ausländer; 220 Katholiken, 51 Evangelische, 11 Israeliten], nämlich in

I	IIA	IIB	IIIA	IIIB	IV	V	VI	
36 [13 + 23]	15	22	18	46	42	44	59	= 282.

8. Abgang während des Wintersemesters 1882 = 7:

I	IIA	IIB	IIIA	IIIB	IV	V	VI	
1	1	—	1	—	2	1		=

9. Bestand gegen Ende des Wintersemesters 1882—83:

I	IIA	IIB	IIIA	IIIB	IV	V	VI	
36	14	22	17	45	42	43	58	= 275.

10. Im Ganzen wurde die Anstalt im Schuljahre 1882—83 von 297 Schülern (gegenüber 291 des vorigen Schuljahres) besucht.
11. Das Durchschnittsalter der Schüler betrug am 1. Dezember 1882 in I 19, II A 17, II B 16, III A 16, III B 14, IV 13, V 12, VI 11 Jahre.
12. Im vorigen Schuljahre [1881—82] haben 6 Schüler die Anstalt mit dem Zeugnisse der wissenschaftlichen Befähigung für den einjährig-freiwilligen Militärdienst verlassen, um in das bürgerliche Leben einzutreten.
13. Von dem an der Anstalt erteilten Religionsunterrichte waren im Schuljahr 1882—83 8 katholische und 3 evangelische Schüler dispensiert.

2. Abiturientenprüfungen.

1. In der unter dem Vorsitze des Direktors am 8. und 9. März 1883 abgehaltenen Abiturientenprüfung erhielten die 13 Oberprimaner das Zeugnis der Reife, nämlich:

Namen.	Geburtsort.	Alter.	Konfession.	Berufsfach.
1. Hermann Hasse	Deutz	20 Jahre	katholisch	Post- u. Telegraphendienst.
2. Ernst Helmontag	Köln	20 „	evangelisch	Rechtswissenschaft.
3. Heinrich Hiedemann	Köln	17 „	katholisch	Rechtswissenschaft.
4. Otto von Ley	Wermelskirchen	20 „	„	Rechtswissenschaft.
5. Ludwig Meyer	Dreis	18 „	„	Rechtswissenschaft.
6. Johann Nippen	Widdeshoven	19 „	„	Theologie.
7. Wilhelm Odenthal	Gronau	19 „	„	Arzneiwissenschaft.
8. Paul Rudat	Strasburg in Westpr.	19 „	evangelisch	Post- u. Telegraphendienst.
9. Otto Schanz	Köln	17 „	katholisch	Post- u. Telegraphendienst.
10. Otto Schmick	Köln	18 „	evangelisch	Arzneiwissenschaft.
11. Peter Schmitz	Köln	19 „	katholisch	Hausfach.
12. Karl Sprung	Köln	18 „	evangelisch	Rechtswissenschaft.
13. Alfred Strassner	Neisse	20 „	„	Steuerfach.

Dem Oberprimaner Rudat wurde die mündliche Prüfung erlassen.
2. Über die Ergebnisse einer auf den 19. März 1883 festgesetzten Prüfung fremder Maturitäts-Aspiranten kann erst im nächsten Programm Mitteilung erfolgen.

3. Lehrmittel.

a) Lehrerbibliothek.

1) Angeschafft wurden aus den etatsmässigen Mitteln:
Blatz, Neuhochdeutsche Grammatik. Taubertschönheim, 1879. Schmid, Encyklopädie des gesamten Erziehungs- und Unterrichtswesens. Band I—IV und V 1 und 2. Gotha 1876—1883. Stacke, Deutsche Geschichte. Bielefeld und Leipzig 1880. Reidt, planimetrische Aufgaben. Breslau, 1882. Gossrau, Aeneis. Quedlinburg 1876. Keil, M. Porci Catonis de agricultura liber. M. Terenti Varronis rerum rusticarum libri tres. Vol. I, fasc. I. Leipzig 1882. Janssen, Geschichte des deutschen Volkes seit dem Ausgang des Mittelalters, Band I—III. Freiburg im Breisgau 1880—81. Jac. Grimm, kleinere Schriften. Band I—VI; Berlin, 1869—1882. Lehrpläne für die höheren Schulen. Berlin, 1882. Ordnung der Entlassungsprüfungen an den höheren Schulen. Berlin, 1882. Corpus scriptorum ecclesiasticorum. Vol. VI und VIII. Vindobonae 1882 und 1883. Benseler, Isocratis Orationes, 2 vol. Lipsiae, 1878—79. Thiers, Histoire de la Révolution française, 10 Bände. Paris, 1834. Krämer, historische

— 17 —

Lesebuch über das deutsche Mittelalter. Leipzig, 1882. Schultz, lateinische Synonymik. Paderborn, 1879.
Hoffmann, Vorschule der Geometrie. Halle 1874 und 1881. Berger, lateinische Stilistik. Coburg u. Leipzig, 1881.
Centralblatt für die gesamte Unterrichts-Verwaltung in Preufsen. Berlin, 1882. Ribbeck und Bächeler,
rheinisches Museum, Band 37, Frankfurt, 1882. Zarncke, literarisches Centralblatt. Leipzig, 1882. Hermes, Zeitschrift für klassische Philologie, 17. Band. Berlin, 1882. Fleckeisen und Masius, Jahrbücher für Philologie
und Pädagogik, 125. und 126. Band. Leipzig, 1882. Dazu Supplementsband XIII, 1. Hirschfelder und Kern,
Zeitschrift für das Gymnasial-Wesen, 36. Jahrgang. Berlin 1882. Verhandlungen der Direktoren-Versammlung
in den Provinzen des Königreichs Preufsen. Band X—XIII. Berlin, 1881 u. 82. Grimm, Deutsches Wörterbuch,
VII. Band, 2. Lief., IV. Bd., 1. Abth. 2. Hälfte, 4. Lief., VI. Band, 9. u. 10. Lieferung. Teuffel, Geschichte der römischen
Litteratur bearbeitet v. L. Schwabe, 3. Lief. Leipzig, 1882. Jacobitz, Luciani Samosatensis opera. Vol. I—III. Lipsiae,
1806 und 1881. Schade, Atlas zur Geschichte des Preufsischen Staates. Glogau, o. J. Grevens Adrefsbuch für
Köln 1883.

2) Geschenkt wurden:
Von Sr. Excellenz dem Herrn Kultusminister:
Jahrbücher des Vereins von Altertumsfreunden im Rheinlande. Heft 70—73. Bonn, 1881 und 1882.
Von dem Königl. Provinzial-Schulkollegium zu Coblenz:
Verhandlungen der ersten Direktoren-Versammlung in der Rheinprovinz. Berlin, 1881.
Von der Theissing'schen Buchhandlung zu Münster:
Göbel, Bibliothek gediegener und interessanter französischer Werke, Bändchen I — LII. Münster, 1875—1882.
Nick, Histoire romaine par M. Rollin. Münster, 1882.
Von Herrn Dr. Chambalu:
Dessen Dissertation De magistratibus Flaviorum. Bonn, 1882.
Von dem Verfasser:
a) Beiträge zur lateinischen Sprach- und Litteraturkunde von Dr. Wilh. Schmitz. Leipzig, 1877.
b) Monumenta tachygraphica codicis Parisiensis latini 2718 transcr., adn., ed. Guil. Schmitz, fasc. I.
Hannover, 1882.

b) Schülerbibliothek.

Angeschafft wurden:
Curtius und Kaupert, Karten von Attika mit erläuterndem Text. Berlin, 1881. Heft 1. Briefwechsel
zwischen Schiller und Goethe in den Jahren 1794 bis 1805. Stuttgart, o. J. Bd. I. Archenholz, Geschichte
des siebenjährigen Krieges. Leipzig, o. J. Seb. Brants Narrenschiff erneut von H. A. Junghans. Leipzig, o. J.
Chamisso, Gedichte. Leipzig. o. J. Chamisso, Peter Schlemihls wundersame Geschichte. Leipzig, o. J.
Freidanks Bescheidenheit, aus dem Mittelhochdeutschen übersetzt von Karl Pannier. Leipzig, o. J. Goethes
dramatische Meisterwerke. Leipzig o. J. Goethes Hermann und Dorothea. Leipzig, o. J. Hebel, Schatzkästlein
des rheinischen Hausfreundes. Leipzig, o. J. Lessing, Laokoon. Leipzig, o. J. Platen, Gedichte. Leipzig, o J.
Vofs, Luise. Leipzig o. J. Graf Stillfried Alcantara und Prof. Kugler, die Hohenzollern und das
deutsche Vaterland. München. Schalk, nordisch-germanische Götter- und Heldensagen. Oldenburg, 1881
(2 Exemplare), Meding, Fünfundachtzig Jahre in Glaube, Kampf und Sieg. Stuttgart und Leipzig. Von
Ferdinand Schmidts Jugendbibliothek die Nummern: 4, 17, 19, 20, 21, 23, 24, 30, 31, 32. Berlin, o. J.
Musäus, Volksmärchen der Deutschen. Stuttgart, o. J. Prof. Carl, die schönsten griechischen Sagen.
Leipzig, 1880. Kurs, des Rheinlands Sagen und Legenden. Köln, o. J. Andersen, Märchen und Geschichten, herausgegeben von G. von Leinburg und Olga von Andechs. Elberfeld, o. J. Wägener, die Nibelungen.
Leipzig, o. J. Ziegeler, das alte Rom (Schulausgabe). Stuttgart, 1882. Andrä, griechische Heldensagen. Kreuznach, 1882. Rollin, histoire d'Alexandre le Grand. Münster, aus der Göbelschen Sammlung (5 Exemplare).

IV. Schluss des Schuljahres.

Dienstag, den 20. März, nachmittags von 2 Uhr ab:
Verteilung der Zeugnisse. Entlassung der Abiturienten durch den Direktor.

V. Anfang des neuen Schuljahres.

Das neue Schuljahr von Ostern 1883 bis Ostern 1884 beginnt Montag den 9. April, vormittags 8 Uhr. Die Aufnahmeprüfungen finden statt Freitag den 6. und Samstag den 7. April, vormittags von 9 Uhr ab.

Anmeldungen

werden während der Osterferien im Gymnasialgebäude, Heinrichstrafse Nro 2—4, entgegen genommen. Bei der Anmeldung ist 1) ein Geburtsschein, 2) ein Abgangszeugnis der zuletzt besuchten Anstalt und 3) ein Impfattest vorzulegen.

Die Aufnahme in die Sexta geschieht vorschriftsmäſsig in der Regel nicht vor dem vollendeten neunten Lebensjahre. Die elementaren Vorkenntnisse, welche dabei nachgewiesen werden müssen, lassen sich dahin zusammenfassen, daſs von den Knaben gefordert wird:

Geläufigkeit im Lesen deutscher und lateinischer Druckschrift; Kenntnifs der Redeteile, eine leserliche und reinliche Handschrift; Fertigkeit, Diktiertes ohne grobe orthographische Fehler nachzuschreiben; Sicherheit in den vier Grundrechnungsarten in ganzen Zahlen; Bekanntschaft mit den Geschichten des Alten und Neuen Testamentes.

Auswärtige Schüler dürfen nicht in Wirtshäusern wohnen.

Köln, im März 1883. Dr. **Wilhelm Schmitz,**
Gymnasial-Direktor.

www.ingramcontent.com/pod-product-compliance
Lightning Source LLC
Chambersburg PA
CBHW020108170426
43199CB00009B/451